2019中国年度　精短散文

葛一敏　主编

漓江出版社

图书在版编目（CIP）数据

2019 中国年度精短散文 / 葛一敏主编 .-- 桂林：
漓江出版社，2020.1

ISBN 978-7-5407-8814-8

Ⅰ. ① 2… Ⅱ. ①葛… Ⅲ. ①散文集－中国－当代
Ⅳ. ① I267

中国版本图书馆 CIP 数据核字（2019）第 287308 号

2019 ZHONGGUO NIANDU JINGDUAN SANWEN

2019 中国年度精短散文

葛一敏　主编

出版人：刘迪才
责任编辑：刘红果
书籍设计：石绍康
责任监印：张璐

出版发行：漓江出版社有限公司
社址：广西桂林市南环路 22 号　邮编：541002
发行电话：010-85893190　0773-2583322
传真：010-85890870-814　0773-2582200
邮购热线：0773-2583322
电子信箱：ljcbs@163.com
微信公众号：lijiangpress
三河市中晟雅豪印务有限公司印制
[河北省三河市洵阳镇错桥村　邮编：065299]
开本：690 mm × 1000 mm　1/16
印张：16.25　字数：225 千字
版次：2020 年 1 月第 1 版
印次：2020 年 1 月第 1 次印刷
书号：ISBN 978-7-5407-8814-8
定价：42.00 元

目 录

contents

灯 光

沉默的河流

但问饮茶人

长夜花事

李修文

每天晚上，我都要去一趟县城郊外的苹果林里，采回来一大束苹果花，再将它们献给剧组里的女主角——作为在剧组里跟组的编剧，每一天，我都被关在旅馆的房间里幽居不出。可是，几天前，我们的女主角在这苹果林里拍夜戏，突然就喜欢上了苹果花，自此便要求剧组每晚都要给她的房间送上一束苹果花。不用说，既然新晋的年度影后发了话，剧组自然不敢怠慢，赶紧找到苹果林的主人，花了高价，每天来采花。只是，没想到的是，这采花的差使，莫名地落到了我头上。

我并没有那么喜欢苹果花。我来此地做跟组的编剧，不过是为了找一条小说写不出之后的活路，然而，手上的活迟迟没干完，每晚却多出来了这么一桩荒唐的差使。所以，每一回，当我穿过一座简陋的医院，从医院的后门出去，再爬上粗石遍地的山坡，进了苹果林，那满目皆是的苹果花却根本不能令我生出半点喜悦，相反，它们是仇敌：一朵朵的，无非是喇叭状，无非是五片花瓣，无非是尖长的萼叶和一点点若有似无的香气。

和我一样不喜欢苹果花的，还有一个人。因为夜夜都在苹果林里相逢，终不免攀谈起来，由此而知道：这个形如鬼魂一般的中年人，来自距此地三十公里之外的深山煤矿，得了尘肺病，怎么治都治不好，但总还得继续治下去，所以，一年中的大部分时间，他都被圈禁在山坡下的医院里看病，唯一的女儿却在江苏昆山打工，为他挣来一年到头的医药费。

有时候，如果我们的女主角有夜戏，收工晚，为了保证她收到的花是新鲜的，我便会在苹果林里流连一阵子再去采摘。到了此时，跟我做伴的，便是那

“怎么办呢？”他呆滞着，像是在问我，也像是在问他自己，“怎么办呢？”然而，不管是我还是他，显然都没有别的办法——满城里都在风雨大作，县城之外的山坡上，田野上，哪怕还残存着最后的苹果花，到了此时，风雨之声一阵更比一阵狂暴，它们也只好全都跟这尘世作别了吧？突然，一声惊雷在天空里炸响，他从呆滞里醒过来，不情愿地看着我的房间，不情愿地看着走廊和走廊顶上的灯，最终，也只好对我笑了一下，意思是打扰了我，再转过身去，慢慢朝电梯门前走。

他没想到的是，几乎就在一闪念的时间里，我定下了一个主意——在电梯口，我追上前，拉扯住了他，告诉他：今晚，我们的女主角又在拍夜戏，现在，她的房间里是没有人的，莫不如，我和他，马上就去女主角房间所在的楼层，再将她的房门踹开，把昨晚的那一大束苹果花偷出来，让他抱回去给女儿。听完我的主意，他却吓了一跳，如丧考妣地盯着我，既想去，又怕去。稍稍过了片刻，他低下头去。“女主角，女主角……”他一遍遍地念叨着，一脸的严肃，头脑里就像是正在思虑着一件经国大事，“女主角，女主角……”最后，他抬起头，严肃地对我说：“算了，不去了。”

而我，主意既然已经定下了，我便也没有再管他，电梯的门一开，不由分说地，我将他拉扯进了电梯。进了电梯，灯光变得强烈了，我这才看见，他的全身上下都是湿漉漉的：衣袖上，裤腿上，都在往下滴水。还有，经过雨水的洗涮，他的脸色比我之前以为的还要更白，也更像一个鬼魂。此时情境，我就像是来到了一部恐怖片里。

……

（选自《收获》2019年第5期）

孩子的世界

马 原

我有两个儿子，哥俩的年龄相差 22 岁。

第一次当父亲的时候虽然我也不是孩子了，但是心态还停留在孩子的状态，所以第一次当父亲当得并不称职。孩子 13 岁之前都在老一辈身边，这是终身的歉疚和遗憾。

第二次当父亲情形有了不同，孩子一直在身边。我已经到了抱孙子的年龄，命运却让我又一次当父亲。接受前面的教训，我把许多精力放在孩子身上。用心和不用心到底不一样，短短几年里我已经发现了诸多问题，有的问题是我和孩子妈妈的，有的问题是孩子自己的，还有的问题是时代的，还有的问题是社会的。

回望自己这一辈子，我觉得受益最大的是两件事。我小时候是个喜欢想事情的孩子，我那时就发现有两件事最大：唯心还是唯物，有神还是无神。经过反复比照思考，我选择了唯心和有神。

比如我生了病，直面生死，因为唯心和有神，我毫不犹豫就选择了认命，相信一切是上天的安排。一旦坚信生病是我命里的东西，面对它就很坦然，既不怕当然也就不慌。

我还是知道有许多人生了病就崩溃了，慌不择路有病乱投医，先给病吓个半死，然后开刀化疗放疗给治死。我什么也不做，只是想想怎么就生了病，想病是借了水路到我身体里来的，想换个地方换换水。居然一晃就过了 10 年，居然还活得结结实实开开心心，居然又写了 10 本书。

唯心论有神论帮我渡过了人生最大的难关。

那些时代的和社会的问题也让我困惑。我知道自己，我的价值观和方法论与大多数人相冲突，我该怎么教我的孩子。

小儿子 7 岁了，每天都会拿不止 10 个为什么来烦我。这其中就包括诸多与认识论有关的问题。我们国家奉行的是唯物论和无神论教育，儿子在学校和社会获取的知识，与他老爸的话有诸多相悖诸多冲撞。小孩子眼里容不得沙子，同一个问题有两个完全不同的答案，对孩子是一个困境。他在非黑即白的年龄，于是想当然地非此即彼。

他还不懂得这是一个辩证的世界，可以即黑即白，可以即此即彼。混沌的世界是孩子小小的年龄所无法理解的，世界的复杂不属于孩子，甚至不属于大多数成年人。这些道理我没有办法通过语言和孩子交流，语言在这里无能为力。

同时我也不知道，该不该把与社会通行价值相反的观点讲给孩子。我明白它会给孩子的内心造成混乱。孩子的世界简单，在孩子的世界里条理清楚是非分明。孩子的心里该不该很早就陷入混沌和黑暗，这同样是我想不清楚的问题。

另外一些问题我不纠结，虽然我也知道我的立场与时下的社会彼此并不兼容，但我还是愿意把我的立场我的结论明明确确地给他。

我和孩子妈妈的问题。妈妈更多着眼于有用，种菜是为了有菜吃，养鸡是为了鸡蛋。我更关心无用，养孔雀无用，既舍不得吃蛋又舍不得拿孔雀当菜肴，养孔雀只为了养眼只为了好看。爸爸妈妈各说各的，孩子如何理解和接受是他自己的。还有一些共同的认知，诸如钱是坏东西，名利是坏东西，撒谎和贪婪是坏品质，能知恩图报的是好人，人要爱自然就像爱自己的爸爸妈妈，人要多读书以告别愚蠢，凡事不要玩心眼，做你想做的事不要以妨碍和伤害别人为代价，如此等等。我愿意孩子在遇到疑窦时，我的立场能帮他做出选择。

孩子自己的问题不少。不是指他提出的问题，是指发生在他身上的。孩子很虚荣，他把得到老师表扬看成是最重要的事，所以他不能容忍自己不如别的同学。他要做班里第一个到学校的人，为此经常要跟家人为难，埋怨家人耽搁了他。他要作业全优不出任何差错，为此他每天长时间缠住妈妈，弄得妈妈烦不胜烦。他对自己当班干部充满渴望，对老师的每一次指派都尽心竭力，同时又担惊受怕会出差错。他对照料他生活的外公很不尊重，认为老年人的迟钝就是无能，就是不如自己，他对外公颐指气使，因此被妈妈呵斥被爸爸责打。

我很纠结。我很想告诉他爸爸不希望他当干部，不希望他日后当官；我很想告诉他，作业错了没什么了不起，错了被批评，以后就会少错不错；我很想告诉他，不懂得尊重老年人就是不懂得做人，日后一定是个糟糕透顶的人；我很想告诉他，遵守时间很好，不迟到很好，但是为了受表扬拖着全家人为你提前到学校作秀很不好；你要表现自己，你要受表扬，你要虚荣，那是你自己的事，全家人不支持你这样。

依我的性格，我很想直截了当这么说。但他是孩子，我知道这样说的结果会很重地打击他，我只能委婉地跟他谈我的看法。我告诉他，你当干部可以，但你不可以告同学的状。孩子的告状和成人的告密都是很坏的行为。我说你小学当干部爸爸不反对，中学以后爸爸会反对，爸爸不希望你日后当官当领导当管理者。

还有一个很大的问题。我儿时是百分百的科学主义者，那时我崇拜科学，崇拜创建科学体系的亚里士多德和阿基米德。可是后来我的立场变了，我不但不再崇拜科学，而且对科学带给自然带给地球的戕害深恶痛绝。孩子上学学的是知识，其中有八成是科学知识。在孩子眼里我是所有人里知识最渊博的那个，孩子很多问题会找我；如何面对孩子永无尽头的问题，成了我的难题。

眼下面对的只是眼下。孩子刚上小学，小学有小学的问题。更大的问题在于孩子日后成为怎样的人，这才是教育的根本方向。当下最好的职业都是赚钱多的职业，我不喜欢钱，所以不希望孩子以后成为能赚钱的人。能赚钱的是能人，能与人周旋，能在阴谋和争斗中胜出，我没这种禀赋，从遗传学意义上，我的孩子也应该不具备这种禀赋。

面对事实我们都需要实际一点，我于是想到关于幸福指数的话题，我的孩子也许有机会在这个领域有所突破，去力争做一个幸福的人。而且我也为他做了起码的铺垫，在完全没有污染的大山之上营造了一个贴近自然的家园，创造了一个与世无争的环境。但是我只是我，我不是他，我不知道他会不会甘愿蜷缩在大山的一个角落，一辈子与世无争。

我们今天的教育有很多问题，我不在此一一列举。笼统地说分数是孩子的大灾难，孩子幼小的心灵被灌满了竞争的毒液攀比的毒液，争第一压倒别人成了孩子最大的愿望。想想真是可怕。另外一部分影响来自学校之外。

孩子从小就知道当官的有钱的都是大人物，是人上人。爸爸妈妈对这些人毕恭毕敬，老师校长对这些人毕恭毕敬，这些人每天出现在各种媒体上指手画脚张牙舞爪，这些人住豪宅开豪车吃大餐穿名牌，全社会都在向这些人表达仰慕。久而久之，这些人便也成了孩子的楷模和偶像，成了孩子争相效仿的榜样。这些人在人群当中拥有绝对的话语权。这一切构成了孩子教育的另外一套课本，更权威的课本。榜样的力量是无穷的，比任何课堂教育都更有力量。

这不是一个老师的问题，不是一个学校的问题，不是一个教育体制的问题。以金钱和权力为中心的时代，肯定是最坏的时代最黑暗的时代。

大儿子高中去了欧洲。欧洲 11 年令他成了个欧洲孩子。欧洲也不是没有问题，欧洲孩子有自己的问题。但是欧洲的孩子心里会干净一点，不那么拜金钱教拜权力教，心理不那么扭曲。我对今天这个时代没有任何应对之道，我不知道该如何面对小儿子的教育，无奈之下又想到了欧洲。毕竟我远离社会和人群，也没有兼济天下的宏愿和能力，我能做的极其有限，唯有独善其身而已。况且我已经是个退休的老人，送另一个孩子去欧洲谈何容易。

我自己的孩子的世界比我儿时的更小更令人绝望。

（选自《长江文艺》2018 年第 12 期）

后父的老

刘亮程

我很小的时候，奶奶就已经老了，我们一家养着奶奶的老，给她送终。奶奶去世后，轮到母亲老了，但她不敢老，她要拉扯一堆未成年的孩子。现在我五十多岁，先父、后父都已经不在，剩下母亲，她老成奶奶的样子了，我们养她的老，也在随着母亲一起老。因为有她在，我不敢也没有资格说自己老。老是长辈享有的，我年纪再大，也是儿子。真正到了前面光秃秃地没了父母，我成了后一辈人的挡风墙，那时候，就可以心安理得地老了。

但老终究是不容易的一件事情。

记得有一年，我陪母亲回甘肃酒泉老家，在村里看望一个叔叔，院门锁着，家里人下地干活去了。等到大中午，看见两个老人扛农具走来，远看着一样老，都白了头，一脸皱纹。走近了，经介绍才知道，是叔叔和他的父亲，一个六十多岁，一个八十多岁，活成一对老兄弟，还在一起干农活。

我父亲没有和我一起活老。

我 8 岁时父亲去世，感觉自己突然成了大人。13 岁时，母亲再嫁，我们有了后父，觉得自己又成了孩子。后父的父母走得早，他的前面光秃秃的，就他一个人，后面也光秃秃的，无儿无女。我们成了他的养儿女，他成了我们的养父。

我 18 岁时，有一天，后父把我和大哥叫在一起，郑重地给我们交代一件事。后父说，我已经 50 岁的人了，你们两个儿子，该操心给我备一个老房（棺材）了。这个事都是当儿子要做的。说后面的张家，儿子早几年就给父亲备好了老房。

备老房的事，在村里很常见，到一户人家院子，会常看见一口棺材摆在草棚下，没上漆，木头的色，知道是给家里老人备的，或是家里老人让儿子给自己备的。棺材有时装粮食、饲料，或盛放种子，顶板一盖，老鼠进不去。

我们小时候玩捉迷藏，也会藏进老房里，头顶的板一盖，就仿佛到了另一个世界，外面的声音瞬间远了，待到听不见一丝声响时，恐惧便来了，赶紧顶开盖板爬出来。

家里的老人也会躺进去，试试宽窄长短，也会睡一觉醒来。

其实这些老人都不老，五六十岁，六七十岁的样子，因为送走了前面的老人，自己跟着老上了。

老有老样子，留胡须，背手，吃饭坐上席，大声说话。一般来说，男人五六十岁便可装老了，那时候儿女也二三十岁，能在家里挑大梁，干重活。装老的目的，一是在家里在村里塑造尊严，让人敬；二是躲清闲，有些重活累活，动动嘴使唤儿女干就可以了。

也是我 18 岁那年，后父开始装老，突然腰也疼了，腿也困了，有时候抽烟呛着，故意多咳嗽两声。去年秋天还能背动的一麻袋麦子，今年突然就不背了，让我和大哥背。其实我们两个的劲加起来，也没他大。

我后父打定主意，要盘腿坐在炕上，享一个老人的福了。

可就在这个节骨眼上，我大哥外出开拖拉机，我外出上学，留在家里的三弟四弟都没成人，指望不上，后父只好忘掉自己已经 50 岁的年龄，重活累活又都亲手干了。

后父吩咐我们备的老房，也因为种种原因，一直没有做。其间我们搬了三次家，第一次，从沙漠边的太平渠村搬到天山半坡上的元兴宫村，过了些年又搬到县城边的城郊村，后来又搬进县城住了楼房。想想也幸亏没给后父备老房，若备了，要一次次地带着它搬家，但终究没有一个安放它的地方。

后父活到 84 岁，走了。

距他给我和大哥交代备老房那年，已经过去 34 年。

后父去世时我在乌鲁木齐，晚上 12 点，家人打来电话，说后父走了。我们赶紧驱车往回赶，那晚漫天大雪，路上少有车轮，天地之间，雪花飘满。

回到沙湾已是半夜，后父的遗体被安置在殡仪馆，他老人家躺在新买来的棺材里，面容祥和，嘴角略带微笑，像是笑着离开的。

听母亲说，半下午的时候，后父把自己的衣物全收拾起来，打了包，说要走了。

母亲问，你走哪去，活糊涂了。

后父说要回家，马车都来了，接他的人在路上喊呢。

后父在生产队时赶过马车。在临终前的时光里，他看见来接他的马车，要把他接回到村里。

可是，我们没有让一辆马车把他接回村里。我们把他葬在了县城边的公墓。

但我知道，他的魂，一定被那辆马车接走，回到了故乡。我们在县城的殡仪馆为他操持的这一场葬礼，已经跟他没有关系。公墓里那个写有他名字和生卒日期的墓碑跟他没有关系。在离县城 70 公里的老沙湾太平渠村，他家荒寂多年的祖坟上，他几十年前送走的老母亲的坟墓旁，一定有了一串轻微的脚步声，一个儿子回到了那里。

（选自《文汇报》2019 年 6 月 26 日）

就此别过

毛 尖

2018年10月30日下午，金庸离世。当天晚上，重看郭襄告别杨过和小龙女章节，重看《天龙八部》中，萧峰段誉虚竹三人，在天下英雄面前义结金兰共赴生死章节，看到半夜，返回去再看一遍《神雕侠侣》结尾，一夜无眠。

从来没有成为金庸小说主人公的郭襄很有风骨，甚至可以说，郭襄这个角色拯救了整部《神雕侠侣》，杨过和小龙女的故事，在郭襄面前，几乎降维。《神雕侠侣》最后——

> 郭襄回头过来，见张君宝头上伤口兀自汩汩流血，于是从怀中取出手帕，替他包扎。张君宝好生感激，欲待出言道谢，却见郭襄眼中泪光莹莹，心下大是奇怪，不知她为甚么伤心，道谢的言辞竟此便说不出口。
>
> 却听得杨过朗声说道："今番良晤，豪兴不浅，他日江湖相逢，再当杯酒言欢。咱们就此别过。"说着袍袖一拂，携着小龙女之手，与神雕并肩下山。
>
> 其时明月在天，清风吹叶，树巅乌鸦啊啊而鸣，郭襄再也忍耐不住，泪珠夺眶而出。

十六岁郭襄，风陵渡口遇杨过，从此心里没有过别人。杨过给她三枚金针可以救她危厄，她三枚都用在了杨过身上。第一枚请他摘下面具让她看看真面貌；第二求杨过在她十六岁生日时候去看她；第三次杨过试图殉情小龙女她请他不要寻短见。杨过遵守然诺，"力之所及，无不从命"，郭襄生日，他为她打扫乱世战场送出三战功，天下英雄面前，夜空烟花放出"恭祝郭二姑娘多福多寿”，刹那用光她一生欢愉，当代文学史里最浪漫的生日成为最荒凉的起点，从此她天涯漂泊无终点，虽然最后成为一代峨眉宗师，给嫡传弟子取的名字还是“风陵”。

十六岁的我们看着十六岁的郭襄，没有经历过爱情的少年其实不能完全体会杨过小龙女携手离开后的秋风秋月秋鸦，不过，在那个年纪读到这样的片段，却莫名其妙让我们理解了一个物理定律，所谓能量守恒，我们无师自通地明白，在故事中提前幸福了的人，最后都会被命运惩罚。襄阳城烟花有多灿烂，郭襄的一生就有多寂寥。但是，多么好的郭襄啊，就算一生没法幸福，还是要祝福神雕侠找到小龙女。这样的姑娘，今天没有了，但是在20世纪80年代，我们相信郭襄，我们不仅相信她，而且相信自己也会这么做。

基本上，金庸一边在我们身上植入浪漫主义一边开出青少年修养课，而回头想想，我们这一代可以算是新中国最精神分裂又最有包容力的一代。《神雕侠侣》中，坏了小龙女清白的人叫尹志平，班上姓尹的男生一整年都抬不起头，下了课，姓杨的男生们就压着姓尹的，乱喊“淫贼”，而杨过风流，引得程英陆无双公孙绿萼和郭襄寂灭一生，却没人会像今天的很多精明人一样骂他渣男。杨过离开，程英安慰无双，“三妹，你瞧这些白云聚了又散，散了又聚，人生离合，亦复如斯”，这段话，也被用来安慰我们自己。英雄就可以为所欲为，英雄就可以离开我们，告别二十世纪六七十年代无懈可击的人头马后，金庸的大侠填补进来，用似乎更加人性的方式把我们弄得经脉乱转。

我们自己的青春期遇到新中国的青春期，那确乎是一个神采飞扬又兵荒马乱的时辰。我们踧踖又颠沛，有时候帝王般出发，一人拿一把扫帚准备跟隔壁弄堂的小帮派火并，结果被人家的神仙姐姐两句话就拿下，然后商量一起上少林寺寻扫地僧，筹备了一个星期，也就我表弟从外婆那里偷了点全国粮票。不过走不成也不算打击，反正心在江湖人在江湖，我们用各种方式和金庸发生关系。我抄过白皮书版的《射雕英雄传》，我表弟抄过缺页的《笑傲江湖》，而为了配得上内容的豪阔，我们剪了白床单用糨糊和封面贴在一起，深深觉得最高等级的《葵花宝典》也不过如此。

人类历史长河里，没有一个作家像金庸那样，天南地北在我们的肉身上盖下印记，我们这一代的近视，集体可以怪到金庸头上，我们在课桌下看被窝里看披星戴月看呕心沥血看，我们不是用眼睛看，我们用身体填入萧峰阿朱令狐冲任盈盈郭靖黄蓉，所以影像史上最难满足的观众就是金庸迷，因为我们曾经把自己的脸庞给他们，我们曾经把恋人的眼神给他们。

终于读书热来了，一夜之间看金庸莫名地显得版本有点低。我们把《鹿鼎记》推入书架深处，买来很多一辈子没有打开过的海德格尔、尼采和弗洛伊德，学习高冷技术，乱动感情的少年时代突然被收纳起来。我们学习不煽情不失控不哭不闹不出走，但事实上，我们只不过好奇尼采疯狂的人生着迷海德格尔的情人，这是一个狼奔豕突各种碎片来不及整理的时代，但所有的碎片都在我们的磁盘里。如此走到 20 世纪 90 年代。

说不清是装逼还是已经过尽千帆，我们遇到小津安二郎的时候，确实在他的不动声色前缴械，《东京物语》后半程，相伴一辈子的老伴去世，笠智众走到户外，一天地的白日太阳，一世界的生生不息，老头站在一块可以俯瞰大海和市区的平地上，用家常的语调说了句“多么美丽的早晨啊”，然后一个空镜，艳阳。河流。船只。灯笼。他妈的我们立马被小津打得肾虚，如此进入中年。

如此，我们进入自以为版本升级了的中年，中产阶级冷淡美学把我们训练得人模狗样。好像相思已经成灰，好像已经铁心石肠。然后，他们说，这一次，金庸，你，真的死了。

你死了。

久未检视的生活排山倒海回到眼前，此起彼伏的金庸迷在网上应声而起，这是 20 世纪 80 年代的最后一次集结号，我们把你灌溉在我们身上的泪水还给你。千里茫茫若梦，双眸粲粲如星。塞上牛羊空许约，烛畔鬓云有旧盟。他强任他强，清风拂山岗。他横任他横，明月照大江。情不知所起，一往而深。大家在网上接龙金庸，我们拾起少年时代没有被弯曲过的动词，没有被折扣过的形容词，我们拿掉这些年的面具，最后一次，我们暴雨般把自己甩出去，我们向你奔腾而去，每个词都不愿落后，我们曾经慌张退场的抒情能力，在这一刻，突围而出挣脱自己的墓志铭。在这一刻，我们重新回到童年身体，世界白云苍狗，但是我们的初歌还能继续弹唱，甚至可以更放肆地弹唱。去你的声色不动，去你的温润如玉，这一刻，我们重新成为20世纪80年代之子。

江山笑，烟雨遥，让世界嘲讽我们只剩一襟晚照的豪情吧，说到底，不是金庸写得有多好，是我们在最好的年纪撞上他，就算我们郭襄一样集体出了家，四十年后练的也是黑沼灵狐，一招关乎杨过的武功。这是我们这一代和金庸的相遇，因为对方的存在，“一棵树已经生长得超出他自己”。本质上，我们是新中国最后一代民间抒情强人，我们借着少年时代的这口气，穿山越岭，三十年后还有眼泪夺眶而出，这个，可能是这个干燥时代的最后的风陵渡。

就此别过。

（选自《澎湃新闻·上海书评》2018年11月5日）

献给父亲

尹学芸

难得有个清晰的梦被记住，梦见的却是父亲。我不停地拍着父亲的后背，试图安慰他。他活着的时候，我经常会有这样的想法。因为疾病，因为种种难以言说的苦难，拍拍他的后背。可这样的想法一直也没有付诸实现。他是 1999 年去世的，如果活到现在，我想我是会有勇气的，就像梦里一样。

《岁月风尘》这本书由百花文艺出版社出版，便心心念念要捎给父亲。梦由心生，这便是由来。还因为，有写这部书的想法时，父亲还在我们身旁，我曾经把心事念叨给他听。随手打开日历，居然是中元节。平日父亲从不来打扰我，这样的日子来到我的梦里，我不会无动于衷。手里只有一本样书，放进包里。抽屉里翻出一只火机。车里有酒。还需要什么？不需要了。我知道，父亲不需要了。驾车仓促地上路，心没来由地紧张。其实还是有种急迫感，就像马上要面见的父亲还活着一样。腿摔伤后，他经常在门口迎接我，脸上的笑纹像葵花一样盛开。一路都在听普鲁斯特的《追忆似水年华》，19 世纪末法国的上流社会，有诗意的奢靡和粉色的魔幻。他们每天的日子是这样过的：社交、调情、看话剧、传播小道消息、喝红葡萄酒、攀附权贵。努力不去想有关父亲的事，可紧张的感觉一波一波地涌来。车拐上桥头，我把耳机关上了。停好车，提了包来到了河堤拐弯处，父亲就住在河套地里，面对着一湾亮晶晶的河水。

“一万只蝉井然有序的声嘶力竭。”这是早年间我小说里的句式。还有这样一句：“空中飞翔着许多燕子，把天空点缀得千疮百孔。”那个时候父亲还年壮，曾经被这样的语言逗得哈哈大笑。如今这样的场景又再现了。我说的是蝉，它们起劲地叫，是担心时令已过立秋，留给自己的时间不多了？好歹它们也是经过了岁月的，虽说是在暗无天日的地底下。我低估了夏日蔓草的力量，它们俱长得生机勃勃，身量甚至高过我。披荆斩棘过去，我把书和酒放到父亲的墓前，通红的封面像流动的血，莲花从纸页上剥离，像蒲公英一样四处飘动，空气里有股淡淡的忧伤。“为家为国倾尽一生。”封面上的这句宣传语，不单是在介绍主人公李勋和李荃，在我的心里，这还是父亲的写照，是天下所有父亲的写照。你的，我的，他的父亲，哪个不是这样呢！我翻到书的最后一页，大声朗诵给父亲听。我是想用自己的声音压过蝉的嘶鸣，好让父亲能听清楚。如烟往事潮水般退去，天地突然有了一种大安静。蝉也有累的时候，而且整齐划一。只有我的声音撞击着自己的耳鼓，在天地之间奇妙地回旋。我一页一页撕掉那本书，点燃。火光中有父亲的一双眼，贪婪地舔舐那些文字。父亲是多喜欢文字的人哪！父亲格外喜欢我，就是因为我从小能转两句诗文。甚至能蒙对两个篆体字，都让他自豪得不得了。

所以在我的心里，不论这本书什么时候出版，都是献给父亲的。他是有人性光芒的一个人。只要能帮助到别人，总是不遗余力。年轻的时候经常听村里人说起，全村那样多的人家，没有哪户人家的房子他没搁过手。谁家有工程，总是最先想起他。他天生会干属于农家的所有活计，瓦匠、木匠，织席、编篓，让母亲自豪了一辈子。可他脾气暴躁，疾恶如仇，对人对事不讲方式，也得罪了不少人。这让家里人多了许多难堪。父亲的晚年大概意识到了这一点，连笑容都有了歉疚的成分，让我的心里特别不好受。他年轻的时候受苦受累，有一个大胃口。在我家吃饭时，总要看母亲的眼神，唯恐自己吃多了。他羞愧的样子，简直像个小孩子。周围的野艾蒿密不透风，裹着夏末的潮湿和溽热。我在草地里站起身，四野空茫，久违的太阳终于钻出了云层。父亲，你能看见我吗？

当我觉得自己有能力写一本书的时候，写一本书献给他，几乎是我人生的全部动力。只是没想到这本书一直在心里，隐藏了很多年。断断续续抻扯出人物和故事，竟然用了这么久。在我的记忆中，父亲从没对我的业余文学创作稍有微词。乡邻说我点灯费油的时候，他只是用忧伤的目光注视我，什么也不说。家里新盖了房，他用木板给我做了简易书架放到柜子上。用胡刷头做了衣架钉在墙上。一盆月季开得蓬勃，他搬到了我的屋里，屋里马上香气四溢。最后，又把吃饭的圆桌搬进来，给我当书桌，桌子前放了把折叠椅。这都是一天发生的事。我们搬进新屋，父亲一整天都围着我的需求转，把他能给我的统统给我。我最早的小说处女作《独身女子宣言》就是在那个时期完成的。岁月逶迤，带走了很多东西，唯带不走我们对家国和亲人深沉的爱，我始终坚信这一点。

（选自《今晚报》2019 年 9 月 23 日）

蓖　麻

刘亚荣

一

蓖麻这个蓖字是独一的。

蓖麻叶子阔而大，像巨型巴掌，荷叶一样用带孔的茎秆顶着，不似一般花草的草香味，有股难闻的气息，荫下没有草。它的绿，是一种独特的白绿，它的秆，带着节，竹子一般，还敷着一层白粉，像一个高高大大的外籍女子。

爹说，20 世纪 50 年代，刚修的潴龙河堤坡上，边边角角，乌泱泱的都是蓖麻。边说边伸手比画着，两人多高，蓖麻籽一嘟噜一嘟噜的。这些蓖麻是护堤人种的，谁种归谁。青年团的小青年，要求进步又喜欢玩，想买乐器，没钱。淘换来了蚕籽，利用别人家的蓖麻叶养蚕。姑娘们走到蓖麻地里，摘下头巾，掐些叶子喂蚕，蓖麻叶接济不上了，就捋榆树叶。那年的蚕茧结了几筐箩，卖了 80 多块钱，小青年花 12 块钱置办了一个说西河大鼓的鼓，又买了金色的半月一样的说书板。

这是我第一次听说蓖麻蚕。记忆里，北院种过半院子蓖麻。

下雨的时候，钻到伞一样的蓖麻叶下面，听雨哗哗叭叭地打在叶子上。五六岁的小人儿，尚不知道雨打芭蕉的意境，调皮地折下叶子接雨，在地上划沟，引导水流向低处。蓖麻花有红有黄，花蕾像小包子，蓖麻子长着刺，像刺猬。起初，包裹蓖麻子的刺软乎乎的，等变了颜色，就有点扎手了。

总盼着下暴雨。大雨突然来了，爹娘就扛着锄头跑回来。娘闲不住，趁下雨缝缝补补。从地里回来的街坊小姨姐姐们，叽叽喳喳地一块儿来我家，嚷嚷着学说书。爹放下手里的活计，打起说书板，筷子敲着躺柜，唱起西河大鼓：

“玲珑塔，塔玲珑 / 玲珑宝塔第一层 / 一张高桌四条腿 / 一个和尚一本经 / 一个铙钹一口磬 / 一个木鱼一盏灯……”

每当这时，娘手里的针线活也会不由自主地停下来。屋外雨打蓖麻叶的声音听不到了。

每年，小院种蓖麻或者苋苋谷的收入，够半年花销，有二三十块。

爹把蓖麻秆砍下来，我们找分叉的，两手捉着当小车，拉着弟弟玩。

蓖麻有与众不同的气质。它的种子也别致，带花纹，黑白相间或灰白相间，像极了戏剧脸谱，尤其像老调《呼家将》里哇呀呀的银袍小将呼延庆。蓖麻子在笸箩里，像一窝正在睡觉的小东西，摸上去，光滑可爱。邢台的恒坤兄小时候玩过蓖麻子“火把”，用铁丝把去壳的蓖麻子串起来，点燃，白白的蓖麻子冒着黑烟，豆大的火花，像萤火虫。

按照传统医学上是药三分毒的理论，蓖麻是入药的，作为泻药进入药典和药房，它的泻下作用比巴豆柔和，算是君子药。木集兄说，他舅妈用锥子在蓖麻子上戳，顺便把麻线也在上面滤一下。有了蓖麻子油，麻线穿过小孔滑爽多了。木集兄老家山东。我小时候，老家没有用麻绳纳鞋底的习惯，而是用自家纺的棉线，娘每扎一针，都在头发上划一下，也是为了润滑。

二

小学时，新庄稼院的边角，干涸的水坑里满是蓖麻。在蓖麻丛林下追逐，是每个孩子都不愿抛掉的美梦。毕竟都是十多岁的孩子，玩耍之余，短不了掐一串花，摘几个蓖麻子，劈几片叶子玩，有时会被老乡告到学校。

小学班主任张老师沉着脸，训斥的声音能传到别的教室，蓖麻也是庄稼……蓖麻也是老百姓的“粮食”……“三大纪律八项注意”怎么学的？讲台上的张老师不停地用板擦拍桌子，显然很气愤，这节课成了植物课，蓖麻专场。

擦擦嘴角，他语气缓和下来，给我们讲蓖麻子的好处，说可以点灯；可以做润滑油，专供飞机用。

学校有一块新校址，没有种蓖麻。张老师当时是校长，带领师生们栽种了菊花，干菊花是药材，在一个肚子里没多大油水的年代，还没有人奢侈地喝菊花茶。深秋，雪白的菊花经霜像涂了淡淡的胭脂，叶子变成墨绿色。张老师借来小拉车，带着我们收菊花。那段日子，学校的前房根像贴上了一幅画，下面是苍绿色，上面是黄白色，满院子都是菊花香，张老师讲课都带着菊花味。阳光明媚，秋风和煦，菊花在教室外排列得整整齐齐，仿佛也在听课。张老师的脸也像菊花一样，柔和、淡然。

菊花丰收了，学生们不用交学费了。

就在这个夏天，张老师突然遇车祸过世了。那个周六我刚从老家回来，听到这个消息，急乘高铁、汽车往回赶，精心挑选花篮，与在保定工作的同学一起为他送行。这个说话就瞪眼的人，也长着蓖麻子一样的脸，也有着蓖麻一样的怪脾气。他还没太老，就突然去了。没有孩子，没有老婆，灵前几个侄子侄女守着。他的床头有两个相册，珍藏着我们小学时的照片，我翻开相册就开始流泪，我们一个班级 20 多个人，出了 4 个大学生。

他的日记本薄薄的，有的就是废纸装订在一起，里面有天气预报，按年月日排列着，风霜雨雪，阴晴雾霾。一个横格本上，里面依次是入团、入党、获奖时间、地点、证明人。张老师是个老实人，薄薄三页，就是他的一辈子。

张老师的窗台上，凤仙花开得正旺，院子里种着串红和鸡冠花，没有泼辣的蓖麻。村里也早没有人家再种蓖麻。

（选自《文艺报》2019 年 8 月 26 日）

返乡路

马海轶

那年春节，我独自回家。对于爱热闹的人来说，“独自”不大幽默。对于我来说，“独自”也还不错。乡下形容人的现成比喻是“独鬼”。远远听去，端的一个好比喻！“独”才能成“鬼”，“鬼”才能“鬼没神出”。我到兰州时，当日到乡下的车发完了，只能坐发往县城的车。有人把我引到车前，车号独特，看一眼就能记住：甘 L0012345。乘务员是个女的，得知我去县城，分外热情，拉拉扯扯，推推搡搡，拍拍打打，把我安排到车厢前面与司机并排的那个独座上。更让人惊奇的是，与以往不同，我还没坐定，车就启动了，一改乡下班车磨蹭扭捏的风格。

在混乱的车站，在密密麻麻的车阵里，这个庞大的轿子挣扎良久，好不容易才出了站，然后在城市的大街小巷艰难跋涉，好不容易才走到郊区。大家都松了一口气。看得出来，乘务员也松了一口气。她得了闲暇，就开始验票，顺序从前往后。我第一个出示车票，乘务员只看了一眼，就大惊失色，惊呼这个位置上的人没来，我是另一辆车上的旅客。我心想反正生米已经做成了熟饭，车已经出城数公里了。于是轻描淡写给她出主意：“给车站打个电话，把我和那个人调换不就行了？”她说：“不行，这怎么能行？还得回去。”司机好像历尽此类沧桑，早已成竹在胸，默然没发一言。在合适的地段掉头时，还侧过肉嘟嘟的脸，笑眯眯看了我一眼，眼神意味深长。

车再次进站，就像长途跋涉之后终于到站的那些车一样，停在原来的位置；我拿了自己的行李，向乘务员打听了下一趟车的车次和时间，她有些疲倦，不时张望车站的门口，对我误乘造成的麻烦完全不介意。到了另一辆车前，整车人都在等我，我踉踉跄跄挤到最后一排中间的位置上。车体开始在屁股下发抖。

这个轿子也是左突右冲，才从车阵里逃了出来。我着意回头，刚才那辆车还停在车站，午后的阳光斜披在半个车身上，司机在风挡玻璃后朦朦胧胧，看不真切，乘务员散乱的头发遮住了半张脸，看得见的一只眼睛盯着大门的方向。

同样的路线，同样的转折。车出了兰州市区，大家舒了一口气。看得出来，男乘务员也舒了一口气。乘务员得了闲暇，同样开始验票。不同的是这次顺序是从后往前，我照旧是第一个。乘务员操着土话，不停地嚷着到了我跟前，责备说："你不会早一点上车？"我说："我坐错了车。"他说："笑话。今天走县里就这一趟车，你还能坐错什么车！你到底是上哪里去的？"我虽然有点愕然，但一番折腾，使我有些累。人感到疲倦的时候，好奇心成倍递减。我不想和他理论，不久就在各种频道的口音中昏昏欲睡。

下午 3 点到了县上。充足的光线下，整条街道的尘土历历可数。装着几根烂葱的三轮车横冲直撞，酿皮、荞圈、字画、锅盔、大麻籽、冻白菜、驴拉车、出租车一字儿摆在街道朝阳的一面。我有些头晕，不想久留，就近与一辆绿色夏利的女司机商量价钱。50 公里，她要我 150 元，我愿意出 100 元。我以为即使 100 元，她也有微利可图。但她坚决予以否认，否认之后就是否决，否决我的出价。她说："我这是新接的车，舍得走你们低河的路？回程晚了，我们两个女的，不害怕吗？"我这才发现后座上还有她一个女伴，恍惚间，就是兰州车站第一辆车盯着出口的那个乘务员。我真诚地说："和你们在一起，害怕的是我。"她们同时笑起来，露出又白又黄的牙齿："你害怕个鬼，我们又不是鬼。"我看她们扛得很硬，又还了一次价钱，她们还是不行。到了这份儿上，我有点生气，问她们："149 元，你们去不去？"她们嘀咕了几句，司机把脸转向我："一块钱都不能少。"我突然想起城里历练尚浅的小青年常说的那句话："我操。"但我没有说出口，转身离去。她们还在说笑："有这种人吗？他还害怕。嘿嘿，哈哈。"后来大概是意识到我最新的开价，由嬉笑转为声讨："这不是明摆着耍我们吗？不就是个神经病嘛？简直是全县神经病的代表……"走得远了，她们的议论声渐渐听不见了。

下午与十几名返乡农民工，挤 11 座依维柯中巴车，经过新修的低河大桥，回到镇上。三老哥的儿子杵在街头等着接我。他个头高瘦，分头显眼，我在很远的地方就看见他了。而我个头和规模小，被一路的尘土覆盖，他肯定没有看见。车停在他跟前，司机问他上哪儿，他瞪了司机一眼，目光像探照灯，从我脸上扫过去又扫回来，终于得到确认。我只拿一个小背包，另外提在手上的塑料袋里，是兰州车站时，妹夫买的一瓶水、一个面包和一份当日的晚报。我跟在侄儿的后面，开始回家的最后一段路。

我们一前一后，有时快，有时慢；我们之间不远不近，始终等距离行进，就像昌耀大师诗里的两头牦牛。有时候，他回头看一眼，大多数时候，他勇往直前。在倒数第二个转弯处他从我视野中消失时，我们之间大约 100 米。但转过弯时，他已在 500 米开外。临近最后一个转弯时，我开始加快步伐，距离重新缩短到 100 米。我想赶上他，就像赶上德龙草原的那一群人。但我这么想的时候，村子已在眼前了，村口的涝池和涝池边上的柳树历历在目了。我年迈的妈妈就在树下等我。一看见妈妈，我就忽略了它们，甚至忽略了自己刚刚萌生的想法。你们也都知道，我到家了。

（选自《青海湖》2019 年第 1 期）

父亲的养猪场

汪莲香

在我高中毕业的第二年，父亲接管了队上的养猪场。那时候，大队开始发展养猪事业，需要一个事业心强，而且能干的人来做饲养员。队长选定了父亲，从此父亲就整天忙于猪场的事。

我那时在队上务农，对父亲的养猪场不感兴趣，很少去。

1983 年，也就是我毕业回乡的第三年。7 月初，连续大雨不断，河堤岌岌可危，人心惶惶。我们的家乡就被环绕着的长堤圈在湖地内。堤脚溃出一个洞口，经多次抢补，终因无效，越溃越大。最后接到通知：湖内全民撤离！

傍晚时分，我们冒着滂沱大雨，走出屋子。洪水从路边那条宽宽的大沟里灌进来，向村子更低处漫延。

我和父亲是最后从村里走出来的人，路上已不见人影，我们一步一滑地走在去往山区的路上。父亲心事重重，撒下了一路的叹息声。

全队的人都聚在山区一处窑屋里避洪。第二天天亮时雨住了，天也放晴了。所有人都不约而同地奔向窑屋旁边的山顶，眺望我们的家园。

这时，忽然不见了父亲，我心里紧张起来，发现父亲正奔走在回家的路上。我不放心，一路奔跑才追上父亲。“我要过去把猪栏门打开，让猪逃生，还有几窝小猪用船接过来！”父亲语气坚定，我知道父亲决定要做的事谁也没法拦住他。

父亲下到水里，他身材高，水齐他的腰深。父亲蹚着水，向前移动着。我在岸上提着一颗心，全神贯注地盯着父亲。突然一道急流将父亲推出丈把远，紧接着，旋涡卷没了父亲，一会儿又见父亲浮出水面，接着又卷进了旋涡。

我的心随着父亲一浮一沉一紧一紧的，父亲消失在旋涡里时我的心好像卡在喉咙口里，想喊可是喊不出来。正当我双腿发软目瞪口呆时，蓦然发现父亲在缓水处出现了。他正向猪场方向游去，原来父亲会游泳！我提着的那颗心终于慢慢放松下来，轻轻地舒了口气。

不一会儿，水面上就出现了几十头猪，齐刷刷向堤边游来。好几百米宽的水路，这些猪拼着命地往前游，百来斤的肉猪最先到岸，笨重的大母猪最后也安全到达。到了岸上，一个个都瘫倒在堤坡上。

父亲驾着小船，载着几窝小猪崽也避开急流从缓水处到达了岸边，把它们都放到了堤坡上。堤坡上长满了绿茵茵的青草，大大小小的白猪躺在这片安稳的绿色里。

经过了这次洪水之后，大队为了更好地发展养猪事业，在山背后建了猪场。年底，那些肉猪出栏后，母猪都迁至山上的养猪场，我们家也跟随着搬到了山上。

家离养猪场只有几十米。有点空闲我就去父亲的猪场帮忙。父亲每天把猪场打扫得干干净净，喂完猪后，就要到好远的地方去买饲料。因为路不方便，饲料都要靠父亲用肩膀一担担地挑回。后来父亲为方便收集米糠就买了个轧米机，利用一早一晚给附近的居民加工大米，有的人家不要米糠，父亲就买下来。为了给猪增加一些青饲料，父亲又在山上开了一片荒地，种上红薯、南瓜、卷心菜给猪搭配着喂。

父亲真是太忙了，太累了。

我很心疼父亲，就帮着做些简单的事情。为了让父亲能腾点时间休息一下，中午，我就将南瓜、红薯剁了送到每间猪栏里。

家里写字台抽屉里放着一本《禽畜常见病的防治》，还有一支金属注射器。除了疑难症，凡是猪的一般常见病都是父亲自己治疗，连疫苗注射也由以前兽医亲自来注射变为父亲从兽医站拿回疫苗自己注射了。

父亲在养猪场做这些的时候，我就去看需不需要帮忙。我细心观察他给猪怎么注射，怎么治病，久而久之，我也熟悉了许多。

抽屉里的书，我空着的时候，从头到尾都读了好几遍，慢慢地也领会了一些兽医学知识。还有那支金属注射器，我拿在手上掂量了几下，这东西看似简单，可你想拿稳它还真不是很容易。我反复练习拿稳它，然后拿来清水练习吸水，排空气，注射。几番练习，感觉拿在手上也自如了，熟练了。我想，说不定什么时候能帮上父亲呢!

有一次父亲去山上弄青饲料回来，路上不小心被竹桩子戳进了小腿里，伤口很深，竹片藏在肌肉里没清理干净，过了两天，竹片露了一端在外面，父亲捏住竹片，咬着牙往外拉，这一幕让我触目惊心。我看到父亲拉出来带血的近两寸长的竹片，顿时不寒而栗。父亲的腿在痛，我的心在痛。

父亲擦了擦额上的汗珠子，一瘸一拐地走近桌边，伸手去拿抽屉里的注射器，另一只手去拿桌上的一个小瓶。我说:“爸，你就不能休息休息吗？”父亲告诉我，那是配好了的猪疫苗，必须当天注射。我说:“那就让我来吧！”看着父亲疑惑的眼光，我又补充一句:“您放心，我会给猪打针！”我接过父亲手上的药和注射器，就朝猪场走去。

我虽然答应了父亲，但实际上没有十足的把握，毕竟我还没实践过。我边走边告诫自己，无论如何也要成功！父亲能做我也能做，我早就没有把自己当孩子了，我要为父亲分担分担，父亲挑一千斤重，我也得挑上八百斤。

我学着父亲的样子用注射器吸上药剂，将注射器上的螺丝调到一毫升的刻度上（当时那类疫苗用量都是一毫升），并将螺丝固定好。

做好这些准备工作，我开始给母猪注射。我准备好一桶饲料，先舀一瓢给母猪，待它低下头去专心吃食时，我平复了一下心情，握牢了注射器。

我看着这些似虎如狮的母猪，虽然心里免不了恐惧，但我告诉自己，既要胆大又要心细，一针扎准，没有第二针。弄惊这畜生，还有第二次吗？扎针和推药同时完成，不能迟缓，等它们有感觉了，头用力一摆，注射器就会飞出很远，而且还有可能被它们咬伤。

我心里嘱咐着自己，趁着母猪低头只顾吃的那一刻，我瞄准了它耳后的软组织部位稳稳地扎下去。母猪嗷地怒吼一声，说时迟，那时快，在它抬头前的那一秒我快速拔出了针头。我成功了，非常成功！我平静了一下喜悦的心情，接下来第二头、第三头、第四头、第五头……第二十头……第三十头……第四十头……第五十头……没有失败！我越来越熟练，有一种从未有过的成就感。

猪崽的注射就容易多了，我把它们关在院子里，在那些小木槽里放些食，用左手给它们挠痒痒，右手不慌不忙地注射，每打完一个给它们脊背上搽上墨汁做上记号。

全部注射完了之后，我走出院子，看见父亲就站在外面。原来他一直在外面静静地看我做这一切。

（选自《散文选刊》2019 年第 3 期）

记得那年桃花开

尹武平

不知哪一年哪一月哪一天，一颗桃核落在了我家院子西南角的蒿草中，长出了一棵小桃树，一出世便被雨露滋润着，随风摇曳，任性地疯长。

这棵桃树主干长到三尺高的地方便分叉了，一枝斜着伸向东北方向，两枝平行着向西南方向发展。三条枝干生出许多枝条，青绿绿的叶子在枝条上闪着油光，形成了一个偌大不规则的树冠。

老人们常说，桃三年杏四年核桃树长五年就结果了。可我家这棵桃树长了好多年，树身都碗口粗了还不开花挂果。要知道，不开花结果的桃树像不下蛋的母鸡，是不招人喜欢的。我经常攀到树上折下许多枝叶去喂羊，谁知折完后竟发出更多的枝条来，越发显得枝密叶茂了。

夏日里，这棵桃树下的一片阴凉，成为我和小伙伴嬉戏玩耍的好地方。我们或骑在树杈上，或躺在那两根平行的树干上，或坐在树下看蚂蚁搬家，看螳螂上树，看屎壳郎滚牛粪蛋儿，尽情地玩耍着。尽情玩耍的孩子会忘掉一切，包括饥肠辘辘的肚子。直到现在，若有人问我童年对什么事印象最深，我会不假思索地脱口而出，肚子饿！这都归结于我们家穷。穷归穷，可父母亲灌进我耳朵里的那几句口头禅却始终是硬气的，什么“人穷志不短”呀，什么“再穷的日子都会有个头”呀……虽然儿时听着这些话似懂非懂，但我却在肚子饿得非常难受时，宁可在自家院子里哭着闹着甚至躺在地上打滚，也绝不会去邻居家讨要半个馍吃。

有一天晌午，我躺在桃树下，透过枝叶缝隙，看着蓝天上的云彩像雪白的棉絮一团一团从头顶飘过。突然发现，浓密的桃叶竟簇拥着几只鸽子蛋大小的桃子，饥饿与嘴馋催促着我翻身而起，爬到树上摘下那几颗半生的桃子吃了起来，完了还咬开桃核取出桃仁，塞到两只耳朵里。听大一点的伙伴说，桃仁放在耳道里还会孵出小鸡呢。虽然没有尝出桃味，也没孵出小鸡，却使我看到了那棵桃树的希望。

当又一个春天到来时，我家桃树枝条上那些挤满了的花蕾竞相开放着。粉红色的桃花，远远望去，像一团粉红色的云。近前细看，那桃花神态迥异，各不相同，引来成群的蜜蜂争先恐后地前来采蜜，十几只蝴蝶也在桃花里飞来飞去。这一树桃花给寂寥的院子平添了一道美丽的风景，带来了一丝希望。妈妈说："这一树桃成熟好了，能卖十多块钱呢！"

一场春雨使桃花极不情愿地慢慢飘落到地上，与泥土掺和在一起，散发着自己独有的清香。满树的乳桃在春风的轻拂下，在夏雨的滋润中，还有空气、阳光，甚至月光也时常光顾其身，小桃子个个悄无声息地一天天鼓圆着自己的身子。全家人经常眼巴巴地瞅着这一树桃子，把唯一能给家里换几块钱的希望寄托在了它的身上。

那天，天刚麻麻亮，父母亲就匆忙地起身下地，提着老笼去摘桃子。待我从炕上爬起来时，母亲已经提着大半笼鲜桃回来了，接着拿出十几个桃子，分成两份，让我们姊妹分送给邻居家尝个新鲜。这是乡俗，更是我们家的规矩。

吃罢早饭，妈妈拎着一笼桃到几里路外的镇上去赶集，我跟在妈妈的后面。在镇上的街道边，妈妈放置好桃笼，揭去盖在桃子上厚厚的一层绿油油的桃树叶子，一颗颗青里泛白的鲜桃便呈现在人们面前，个个身披一层薄薄的绒毛！说实话，我家的桃子长得并不好看，不像别人家的桃子，外表白里透红。但只要吃上一口，就会感觉到味道醇正，渗甜渗甜的呢！街上人来人往，熙熙攘攘，但人们都瞄一眼桃子，便一走而过。妈妈开始着急起来，壮着胆子羞怯地喊了一声："离核甜桃，先尝后买！"话音未落，脸蛋先红晕起来。终于有一位中年男人来到摊位前问："桃甜不？""甜得很！"妈妈生怕买主走了，补充说，"先尝后买，不甜不要钱！"那中年男子便弯腰拿起一个桃，蹭蹭地在自己裤腿上擦了两把，放到嘴里咔嚓咬了一口，吧唧吧唧地嚼了几下，随后却抬脚走了！望着他离去的背影，我的双眼瞪得圆圆的……

我们娘俩在摊位前，看着街道上人头攒动，企盼着下一位顾客的出现，但总是问价格的多，摸个桃子尝鲜的多，实实在在买的顾客并不多。忽然，街道斜对面传来叫卖声——热油糕！又香又甜的热油糕！镇上食堂一位师傅穿着白大褂，戴着白帽子，在支起的油锅前边捏着油糕高声叫卖着。伴随着他的喊声，一股浓浓的油糕香味随风钻进我的鼻腔里。我不由自主地把不断涌出的口水咽到肚子里，但我不会给妈妈提要吃油糕的要求，妈妈卖桃赚钱太不容易了！倒是妈妈看出了我的馋相，抚摸着我的头说："等妈把桃卖完了，给你买油糕吃。"我企盼着那个甜蜜的时刻。

农村集市上交易的商品很少，赶集的人们来也匆匆去也匆匆，很快集市就散去了，可我们的桃子还没有卖完。这时妈妈毅然地挎起老笼，顶着烈日带着我走街串巷去叫卖。记不清串了几个村，说不上走了几里路，那一筐桃总算是卖完了。回家的路上，妈妈一直跟我唠叨着，盘算着卖桃得到的七块八毛钱怎么花：要先给我留一块五毛钱的学费呀，要给姐姐买双鞋面布呀，要买一斤盐呀……

那一天，也就是那一天，我突然觉得自己长大了，内心深处埋下了要发奋读书摆脱贫穷的种子！两个多月后，我开始走在上学的路上……

［选自《延河》（下半月）2019 年第 2 期］

甜菜

王雁翔

大自然万物都笼罩在乌黑的浓雾中，没有一个人的智慧可以穿透天与地。

——西塞罗

走进田野，我能看到自己曾经的身影，也能看到许多从前。

没有包产到户前，索罗原许多生产队都种甜菜，一个队上百亩。甜菜叶子阔大，看不到泥土，田里是大片大片耀眼的碧绿。

尽管现在田野里看不到甜菜，看不到劳作的人群，但我仍能清晰地看见叶子阔大的甜菜唰唰唰地疯长，看见起甜菜的镢头在秋日暖阳下起落，一棵一棵粗大的甜菜在镢头吃进泥土的瞬间，带着浑身湿泥斜刺里向后飞出地面，看见我和乡亲们在说笑打闹声里收甜菜，还听到一个收甜菜女子的甜美笑声。

收甜菜，多是男人在前边抡起镢头，将粗如碗口、长尺余的甜菜刨出地面，我和女人们跟在后边拿着锋利的菜刀和镰刀，抱起沉甸甸的甜菜，削去甜菜秧子，刮去湿泥，顺手将甜菜与秧子分开，一边一堆。人在碧绿的甜菜地里缓慢地往前移动，身后是一堆一堆白晃晃的甜菜和绿油油的甜菜叶子。那时，我八九岁，个儿高，回家丢下书包，可以参加队里劳动，只是工分少些。

甜菜刨出来，在地里晾晒一两天，就直接装上带拖挂的解放牌汽车和东方红牌拖拉机运往城里的糖厂。甜菜个头粗大，竖着插装，一车一车装得很高，在村道上像一座一座移动的小山。甜菜秧子则分给各家，可以人吃，也可以剁碎喂猪和鸡。

那么多甜菜都进了糖厂，为啥糖还那么珍贵？同伴庆荣的话，逗得女人们一片笑声。她们七嘴八舌地嚷嚷，有的说糖厂生产的糖都出口国外了，有的说城里人有钱，糖都让城里人吃了。

她们这样说，也许只是一种臆想。但糖在农村孩子的心里是无比珍贵的，一毛钱只能买五粒水果糖。庆荣奶奶喜欢吃糖，他二叔在城里工作，每次回家都会带一点水果糖，糖纸花花绿绿，很好看。庆荣偷了奶奶的糖，上学的路上常拿一块糖用舌尖舔。我和村里大部分孩子一样，只有过年时才能吃到糖。除夕守岁，母亲会给我们姐弟每人发四五粒水果糖、几个核桃。我从糖的甜味里知道，穷苦孩子能吃上一粒糖，就是过年，是一年里难得的幸福时光。糖像天空的雁阵，常诱发我从田野上眺望远方的繁华与旖旎，觉得要让自己的生活里有更多的甜，就应该往城市里去。

像一个谜，我不明白我的同学锁锁为啥经常有糖吃。他跟我一样穷，衣服上补丁摞补丁，常为学费和作业本发愁。一天黄昏，我背一背篼猪草披着暮色在田埂上走，锁锁漂亮的二姐跟一个小伙子忽然从玉米地里钻了出来。村里小伙的背影我熟悉，对他却陌生。两人没往后看，顺着田埂径直往村道上走。我看到了他俩尚未整好的衣衫、锁锁二姐辫子上的草屑，甚至，两人身体里刚刚奔腾的青春、羞怯、慌乱、疼痛。他们的爱情像田野里的庄稼正在恣意疯长，走过的风里，有湿淋淋的荷尔蒙，也有淡淡的糖果味。

我远远地听见锁锁二姐玲玲说，小波……

那小伙又折身跑回来，紧紧抱住玲玲，闪进路边的树丛，将她箍在一棵树上疯狂亲吻，爱情在急促的呼吸中被越搂越紧。他俩看不到树、庄稼和田野，也看不到我这个拾猪草的少年。那一刻，天地在他们眼里，也许只是一片皎洁的月光。他俩的扭动让我心跳莫名加剧，身上燥热。我赶紧拐上了另一条田埂。

放学路上，我说，锁锁你吃的糖，肯定是你二姐给的。他脸一红说，你咋知道？我说，糖是甜的，甜菜是，爱情也是。

挖甜菜时，大人们会选一棵长得周正的甜菜，唰唰唰，几刀削去皮，分成几段，一人掂一大块，生吃，如快刀切黄瓜，嘴巴里嚓嚓，一片脆响，听着令人兴奋。

事实上，在大人们一边劳作一边脆生生地吃生甜菜之前的许多个黄昏，我和伙伴们已吃过无数次香喷喷的烤甜菜。为什么总是黄昏，而不是别的时间？因为，这个时段，我们放学后多是三个一群五个一伙地在田野里挖野菜、拾猪草。

甜菜跟玉米、豌豆等作物一样，都有专人住在地头上的窝棚里看管。但再用心尽责的人，也防不住孩子。我们几个伙伴偷了甜菜，在地塄上掏一个坑，用火烤着吃。甜菜个头大，不易烤熟，我们将甜菜往地上一扔，咔嚓一声，裂成几块，丢进火里慢慢烤。我和锁锁、庆荣、赖子坐在树下玩五子棋，下完一盘，又下一盘，从弥漫的香气里判断一块甜菜的生熟度，等待甜菜在火里一点一点变软。

烤熟的甜菜从火坑里刨出，外皮焦黄，烫手，滋滋滋往外流糖汁，咬到嘴里香甜如蜜。吃烤甜菜让我感到甜蜜和温暖，生命的光亮与美好。我们都希望甜菜晚一点收，在地里多长一些日子。

晚饭后在村里溜达，我看见锁锁在他家门前的菜园里撅着屁股挖地。母亲说，锁锁的两个儿媳妇一个是贵州的，一个是云南的，都是儿子在外头打工领回来的。我忽然想起他的二姐玲玲。锁锁不清楚，那个快收甜菜的秋日黄昏，我看到了玲玲十八岁甜蜜的爱情、咄咄逼人的青春和能浸湿月光的呼吸。玲玲与那个叫小波的小伙子，在幸福与痛苦中撕扯、挣扎了两年多，玲玲爱情的方向，被她父亲像堵水渠一样堵死了。玲玲悲伤的泪水纷纷扬扬，像秋日里绵绵的阴雨。她的爱情在我心里烙下了一个美丽的黄昏，也烙下一个挥之不去的诘问：芸芸众生，谁能真正驾驭自己的命运，并拥有一世忠贞不渝的爱情？现在，玲玲该是近六十岁的老人了，她还记得那个遥远寂静的黄昏吗？那是她的芳华的闪电，一道可以让人死在路上的电光石火。

甜菜是故乡原野上最早消失的植物，20 世纪 80 年代土地承包到户就停止种植了。那时，我没吃过甘蔗，不知道甘蔗可以制糖，觉得没人种甜菜，不光看不到收甜菜的热闹，吃不上甜得流糖汁的烤甜菜，也没糖吃了。很长一段时间，我心里的寥落与忧伤迟迟无法散去。

每年春节仍会习惯性地买一点糖，总没人吃。喜欢吃糖的人越来越少，为啥患糖尿病的人越来越多？是生活太甜了吗？

甜菜是一种甜蜜的植物，我想种一棵，种一大片甜菜，看它们在田野里疯长，看它们成熟后白胖硕大的样子。但是，我该去何处寻觅几粒甜菜种子呢？

一切都远了，但尚未全部消失，比如野草和植物的清香，那个秋日黄昏汹涌的爱情。

（选自《散文选刊》2019 年第 1 期）

我的胃里有五谷的花朵

耿 翔

一个人的时候，我经常低下头来，抚着胸口追问：马坊在哪里呢？

我只能这样自己追问自己。在我离开这里之后，在父母相继去世之后，没有人能回答我这个问题了。就是现在回到村上，能有几个人知道，我就是在这里出生的？所有的陌生感，都会突然包围着我，都会让我在这块自己的土地上，站得很不自然。

到了这个时候，我才恍然大悟：一个人的故乡，就是他的父母。

父母在的时候，故乡就在。由于他们带着生命的气息，时刻与万事万物亲近，故乡就很具体和温暖，就是他们脚下的那块厚土，就是厚土上生长着的庄稼，就是庄稼围起来的村庄，就是村庄里的一片瓦房。说得再细一些，一声鸡鸣，一声鸟啼，一声狗吠，都是故乡的声音；一片云彩，一片落叶，一片炊烟，都是故乡的风物。

由于父母心存的爱，它们也就熟悉地围绕在我的身边。

现在呢，故乡走得比父母还遥远，遥远到需要来追问。

也是这种遥远，迫使我换了一种角度，或打开另一种思想，来追问马坊在哪里。这个时候，我一直问自己：父母在哪里？确实，在这个物质的世界上，我再也看不到他们的身影了。我知道他们就在那一块黄土下，安宁或不安宁，都成了一村人心中的鬼魂。这块黄土，接受过多少耕耘和播种，比起我痛断骨头的泪水，犁铧留给它的，都是一些肤浅的外伤。我以为每年的某个日子，我能悲悯地来到这里，一定是我在心里，听到了一些呻吟。

而每来一次，我都有一种带走了他们的感觉。

我由此安慰自己，父母就在我的心里，一起跟着我呼吸，也一起跟着我延续他们的生命。写到这里，我想起陈忠实的一本书，有一个很好的名字，叫作《家之脉》。我们常说的家脉，到底是一些什么呢？我们看见过吗？

我以为，能在自己身上看见父母的人，就是能看见家脉的人。

村上人也说，我在褪去年轻时的相貌后，越来越像我的父亲了。事实上，父母身体上的一些生理现象，也越来越多地在我的身体上出现了。比如我的胃，就像母亲的胃一样，对一些凉性食物特别敏感。比如我的声音，就像父亲的声音一样，在更多的沙哑中，透出一些刚硬。有一次，我取出父亲的照片，与他默默地对视着。我没有多少悲伤，因为时间已经把一切，换成一种比悲伤更深层的东西了。我正看得出神，弹钢琴的小女儿走过来，依偎着我，呼吸紧张地看了一会儿，很懂得尊重地说："爸爸，你老了以后，一定像爷爷。"

我听了很欣慰，因为他们确实就在我的心里。

我对女儿这样说："爸爸现在就很像爷爷。"

合上父亲的照片，我想出这样一句话：身体里的马坊。

是啊，父母都走进我的身体里了，他们一生走过的马坊，能不跟着走进来吗？它们集体映照在我的身体里，就是一片家之脉，就是始终支撑着我的一种精神。我也至此承认，一个物质的故乡，已经背离我了，只有一个精神的故乡，还被我背在身上，一刻也不敢放下。况且，我在物质上丢失了那份本该属于我的土地、房屋和粮食之后，再不能从精神上丢失它们了。如果在我贫瘠的身上，还富有地拥有一份非物质的文化遗产，那就是精神里的故乡。

这些年，我也突然感觉到了一种沉重。仔细一想，并不是长安这座城市带给我的。现在明白了，是我身体里的马坊，在沉睡了好长时间之后，突然从每一个部位醒来了。而我在心中，还能喊出名字的草木，已不是单一地生长在田间地头，随风摇曳的那些草木，更不是在我的草笼里，曾经散发出一路清香的那些草木，它们都像是父母一生俯仰天地，而精心为我编织的一个花环。

这不是高山下的，那一束英雄的花环。

这是在我的身体里，为我招魂的花环。

它天长地久地，为我要招回的，就是被我丢失了的马坊的魂。或者，它这么亲近地贴着我的肌肤，就是让那片滋养我的家之脉，在我的血液里，永远流淌下去。而我此刻的感受是，失去什么都不重要，重要的是必须一生惦记着：在越来越陌生的大地上，我还有一个身体里的马坊。

有一天夜里，我在睡不着觉的时候，从枕下抽出纸和笔，半躺着身子，快速地在纸上这样写着："身体里的马坊 / 你应该知道，用五谷的 / 姿势和气色，从内部燃烧 / 我藏在目光深处的火焰，就像浑身裸体着 / 把一群人，放在隐秘的天空下 / 有风的灵犀吹拂着 / 我印满苍生的身上，有没有 / 一块土布的遮蔽 / 并不重要。"

什么重要呢？我想，如果我身上真有印满的苍生，那是最重要的。我想任何时候，不管我漂泊在远离马坊的哪个地方，只要能从我被马坊的风雨，反复吹打过的皮肤上，闻到马坊的一点气息，找到马坊的一丝影子，我就觉得我在这里，没有白活过。而我以前吃过的那些苦头，受过的那些屈辱，都算不了什么，都可以让风一次吹拂去。

有时候走在大街上，看到一个文身的人，就想停下来多看上几眼，甚或想拍拍他的肩膀说："兄弟，我也是一个文身的人，你能看得见吗？"

我绝对没有，也不会有他身上那些刺眼的图案。

我想我身体的每一寸皮肤上，都被岁月的刻刀，刻满了马坊的过去。如果把它一寸一寸地撕展开来，就会看到一个乡村几十年黑白分明的历史，不写在土地上，不写在天空里，也不写在纸张上，而是写在它的每一个村民的身体上。因此，我一直从一些乡亲的表情里，阅读我的马坊。

从我的身体里，我想到马坊的山，想到马坊的水，想到马坊的土地，想到马坊的庄稼，它们以各自的形体、气质和秉性，对应着我身体的某一个部位。有时以为这些很神秘，有时也以为这些很自然。比如我写过的高岭山，一个被蓑草和洋槐花覆盖着的黄土山，在我们这块有着秦岭山脉的大地上，确实算不了什么。但我觉得，就是这座极不起眼的黄土山，以它不高的身躯，给了我一个最初的高度。我在它的视野里，第一次看到了一座唐朝的陵冢，使我在以后的日子里，一直梦想用文字回到大唐去。我在离开它，从乾陵的东侧离开它的数十年后，终于从一个冬天开始，悲欣交集地写出了系列组诗《纸上长安》。高岭山，你在我心头埋下的这个欲望，我在完成的那一刻，抬起了伏案太久的头，我那时觉得，马坊的这座山，就对应着我在平常的日子里，抬得并不太高昂的头。

比如马坊的五谷，都装在我的胃里。这不仅因为在那么饥寒的年代，是这些五谷，简单地填充过我空荡荡的胃。而是在我微寒的胃里，那么温暖地装着的食物，是一些原本粗糙的粮食，经过一位女人的手，变成十分精细和贵重。应该说，我性格里的细腻一面和崇尚高贵，是一位女人用手里的五谷，先从我的胃里营养出来的。

这位手握五谷的女人，就是我的母亲。

我抚摸我的胃里，都像有五谷的花朵。

而一个完整的马坊，就珍藏在我的身体里。因此，我在那一夜的纸上，最后记下这样一列汉字："等我从夜色里，伸出 / 醒来的手，要抚摸马坊时 / 听见一些招魂的歌声，正在身体的 / 每一个部位响着。"

（选自《美文》2019 年第 4 期）

灯 光

田 鑫

最开始，我以为，这世上的所有的光，都是煤油灯发来的。

白天的太阳，一定是无数盏煤油灯一起点亮的，才会有那么持久的光，要不阳光照在母亲身上的那部分，怎么跟煤油灯照在母亲身上的那么相似？

夜晚降临，无边无际的黑把村庄铺满，母亲扣紧木门，拉开抽屉，拿出火柴盒，取出根火柴，火柴划过，哧溜一声，黑就被赶出了屋子，灯芯上的小火苗卖力地燃烧着，像个要够高处放置着的玩具的孩子，一跳一跳，可不管它怎么努力，只有豆大一点。

母亲所有的针线活都是在灯光下完成的，白天有太多的粗活等着她，只有晚上，她才能清闲下来，把细细的线穿过针眼，然后在布与布之间来回翻转。母亲拉长针线的动作真优美，豆大的灯火，将她的影子投射在墙壁上，一个巨大的胳膊在静止的空气里挥动，有收割的喜悦，也有爆发前的沉默。我的整个童年就这样被点亮了。

甘渭河畔习俗，正月十五不吃元宵，而是点荞面灯盏。荞麦和面，揉成馒头的样子，但又不是很圆，母亲用擀面杖在中间捣个窝，再放进蒸笼。雾气升腾中，一锅荞面窝窝头做熟了。

小孩拳头般大小的荞面灯盏和我们一起等着正月十五的到来。天一黑，它们整齐地出现在供桌上。这些灯盏，绝对不会多出一个，也不会少一个，对于家里包括牲畜在内的所有成员，母亲绝不偏心。

点灯时分，母亲给荞面窝窝插上灯芯，倒上清油，然后开始摆灯：我一盏，妹妹一盏，父亲一盏，母亲一盏，当院的天官供桌上一盏，厨房的灶王爷一盏，上房供桌上的先人们一盏，大门供台上也要一盏，有游魂野鬼刚好路过，不会怕黑。剩下的灯盏就要分配给牲畜和粮食了，住牲畜的房间各一盏，牛比鸡要占便宜些，一头牛独享一个灯盏，而一群鸡只能共享一个灯盏。

灯盏分配结束，点灯仪式正式开始。我在院子里放过鞭炮，父亲划亮火柴，母亲手执一根缠着棉花蘸着清油的细竹竿接火，然后逐一点燃灯芯。夜幕之下，几十个荞面灯盏被母亲逐一点燃，几十尾灯焰像庄稼一样长在荞面灯盏里，清油燃烧的火苗和黑烟，瞬间把屋子变成仙境。

平淡的日子一下子被点亮了，我目不转睛盯着我的那盏灯，想象着棉花烧尽后灯芯上出现的那个灯胎。母亲说，谁的灯胎最大，谁来年的收入就最多。可是等不到灯胎出现，我就睡着了，醒来的时候，往往看见母亲在灯盏下缝缝补补。

那些年，我们的日子贫穷破旧，全凭母亲操劳缝补。母亲这盏灯似乎从点着之后就没有停歇过，在小小的院落里，洒过光芒，不大的村庄里，灯影也游走过。那些年清贫的日子，都是靠她微弱的光亮充实的，可是，眼看着小小的院落变得丰盈起来，这盏灯却被吹灭了。母亲闭上眼的那一年，我们已经用上了电灯，开关一摁灯就能亮一天。母亲躺在晃眼的灯光下，我们泪眼婆娑，总觉得洒在她身上的灯光，不是来自灯，而是她自己本身发出来的。命运风一样吹着她，灯光一闪一闪的。我想伸出手去罩住她，给她做个灯罩，可是手伸过去一点，母亲的身体就会暗一些。我想起那时候保护荞麦灯罩的情形，我们越想让灯芯旺旺的，风就越使劲冲着灯罩吹，我们又不敢挪动它，只能看着风扯着小小的火苗。我们围着母亲，生怕风把她吹灭，土炕被围得密不透风，我们成了母亲的灯罩。可是，挡住了风，却挡不住灯芯枯竭。

母亲这盏灯还是灭了。我们小心翼翼地把她埋进土里，她成了大地的灯芯。头七，我们按照甘渭河一带的风俗，去给母亲的坟头挂灯，想着有一盏灯亮着，暗夜里母亲就不会孤独。灯装在用纸糊的灯笼里，一个褐色的药瓶子做成的灯盏里，装着满满一瓶子煤油，灯芯是用新棉捻成的，在煤油里浸泡过之后显得臃肿。这个瓶子原本装着的药片，搭救过母亲的命，可是那些白色的药片最终回天无术，那天，它变成一盏灯，替我们照亮母亲。

灯是从出门前就点着的，我小心翼翼地提着它，生怕它被打翻，被风吹灭。它可是要在母亲的坟头亮一夜的。在天快要暗下来之前，一盏灯穿过巷子，穿过村庄，穿过麦田，天黑之前挂在母亲的坟头。这样，母亲就不会怕黑，也就能转身从别处拿出针线来继续在灯下做了。

灯挂在坟头，天彻底黑了，老天爷好像是专门等我们一样。我跪在灯前，磕头、作揖，然后蹲坐在坟头，想着这样母亲就能看到我，看到一张被灯盏照亮的脸。无边的黑从四面八方压下来，四周阒静，能听到煤油在棉花上燃烧时发出的嗞嗞声，这声音跟母亲的针脚穿过麻布时一模一样。

我怕再听下去会放声大哭，那些年，那么多的苦日子，母亲都有本事把心灯点亮，带我们渡过难关；现在，母亲没了，悲伤成了我最大的难关，可是没有人领我，只有眼前这一盏煤油灯，在风里摇曳着。

恍惚之间，我觉得母亲就站在这摇晃的灯光里看着我。

（选自《散文选刊》2019 年第 9 期）

寂静乡村

王海津

一只麻雀在疏斜的阳光中穿过，轻盈地飘落在月台的花墙上。花墙上的水泥已经很老旧，瘦瘦的麻雀站在那里，左右张望了一下，然后低下头，在水泥墙台上快速地啄了两下。墙台上什么都没有，或许麻雀是在啄那些细小的沙子，或许只是个习惯动作，然后双脚一起向前跳了两下。麻雀是最不屑于走路的，即使落在地上，也是双脚一起向前弹跳。另一只麻雀落在它的身边，同样在墙台上啄了两下，然后，它们一起飞上了院墙外的树梢。

母亲的目光透过窗子的玻璃，一直追逐着那两只麻雀。

母亲很少像这样静静地坐在炕上，但是现在她已经不能像原来那样一整天进进出出地忙碌了，一颗小小的血栓，就让她失去了灵活行走的能力。她只能试着一步步行走，更长的时间要留在炕上。她说，老了老了还得像小孩儿一样重新学着走路。母亲是真的老了，花白的头发已经有两三年不再染黑，脸上的皱纹也越来越深。

院子外面的树枝很安静，初冬的阳光淡淡的，没有风。只有麻雀偶尔飞来，做短暂的停留，有时候是两三只，有时候是一群，呼的一下飞来，又呼的一下飞走。麻雀是留鸟，一年四季都在这里，一年复一年都在这里。很多人都走了，但是麻雀不走。

院子前面的小路上，已经很少再见到人，原来坡上住着的人家都搬走了。我曾不止一次地到坡上那些老房子的遗址上去，那里除了拆剩半截的墙、砖头瓦块，还有一些废旧的物品，比如破旧的提灯，残破的瓷碗，废弃的石头猪槽子等，人们都搬到沟外平坦的地方居住了，但是我小的时候，这里是住着很多人的。

人走了，房子也拆走了，只剩下一些树。这是一些很大很老的树，它们的根子扎在这里，哪也去不了，它们还依旧活着，依旧在生长。生命的本身就是在不断地生长，长着长着就长老了，人也一样。

村子里只剩下一些老人。我回老家的时候，父亲经常掰着手指头数，常在家的还有几口人，从沟里数到沟外，已经屈指可数了。这里的地只有这些老人在种着，年轻人都去了城里，并且肯定不再回来。在心里，这里的土地已经不再属于他们，他们也不再属于这片土地。

每年，父亲和母亲总是很要强地把自己家的地种上，母亲说放着地不种多让人家笑话，我说你们现在还能种，将来肯定没人种了，不种是迟早的事儿。明年的地，母亲已经不能再种了。

村里屈指可数的老人也越来越少了，今年一年就死了三个。刘玉明和刘长伶两个人是一起遭遇车祸死的，俩人去外村打工，晚上同骑一辆摩托车回家，在一座大桥的桥头横过马路，与一辆载重大货车相撞。后来有人说，当时撞击的声音很大，两个人像沙包一样被抛出去，重重地落在路边坚硬的土地上。

刘玉明家是在我家一眼能看得见屋脊的邻居，我跟他叫表兄，小时候总是他给我理发，那时候他还是一个意气风发的小伙子，他说年轻时候一顿饭曾吃过三斤粮票的油饼，当时三斤粮票能买四斤半油饼，我相信他说的是真的，我猜他也只吃过那一次。那时候他肩上挑两百斤的担子跟玩儿一样轻松。前几年，他当村里的村民小组长，争取到了一个水利灌溉项目，把长长的铁管子架到了山上，让大家种植板栗，但是那些铁管子像一只僵死的虫子，早已锈迹斑斑，始终没有人用它把水送到山上去，村里的板栗树也没有因此而多起来。

后来，他又争取到修村里的路，路面可以纳入村村通工程，由政府出钱，但是路基还是要村里人自己修。有一天他打电话给我，说村里修路没人也没钱，你能不能给帮着出点钱？我说行，可是我只有每个月的工资，回家的时候，我给了他两千块钱，他拿着钱骑摩托车离开的时候，我看着他花白的头发，像挂了霜的荒草，被风吹得一颤一颤的。

路修上了，可是刘玉明却得了癌症，出院后，嗓子完全沙哑了，人也更见苍老衰弱，但每次见到他，还是在忙着地里的活儿。

俩人年龄虽然相仿，但是按照家族里的叫法，刘玉明跟刘长伶叫叔，我也跟刘长伶叫叔。从我记事的时候，刘长伶就不爱说话，他这一辈子好像也没说过几句话，厚道得像一团棉花，只会埋头干活。

早上，俩人搭伴，一起出去打工。风中，飘着他俩同样花白的头发。晚上，俩人再也没有回来。他们是村里最能干活儿的两个人，用村里人的话说，俩人的活儿是干到头了。

后来，死的另一个人，是家族里的三叔王田。

三叔有病很久了，好一天坏一天的，人瘦得只剩一副骨头架子。有一次在南台子坟地见到他，我惊奇他还能走这么远的路，他说出来转转，三叔原本嘴就大，脸上的肉瘦没了，嘴就更大了。南台子有老王家的祖坟，不知道三叔是不是来看他不久之后的归宿地，他的脸蜡黄蜡黄的，像一张黄表纸。

最后的一段时光，三叔的日子里好像只剩下死亡了，日子一天天地过去，就这么等待死亡日期的到来。据说有人给他算过是春天，后来又说是夏天，三叔最后死在了秋天。

那天，父亲突然打来电话，说王田三叔死了，问我有没有时间回去，我说回去吧。三叔的葬礼很隆重，很有仪式感。去小庙上领魂的时候，我也作为晚辈，三步一磕头，那条曾走过无数次的小路，地面很硬，跪在上面，每一颗石子、沙子都硌在膝盖下，很疼。我不知道三叔的灵魂，是不是在冥冥中一路跟随着我们。领魂的队伍很长，有他在城里回来的两个儿子，有家族中的晚辈，有唢呐呜咽，有白幡猎猎……

这一刻，村庄仿佛停止了一切，只有领魂的队伍，在村庄里缓慢行进。三叔活着的时候，好像从没有这么多人，同时为他做过同一件事。

王田三叔顺理成章地埋进了南台子的土里，前辈的坟旁，又多了一座新坟。

一切归于安静。

父亲在村里当了几十年的乡村医生，熟悉村里的每一个人，甚至给每个人都看过病，他记录的病例已经不知有多少本了。近些年，自从买了电脑，他就一直在电脑前敲打着键盘，录入、整理他记录的病例。父亲大半生里治好了很多病，但是他自己的眼病谁也没有治好。

父亲得的是青光眼，应该是遗传自奶奶。奶奶得青光眼后，两只眼睛都瞎了，那时候找人给看过，说房子盖得不是地方，将来下一代还会得眼病，于是家人急慌慌地拆了一正两厢的老院子，挪迁到了现在的住处，可是父亲还是仿如宿命一般地得了眼病。我曾带着父亲到北京的大医院看眼睛，医生说父亲只剩一只眼睛还有四分之一视野的视力。我曾经试着挡住一只眼睛，想象另一只眼睛的四分之一视野能看清什么，我不知道父亲用这四分之一的视野，怎样像正常人一样的生活。

父亲在电脑上整理出来的病历，已经有 20 多万字了，我大概翻过，记录得非常详细，姓名、性别、年龄、症状、诊断、用药，甚至一诊、二诊、三诊，直到很多次诊断治疗的详细情况，都一一记录在案。有些人痊愈了，也有些人不治而亡了，还有些人治愈后，又陆续死去了。死亡，总是每个人最后的归宿。我想父亲记录的这些病历，可以作为一部《乡村疾病志》出版。或者，它更像一部《乡村死亡档案》。

父亲和母亲都老了，村庄也老了。村庄里听不到鸡鸣犬吠，也见不到驴马猪羊，就连一日三餐的炊烟，也日渐委顿。村庄里的新人，已经行走在另一片天空之下，只有麻雀，还留在这里，它们一忽儿飞来，一忽儿又飞走，阳光有些迷蒙，依旧没有风。

（选自《散文百家》2019 年第 9 期）

九月一号的一粒糖

秦湄毳

开学了，又要接新生，早早地跑去买来一包香浓的阿尔卑斯香浓牛奶糖。

九月一号的清脆铃声响起，我的又一个第一节语文课开始了，迈上讲台，郑重开始我自称为“磨刀课”的第一堂课。无非是和新生认识一下，也让他们认识一下我，和我赖以“维生”的语文和语文课，来一个“轻轻地告诉你”，告诉你语文是什么，怎么学。或言之，我就是个教唆员，教唆我的学生们爱上“口语”语，爱上“书面”文，我还是个引诱师，引诱他们踏上语文的方舟或称贼船。所有句中的贬义词都是一个曾被叫作“大嘴怪”的可爱小男生口授，另一个被叫作“甲骨文”的淘气小男生手书过的班级大字报中，使用过的“抨击”语。

可是，他们戏谑的抨击却给我一种更新的劲头，让我重复我的“伎俩”。

每每接新生，我说完叶圣陶先生关于“语文”的定义之后，还是忍也忍不住地、口吐莲花地给他们转述下面一段话：“语文是炫目的先秦繁星，是皎洁的汉宫秋月；是珠落玉盘的琵琶，是高山流水的琴瑟；是‘推’敲不定的月下门，是但求一字的数茎须；是庄子的逍遥云游，是孔子的颠沛流离；是魏王的老骥之志，是诸葛的锦囊妙计；是君子好逑的《诗经》，是魂兮归来的《楚辞》；是执过羊鞭的《兵法》，是受过宫刑的《史记》；是李太白的杯中酒，是曹雪芹的梦中泪；是千古绝唱的诗词曲赋，是功垂青史的《四库全书》……”

我还会“口吐枣花”地给学生们说，语文也是《天工开物》，是勾股定理，是圆周率 π……因为它可以推理，可以记录，可以求证，可以传承；语文还是你的绅士风度，你的回眸一笑，你的一抬手、一张口、一点头、一举足……的确，语文可以为你的生命着装，为你的灵魂上彩，它是你人格的风、雅、颂，生活的赋、比、兴；语文，对你来说，也可以什么都不是，但转弯抹角都离不了它，每一寸生存的肌肤都有它，每一缕活着的气息都含了它，每一刻行进的步伐都要踏住它……它是一盏灯，你可以没有它，它也耀着你，但你只能在它的背影里，有了它，生命亮着，心才亮着！

语文啊语文，它在你的生活里，生活本是“大语文”，所以有“处处留心皆学问，人情练达即文章”，所以有“文学就是人学”“文学就是生活”，这样的说法渗透真理的大街和小巷，穿梭在哲人密密聚首着的大街和小巷。只沾了一点点语文之熏香的我，年年等在安静的三尺讲台，等着你走来，只为轻轻地牵了你的手，悄悄告诉你语文的芬芳，语文课的甜蜜，带你来品尝！

然后，我会煞有介事，郑重地说，闭了你的眼睛，我给你发授学习语文的妙方。

安静的教室里，几十张屏息的小脸，憧憬地猜想，我迈着风的步伐，迅即，66 双小手里，各有了一座“阿尔卑斯”，打开它，里面有宝藏。学生们欣喜不已，惊奇地发现语文课的尽头竟然是一粒牛奶糖，纷纷剥开，放进口里。“什么滋味？”“甜！”“香！”“又香又甜！”香香甜甜是兴趣，兴趣如糖粒，是灵丹是妙药，是学习语文的兴奋剂，跟我来，吞下它，把它融入血脉，嵌进生活，语文之道得矣，大成可期！

记住吧，孩子们，这就是语文课的滋味，正是语文的滋味——甜甜蜜蜜！喜欢它，和它做朋友！

语文可以幽心境，静灵魂，丰饶岁月，富足时光，平和神情，安详心态，让你的身影“腹有诗书气自华”；让你的日子有静有动，动是歌静是诗；让你的生活张弛有致，张弛皆是华章典篇；让你人生的风景素华叠嶂，叠嶂里尽显大象无形；让你生命的境界深水静流，静流间奏响大音稀声……

语文之学，博大精深永无止境，语文之法，听说读写思悟，多听多说多读多写多思多悟，要遵要听要尝试，你才能登上语文的阿尔卑斯山脉，甜蜜在口，收获在心，博大荡眼眉，精深漾魂魄，涤人生行程洒一路繁华，浥生活天空流溢缤纷霞彩。

我还想说，有一天，你会哲思霜满地，志趣满山岗，漫山遍野的红叶，悄悄回忆时，你的甜蜜也多，甜蜜的回忆里，我得意地笑！——可我突然不说了，因为我看到，一群孩子，甜蜜得，仿佛灵魂要出窍。我止住了口，看——看那些开出了窍的灵魂，如一只只小蜜蜂，趴在语文的山巅，陶醉地吮吸，吮吸天地间人类的百花。

我备好一粒糖，等你来……

（选自《美文》2018年第12期）

牛儿不在河滩吃草

马忠华

我小时候，家门前的黄河滩，每年一到夏秋两季，上游的青铜峡水库常常要提闸放水。于是，老家所处的银北平原的黄河边一片汪洋。等到河水落下去，黄河滩上便一片郁郁葱葱，各种草儿交织在一起，就像一块毛茸茸的绿色地毯铺满黄河滩。河水退下去时留下的一汪汪水涡、一条条小水沟，像镜子镶嵌在河滩上，像彩带缠绕于草丛中，水汽与草色交融，河滩上面便弥漫着一层轻轻的烟雾，真有李白笔下“平林漠漠烟如织”的意味。这时候，白的羊、黄的牛、红的骡马，或三三两两，或成群结队地点缀在黄河滩上，远远望去，就像五彩缤纷的蝴蝶翩翩飞舞于碧草。而父亲就是那放飞满天蝴蝶的仙翁。父亲甩着鞭子把牛赶到水草丰茂的地方，然后和村里的几个放牛放羊的老汉斜斜地躺在草丛中，拉着那古老而又永远新鲜的农家话题，给生机勃勃的黄河滩增添了一缕充满人间烟火的诗意。

那时，每天黄昏，我总要到河滩上帮父亲把牛赶回来。因为牛多，父亲一个人赶不好。就有那贼头贼脑的牛趁父亲不注意，窜到路边的田里偷吃庄稼。我拿一条木棍走在牛群前面，父亲甩着长鞭走在牛屁股后面。我一回头，发现斜阳把父亲和牛的身影拉得长长的，一直拉向黄河滩深处。这一拉，就是几十年，从此父亲再也没有离开过黄河滩。而牛的身影，也永远定格在了父亲的心中。

再后来，我上学了。农田里的活也更忙了，父亲再也没有时间去黄河滩上放牛了。他把牛卖掉了几头，只留下一头母牛、两头公牛，圈在圈里。田里的活干完后，便拿着镰刀，去给牛割草。看着他如此辛苦，我们实在不忍心，劝他把牛卖掉别养了。父亲不听，说关键时候用得着。我们生气了，赌气地说，有什么用？就这几头牛？父亲不说话，默默地拿着镰刀走了……

我考上大学了，录取通知书拿回来后，奶奶便和父亲商量我的学费：咋办呢？卖粮食吧。可是，粮价太低了。父亲胸有成竹地说，不愁，有办法。报到前两天，父亲去一位做生意的亲戚家里，借了三千五百块钱。开学后一个多月，那位亲戚因为资金周转不开，要求父亲还钱。这时，粮价仍然比较低，牛价却看好。于是，父亲把家里最壮的那头小公牛顶给了他，那位亲戚又多给了父亲五十块钱。不久，我家的母牛生了一头小牛。第二年，大妹考上了银川电力学校，学费比我的高出许多。父亲取出信用社所有的存款，还差一千块。这一千块，父亲是向表哥借的。和前一次相同，父亲把另一头小公牛顶给了表哥。几个月后，我家又有一头小牛出生。这使父亲喜上加喜。后来，我和妹妹结婚的时候，在家里待客。按村里的习惯，举办筵席所用的肉菜，要么宰自家的牛，要么直接到肉店去买肉。父亲未加思考，便决定宰自家的那两头小牛。按他自己的话说，自家的牛肉香，实惠，更适合招待尊贵的客人。

如今，每当回想起父亲养牛的经历，我不由得对父亲充满了敬佩之情。父亲是一个朴实的农民，他不做生意，却有着生意人的头脑。他以一个老农民的朴实观念，精心经营着一个家，养活着一家老小好几口人。这样的观念，使得他在供养三个子女读书的道路上，不但没有遭受过一般农村父母所经历的，那种为学费发愁而东奔西走求爷爷告奶奶的尴尬、痛苦和无奈，也使得他不至于贱价卖粮。这保证了父亲在漫长的日子里，有自己必要的一些储蓄，以解不时之需。而这些储蓄，无疑是我家那些只会吃草、不会说话的牛了。

后来，父亲的年岁逐渐大了，老了。在我们儿女们的一再坚持下，父亲再也没有养牛。但是，每当他和乡亲们谈论起牛的话题时，仍然是那样的趣味盎然、神采奕奕，同时也不乏一番真心实意的感慨。有一次，我故意开玩笑说买一头牛，让父亲喂养。父亲说养不动了，也不想让我们因为养牛而为他操心。父亲虽然这样说，脸上却掠过一丝掩饰不住的向往之情。我心里一痛，就再也不敢开让父亲养牛的玩笑了。这就是我的父亲，他的足迹没有走出黄河滩一步，是一个至今连手机都不会用的农民，却能够一眼看出哪头牛会长膘，哪头牛体内有牛黄，哪头牛怀了多长时间的犊。

不知怎的，写完这篇文章，我竟然莫名地伤感不已。

炎炎暑假里，古尔邦节即将来临，我再一次回到寂寥的老家。站在横贯黄河滩的滨河大道上，满眼的悠悠稻浪里，清风传来那首哀婉的旋律：牛儿还在山坡吃草，放牛的孩子却不知道哪儿去了……独立黄河滩上，几欲泪眼婆娑。昔日放牛的孩子回来了，可是，牛儿却已经不在河滩上吃草。那位养牛一生、牵牛一生、爱牛一生，淳朴得像泥土一样的老人，我的老父亲，又在何方？

（选自《朔方》2018 年第 10 期）

“出花园”的孩子

陈思呈

在我们家乡有一条街上，卖的都是一些比如花篮啊红木屐啊红肚兜啊之类的物什，以前我也知道这条街，但觉得它离我甚远。后来我才知道，这条街上卖的是婚丧嫁娶出花园所需要的一切物品，而我之所以觉得离我甚远，因为我从不需要操办这些仪俗，自有我妈去主持。

我十五岁那一年，我妈开始觉得有盼头了。我们家乡的风俗是，满十五岁的孩子要进行一种成人礼叫“出花园”，相当于古代男子二十岁的“加冠礼”。这种仪式要根据每个孩子的生辰八字择日进行，当天仪式烦琐，但是据称办好了这个仪式之后，这个孩子就算“走上了大路”。至于为什么叫“出花园”，我擅自猜想，也许是因为十五岁以前无忧无虑且浑然天成的生活，庶几可比在花园中，而自十五岁之后，出了花园，则踏入残酷的成人社会。

可以想象当年我妈的心情，这个日子对她来说大概就像驴子前面那根红萝卜，她指望着它带来一个焕然一新、心智大开、人模狗样的女儿。她忍受眼下这个还没完全开窍的女儿，大概是在想象着一旦出了花园，我所有的不懂事都将不翼而飞，所有的顽劣愚昧皆如春冰涣然而解。

盼望着，盼望着，“出花园”这一天到来了。一大早，我依样穿上了红腰兜，蹬上一双红木屐。木屐大家都知道，日本电影里都可以看到，腰兜其实就是肚兜。现在说起来，这两种事物都是非常古雅、有风情的，还有意地突出了女性美。但在当时，我们却觉得有沐猴而冠的感觉，但为了出花园之后的美好愿景，只能硬着头皮给耍下去。

仪式当天，饭桌上必须有一只公鸡，鸡头要对着那个“出花园”的孩子，表示她已经是成年人了。还有另一道菜必不可少，是猪肝猪心猪肠或者鸡肝鸡心鸡肠，总之就是各种动物的内脏大荟萃。这一道菜的意思是，吃了之后，此人就有了心机，胸中也有了城府，吾乡称为“有肠肚”，不再一片天真混沌。

对于出花园这件事，大概是我妈和我爸渲染过度了，不只是他们，连我都对它的结果充满期待。虽然已经被唯物主义教育彻底洗脑，但我仍然想象过了这一天，有一股神奇的力量降临，一道灵光闪过了我的大脑，从此我就像一个被升了级的软件，或者像一个被开了天眼的人，从此我的人生将与众不同，就变成了自己的真心英雄。

可惜，等我奋力吃完了猪心猪肝，认真咬了鸡头，严格地穿了一整天的腰兜木屐，还静坐家中端庄如仪，隆重地出了花园，但发现花园外和花园内，完全是一模一样，我还是那个我，做个作业还是那么辛苦，成绩没有丝毫进步，模样没有改善，就连头发都没有因此变得柔顺一点。

多年以后我结婚时，我爸妈也是严格隆重地遵照老家的规矩，几点沐浴，几点拜神，穿的是什么，吃的是什么，洗澡还要用十二种花泡水，洗完澡后要在澡房里自己默默地吃下一个鸡蛋。这些诡异的讲究，令我嘲笑不停。我一笑，我妈更是格外紧张，她生怕我有任何不恭，导致以后婚姻有什么闪失。她比当年我“出花园”时还紧张严谨，因为“出花园”是为开窍，而结婚则为幸福，后者在她看来更加不可控。

直到今天我终于明白，迷信的人是因为太过于重视一件事，过于重视了，便不容闪失，便不相信一己之力，便祈祷冥冥之中有神的护佑。所有对子女爱之心切的父母，都是有神论者，都是迷信的人。他们相信自己的祈祷可以被神仙听到，相信上天能看到自己的虔诚，因此对他们至爱的子女格外开恩。因为，他们无法陪伴这个至爱的生命直到最后。也只有在很多年后的今天，我才看到吾乡这些可怜的老父老母们，在迷信的礼仪背后，那么一颗因为过于紧张而无助的老心。

（选自《散文选刊》2019 年第 3 期）

看隧道的老表

李新勇

离开故乡多年，每次探亲，除了想多陪伴年迈父母，我就想去看看我的傻子老表。多年来，因假期太短，一直未能如愿。这一次，来去都乘飞机，省出不少时间，而且有机会把一年的工休假跟过年的长假绑在一起，终于如愿以偿。

再不去也不妥啊，他比我大十岁，再过四五年，他就退休了。他的女儿女婿在海外，到时候想见他，不知道该上何方去寻呢。别说将来不知道他的地儿，我连他现在在哪儿，也不得不去问他妻子。

他的妻子，我的表嫂，一个拥有三百多号员工的土特产进出口公司董事长，听说我要去看她的男人，干练的脸上露出亲切的笑容，她说她派车送我去。我说老表每次往返你这里，是你派车还是他自己乘车。表嫂说以前他自己乘车，现在他自己开车。我说，那我还是自己乘车去吧，看看他曾经走过什么样的路。

出了门我想，我这傻子老表果然傻到家了，其他别说，表嫂是个前呼后拥、腰缠万贯的老板，而自己却是个隧道看守员，单凭这一点都能斩钉截铁认定，他是个不折不扣的傻家伙。

我这个傻子老表，曾经是我的偶像。他脑子好使，读书过目不忘，初中毕业考上铁路中专，一转身就脱离了农民身份，成为公家人。20 世纪 80 年代，在面朝黄土背朝天靠老天爷赏饭吃的乡村，这种华丽的转身是具有模范效应的，他是我们羡慕和崇拜的对象，也是家长教育子女挂在嘴边的正面典型。中专毕业，他不费吹灰之力，娶了同样在铁路上工作的漂亮媳妇。他的工作地点在一百多公里之外一个火车站，具体做什么工作，他的父母似乎说不好，总之一两个月回家看一次父母，来去匆匆。

我考上大学那一年，他不知从哪里得到消息，乘回来探亲之机，送了我一床毛巾被。那时候，我们弟兄四个都在读书，家徒四壁。这条毛巾被，是我最值钱的行李。在大学里，这条厚实的毛巾被，白天搭在床沿上，当坐垫，以保持床单被子整洁，晚上当被盖之一，夏天直接搭到肚子上，冬天盖到被子上。一直用到我沿江东下，定居江尾海头。这份情谊，我断断忘却不了。

人们开始认为他是傻子，是从他放走窃贼开始的。据说一天晚上，窃贼趁他熟睡之际入室盗窃，被他捉了个现行，他不但不把那家伙扭送派出所，还问人家遇到了什么难处，拿出钞票给贼人，然后开门送贼。从前有开门揖盗，如今变成开门送贼，各有千秋，互不逊色，用村里人的话说，都是脑子缺八根筋的人才干得出来的。

后来中专文凭不吃香了，遍地都是大学生，他便从车站被安排到更远的地方做了隧道看守员。他妻子离职下海，生意越做越大，现在在大西南，拥有十五家连锁土特产进出口公司。按照常理，他早该成为妻子的帮手。即使什么都不干，窝在家里享清福，也不至于被人当作傻子。

通过北斗导航，很快查到老表看守的隧道，一千多米长，在横断山的崇山峻岭之中，两头没有站点。这种地方，过去多半与世隔绝，纵有七情六欲，没地方施展，只要剃个光头，谁都可以立地成佛。

不到两百公里的路程，换了三种交通工具，打听了十多个人。景色没说的，四围大山，面临深谷，谷底平原，四方八面全是草木和山树，没有人烟。接到我的电话，他站在隧道门口迎接我，左手手电筒，右手钢锤，头上有头灯，牛皮工具包向左斜挎腰间。快三十年不见，他没有发福，仍然清瘦，只是容颜苍老，面皮黑得像擦亮的铁器。

正是吃饭的点，没有火车经过，他从工具箱里取出一把手电筒递给我，把我往隧道中领。进入隧道二十多米，黑暗立即把我们湮灭，两只手电和老表额头上的灯，证明还有两个活人存在。在隧道中部有三个避车洞，中间一个摆上了两张凳子一个暖炉，旁边简易的工具桌上两个保温饭盒，就是我俩的中饭。

他招呼我坐下来，趁着没有火车经过，赶紧吃饭。

我问他一年到头到底在防备什么，又没见他带枪。他说的确不需要枪，但需要钢锤、钢尺、数显扳手、电子硬度计、红外测距仪等十多种工具，都在挎包里，还需要眼睛。这一条隧道虽不算长，但修建于20世纪70年代，当年建筑材质和技术有限，加上处在构造地质层上，容易出现裂纹和渗漏。这条铁路每20分钟就有一列火车经过，因此他每天要巡检三个来回，主要观察哪里有裂纹、哪里有渗水和空鼓，通过敲击铁轨和临时停车的火车车轮和车厢，判断铁轨和火车的情况，手上的电筒既可照明，还可以打信号。这活儿他一干，就快三十年了。

我问他为啥不跟表嫂做生意。他说他曾经停职了一年，两个月在他妻子的公司里吃闲饭，十个月在医院和家里养病。“心病。”他说。妻子的生意他一窍不通，帮不上忙，白天晚上闲得慌，关键是脑子里全是隧道里的岩壁和铁轨，睡不着，心脏像被人挖走了，跟谁也不想讲话，后来发展到不睡觉，还胡言乱语，像个疯子，走出去便自己找不到回家的路。妻子懂他，待他病愈，支持他来上班。用他妻子的话说，只要他没病没灾，他喜欢干啥只管去干。我说，照你现在这样子，退休以后怎么办。他说，退休是退休，退了休就没了牵挂，我现在已开始练习退休后的心态。

正说着，一列火车驱赶着满隧道强烈得睁不开眼睛的光芒呼啸而过，巨大的咔嗒声震得耳鼓麻木失灵，疾驰的寒风带着沙粒和灰尘打在脸上，细小的疼痛在脸上像花朵一簇簇绽放。老表在火车进入隧道的时候把两个饭盒盖上，沙粒打在饭盒盖子上，滴滴答答脆响。他笔直站立在避车洞中，打开手电筒，表示隧道内一切平安，火车只管安心通过。

吃了饭，巡检完剩下的隧道，返回到刚才迎接我的地方，距隧道口十来米的一块平地上，一间十来平方米的红砖小屋里，办公桌、电话、床铺、简易灶台，一应俱全。我说，换了我，坚持不下来。老表笑笑：“你一年到头写作，换了我，我也坚持不下来。”说罢，我们对着眼前深邃的山谷笑起来。

（选自《文汇报》2019年4月4日）

如梦初醒时，我的爱情已渐行渐远

巴 城

19 岁那年，我是全镇最年轻的一个乡村医生。父亲因病去世后，他留给我的遗产是他全部的中医知识和一间诊所。因为年轻，我的生意不是很景气。在农村，病人相信的是老医生。照他们的话来说，医生是越老越红。

在惨淡经营苦苦坚持的同时，我喜欢上了写作。为了充实自己，我拼命地读书。很多个夜晚，在我的诊所里，药香与书香混合在一起，熏陶着一个少年的梦想。

我的作品发表了，一篇接着一篇。

那时，我留着长长的头发，年轻的脸上挂着一丝淡淡的忧伤。

我的诊所在公路的旁边，读书的孩子们每天都要从我门口经过，叽叽喳喳地像鸟儿一样快乐，我常常深情地注视着他们。教幼儿园的老师是一个年轻而美丽的女孩，叫玲，比我大两岁，我从小叫她玲姐。

她每天都会骑着自行车从我门前经过。阳光下，她的长发在微风中轻轻飘扬，像一面柔软的旗帜。一群孩子在她车后奔跑追逐着，响亮的脚步声常常把若有所思的我唤醒。

她看见我，每次都会点点头或微微一笑，像个优雅的公主。

一天放学后，她递给我两本书，一本是《中篇小说选刊》，一本是《写作概论》，对我说，看看这两本书吧，会对你有帮助的。

她走后，我打开书本一看，里面夹着一张纸条，上面写着：我能分担你的忧伤吗？我看你每天都很忧伤的样子。

我很感动。当天晚上给她写了一封信，谈我的理想以及困惑。第二天上午便随书交给了她。她很快给我回了信，在信中她说，一切困难都是暂时的，只要朝着自己的方向努力地走，总有一天你会实现自己的理想。

她的鼓励，使我更加坚定了写作的决心。

随着信件交往越来越频繁，我们互相了解的程度越来越深。作为一个女孩，她也有她的忧伤。因为父亲多病，她不得不挑起家庭的重担；因为家中没有男孩，不得不留在家中一直到老；因为是女孩，不能像男孩那样潇洒闯世界。

她曾请我去她家玩，在她家我看到墙壁上贴满了她读书时的奖状。我还读到了她那充满少女情怀的诗歌。她还多次到我家来，帮助我的母亲收拾家务，帮助我整理书房。在她的教室里，我看见过她带领孩子舞蹈的情景。她舞动柔软且洁白的手臂，身子轻盈地旋转，她的长发飞舞，像随风舞动的黑丝巾。

她给我的两张照片，至今我都珍藏着。一张是她的单人照片，很清纯的样子。一张是她与幼儿园的孩子的合影，照片上，孩子们花朵般簇拥着她，她幸福地笑着，像美丽的花中之王一样。

一次，她红着脸交给我一封信，柔情万分地看了我一眼，就小跑着走了。

信封里是她写的一首诗，我现在已经记不清那些美妙的诗句了。但诗的大意我永远记得：在那条林间小路上，我们并肩走着，她正准备说些什么，却被一阵小鸟的歌声打断了……

读了诗，我想了很多。但我就没想到这是一个女孩特有的含蓄的爱情表达方式。

直到现在，我都不明白我那时的感觉为什么那么迟钝，像是一个反应迟钝的老人。在爱情上，我是一个后知后觉的人。

后来，我因为一首诗获奖，平生第一次出远门去辽宁营口参加了一次笔会。走时，她专门到我家来送我，并且给了我三百元钱，祝我一路顺风。

从辽宁回家后，一次在小镇上我看见她坐在一个陌生的小伙子的自行车后。她也看见了我，跳下来走到我跟前说，他是我男朋友。那次我给你的诗也许写得不太好，你没读懂吧？

我无言。在她一语双关的话中，我隐隐约约地感觉和触摸到了什么。

那年冬天，她和他结婚了。当浩浩荡荡送亲的队伍路过我的诊所门口时，我看见了她匆匆地幽怨地看了我一眼。

霎时，我如梦初醒，什么都明白了。但她已在鼓乐声中渐行渐远。泪眼蒙眬中，她的身影越来越模糊了。

那天，因为绝尘而去的爱情，我醉得一塌糊涂。

（选自《海燕》2019年第1期）

鱼虾在房

盛文强

走在巷子里，忽然间黑影闪动，有什么东西从房坡跳下来，钻进后脖领，一路潜行直下。急切中回手截住，像一截粗糙的木棍顶在后背。摸出来一看，竟然是一条半干的梭鱼，小圆眼珠瞪着人，这在半岛是再正常不过的。有时可能是干得发硬的梭鱼，或许是蹦虾。过路人遇到这种事情倒也不会惊慌，他会掏出来，然后甩手把它们扔回房坡。目送鱼虾飞旋着升空、衬着高远的蓝天腾跃上房，他的心情应该是愉快的。在他的头上，是浩无边际的屋顶的海洋，房脊像起伏的波浪，奔腾着卷过了半岛的每一寸土地。一队队鱼虾列开阵势，随着波浪来回翻滚，刚才那只落到房上又弹起来，几个起落，眨眼间就不见了，它又回到了浩无边际的海洋。

半岛地区的房屋与别处不同，屋顶多取平势，有的屋顶干脆一分为二,一半是尖顶，另一半留作平顶，远远望去像被谁掀掉了半块屋顶。房子的尖顶只能放些大块头的梭鱼和剖开的鱿鱼，小鱼小虾是立不住的，经常被风刮走，或者滑下来。也有的人家在院子里贴着东墙和南墙起了几间平顶的厢房，其实不缺那几间房，还是为了晾晒鱼虾。成千上万块房顶在阳光下争相把鱼虾高高托起，我们在院里朝上望去，腾腾的蒸汽晃悠着升起，透过弯曲的水蒸气，对面的房子、墙外的树，还有天上的云，都像水中倒影一样晃悠着，丰收的季节就这样如期而至，每个人都满心欢喜。

煮鱼虾要用巨型的生铁锅，家家都有一两口这样的锅，如果从灶上拆下锅来，一个人抱不过来。母亲煮沸了半锅水，整盆的小鱼小虾混杂在一起，一股脑倒进锅里，几个起落之后，小虾鲜红，小鱼雪白，粗盐粒扔进去，就算盐渍过了，红白相间的一团盛满笸箩，我的任务是抱着笸箩上房，把它交给厢房顶上负责晾晒的父亲。刚爬了几节台阶，热气熏脸，我把头扭到一边，热气又透过笸箩缝隙钻出来，熏得手发麻，仿佛成千上万个烧红的针头在扎，我赶紧放下，趁机剥了一只虾，父亲在房上叫我，刚剥的虾受惊掉进笸箩，像一滴水掉进水盆，再也难以找到了。

翻晒的工具是父亲发明的。起初用钉耙，可钉耙的齿过于锋利，在翻晒时经常切断鱼虾，后来改用木推板，刚煮熟的鱼虾软绵绵的，也常被挤坏。父亲在一块长条的木板上裁出了宽大的锯齿边，安上圆木把手，做成了木耙。我坐在一边，看父亲推开了小山似的鱼虾，来回几下，它们在房顶铺了均匀的一层，木耙的锯齿留下了层层波浪纹，像新耕过的土地，翻开的新茬热气缭绕，数不清的小虾在凹槽里探出头来，大红的触须交错，在风中乱舞，就像地里刚被撂倒的杂草。我翻出几只稍大的蹦虾，趁热扔进嘴里，忽然看见我周围被鱼虾包围了，父亲没有轰我走，他有意给我留出了空。我赶紧让开，起身下去再装笸箩。下台阶到一半，回头望见天边有一条弯曲的云，被阳光映得发红，活像一只虾，连关节都看得清楚。它来自东方的海平线，硕大而又孤单，随着风势弹跳不止，它离我们那么近，父亲的木耙有节奏地一收一放，木耙把柄后端正好一下下戳在那团云上，它最终被驱散了。

厢房顶上已经晒满，余下的就要倒在正房顶上了。正房没有台阶，和厢房只有一墙相连，父亲总是从墙头走过去，墙头仅能并排放开两只脚，他从不允许我上去。我在厢房头上递给他笸箩，他端着几个跨步到了正房，抬腿就上去了。正房比厢房高出一大截，父亲常讲到在正房上看到了夕阳下的南山，看到了后院腌咸鱼的老郑一家人在忙活着，那里有我平时看不见的风景。父亲把笸箩扔给我，他自顾拖着木耙来回走动，他走过的地方，鱼虾盖住了水泥屋顶。正房上大部分还是尖顶，有这样一小块平顶，鱼虾没有摊开，剩下一小堆，父亲招呼我把笸箩再扔给他，我不知从哪里来的勇气，一只胳膊夹着笸箩上了墙头。刚走几步，脚底下开始摇晃，往下一看，院里的水泥地深不可测，平整的地面忽然变成漏斗形状，投射出巨大的吸力，院子外面是一丛月季花，顶端的几枝花刚刚开败，露出密匝匝的棘刺直指天空，一时间天旋地转，月季花和水泥地拉锯一样交错出现，想回去已经不能转身了。

“站在那儿别动。”父亲低声说着，从正房窜下来，几乎在墙头飞跑起来，一把揽住我的腰，把我夹在胳膊下。我看见水缸、房门、花丛刹那间倾斜了，向一侧横着飞了出去。我的笸箩脱手了，掉进院里的水泥地上，哗啦啦满地打转转。

来到厢房顶上，父亲把我放下，长出了一口气，我们俩趴在房顶往下看，笸箩转了几圈，撞在墙上，朝外滚了一段距离，倒扣在地上不动了，父亲很长时间没说话。如今，我把这段往事拿出来重新审视，愈发感到父亲当时所受惊吓要远远比我多。在那危急的时刻，他心里或许早将一把没拉住我的悔恨，连同我摔下墙去的情景预演了无数遍。

（选自《文学报》2019 年 3 月 21 日）

沉默的河流

“我是中国人！”

赵丽宏

三十四年前，我第一次出国。

那天下午，在墨西哥城，我们几个中国作家走进特奥蒂瓦坎古城时，周围几乎没有人影。贯穿古城的大道在暮色中伸向远方，尽头是太阳金字塔，一座古老雄伟的塔。这里吸引了无数外国人的目光。我们在这条大道上行走时，一群穿红着绿的欧洲游客从一座古庙的残垣后面突然走出来，擦身而过时，他们用惊异的目光看着我们。走近金字塔，已经暮色四合，远方的塔影轮廓模糊了，几乎和深紫色的天空融为一体。一位黑头发黄皮肤的男游客看到我们，微笑着迎上来，表情有点激动，用英语问我们来自哪里，似乎期待我们是他的“老乡”。

“我们是中国人。”我大声回答。

他先是惊愕，然后面露失望之色，匆匆挥了挥手……

离开特奥蒂瓦坎时，我的耳畔老是响着那句问话。

这样的提问，那时在国外似乎已听得耳熟了。在美国，在飞越墨西哥湾的美国飞机上，在墨西哥许多吸引国外旅游者的名胜之地，那些美国人、欧洲人，甚至墨西哥本地人，见面总会这样问。我已经记不清自己重复了多少遍：“我是中国人。”

静下心来想想，也是事出有因：那时在国外，穿着旅游鞋背着照相机、兴致勃勃飞来飞去到处旅行的黑发黄肤者中，少有中国人——那时候，能出国旅行的中国人，实在少得很，也难怪外国人要惊诧了。

在国外，我喜欢逛书店，也希望在国外的书架上找到被翻译成外文的中国书籍，但结果多是失望。那次在墨西哥城最大的一家书店里，我找遍了所有的书架，只看到一本被翻译成西班牙语的《道德经》，是一本薄薄的小书。

和国外的作家交流时也能感到，中国的作家对外国文学的了解，远远超过外国人对中国文学的了解。外国作家也许知道老子孔子，知道李白杜甫，对中国现当代文学却所知甚少，连知道鲁迅和巴金的人也不多。

第一次出国，也到了美国。在旧金山，我曾访问一位老华侨。他家客厅的最显眼处，摆着一个中国青花瓷坛。每天，他都要摸一摸这个瓷坛。他说："摸一摸它，我的心里就踏实。"我感到奇怪。老华侨打开瓷坛的盖子，只见里面装着一捧黄色的泥土。"这是我家乡的泥土，六十年前，漂洋过海，我怀揣着它一起来到美国。看到它，我就想起故乡，想起家乡的田野，家乡的河流，家乡的人，想起我是一个中国人。夜里做梦时，我就会回到家乡去，看到我熟悉的房子和树，听鸡飞狗闹，喜鹊在屋顶上不停地叫……"老人说这些话时，双手轻轻地抚摸这个装着故乡泥土的瓷坛，眼里含着晶莹的泪水。那情景，使我感动。我理解老人的那份恋土情结。怀揣着故乡的泥土，即便浪迹天涯，故乡也不会在记忆中暗淡失色。老华侨告诉我，从前，他在海外生活，情感是复杂的，他思念家乡，又为旧中国的积贫积弱心痛。说自己是中国人时，百感交集，常常是苦涩多于甘甜。然而，新中国成立后，情形不同了，说"我是中国人"时，感觉腰杆硬了，底气也足了。中国是一个苏醒的巨人，正在大步往前走。当时，中国的改革开放开始不久，但巨人的脚步已经开始震动世界。

然而，走出国门看世界，在那时，对大多数中国人来说似乎还是遥远的事情。那位老华侨曾经这样说："家乡人要出一次国，不知有多难。什么时候，我可以在家里接待来自家乡的人呢？"

那次回国后，我在一篇文章中这样感叹：

"'我是中国人！'在远离祖国的地方，我一遍又一遍地说着。今后，一定会有越来越多的中国人像我一样，走出国门，骄傲而又自信地向形形色色的外国人这样说。所有人类可以到达的地方，中国人都可以到达也应该到达。我相信有这样一天，当'我是中国人'的声音在远离中国的地方连连响起时，那些蓝色、棕色的、灰色的眼睛再也不会闪烁惊奇。”

三十多年中，我不断有出国访问的机会。当年在异域旅行时的那种孤独感，已经渐行渐远。在很多国家，哪怕是在一些不太著名的小城镇，几乎都会遇见中国人。更让人欣喜的是，到处会有素不相识的外国人，用流利的汉语大声招呼：“中国人，你好！”

2001年夏天，访问澳大利亚。那是一个夏日的夜晚，在维多利亚州菲利普岛，来自不同国家的旅游者在一片海滩上聚会，为的是同一个目的：看企鹅登陆。每天晚上，会有大批企鹅从这里上岸。这是澳洲的一个奇观。坐在用水泥砌成的梯形看台上，看着夜幕下雪浪翻涌的大海，海和天交融在墨一般漆黑的远方。坐着等待时，听周围人说话也是一件很有意思的事情。到这里来的人群中，有说英语的，有说法语的，而耳畔最多出现的语言，竟然是中文！而且有各种各样不同的中文，普通话、广东话、闽南话、东北话、四川话、苏北话，还听到两个老人在说上海话……在远离国土万里之外的海滩上，听到如此丰富多彩的话语，那种奇妙感和亲切感，真是难以言喻。当时想起十六年前我访问墨西哥，在玛雅古迹游览时，没有人相信我来自中国大陆。时过境迁，十六年后，坐在南太平洋的海岸上，竟会遇到这么多中国人！

2012年秋天，访问荷兰，有机会去了一趟画家维米尔的故乡代尔夫特。这是一座古老的欧洲小城。在一条显得冷清的小街上，我走进一家书店，本以为在那里很难看到中国的文学作品，没有想到，在书店入口处最显眼的地方，陈列着英文版莫言的小说。大红的封面，层层叠叠，堆得像小山。很多荷兰人站在这座小山边，静静地翻阅着。在外国的书店里看到中国的书，已经不是稀奇的事情。

2017年春天，在摩洛哥的卡萨布兰卡，我走进那家因电影闻名世界的咖啡馆，一个戴着红帽子，穿着如电影中人物的服务员迎上前来，笑着用中文大声说：“你好！欢迎！恭喜发财！”我发现，咖啡馆里的顾客有一半是中国人。大厅中间最显眼的座位上坐着四个举止优雅的中年女士，是中国来的旅游者，正轻声用上海话交谈。

2018年夏天，在遥远的智利，我走进大诗人聂鲁达在黑岛的故居。迎接我的智利诗人们微笑着用中文说："你好！欢迎！"聂鲁达故居博物馆在这里为我举办了一场朗诵会，发布我在智利出版的西班牙语版诗集。在聂鲁达曾经激情吟唱的大海边，人们用西班牙语和汉语朗诵我的诗。这真是梦幻一般的情景。

前不久，我和莫言一起访问阿尔及利亚。在首都阿尔及尔，我们走进一家临街的法语书店。琳琅满目的书架上，我们看到很多被译成法语的中国当代文学作品，莫言发现两部自己的法译本小说。离开书店时，书店主人大概认出了莫言，大声喊道："莫言！CHINA！"

如果时光退回到七十年前，谁会想到似乎辽阔神秘的世界会离中国如此近呢？在国外，几乎已经没有机会介绍自己是中国人，因为人人都知道，没有必要再说。可是，在我心里，这五个字比从前更使我骄傲："我是中国人！"

（选自《人民日报》2019年7月3日）

秋天去看孙犁先生

付秀莹

早想去孙犁故里看看的。

大约，不单是因为孙犁先生的文采、人品和声名，也不单是为着，我也是河北人，燕赵大地的慷慨悲歌，滹沱河水的日夜流淌，都在我的魂里梦里了。然而，这心愿却是早就种下了的，埋藏了多年。丁酉年秋初，终于去了孙遥城村。

一路上，过藁城，经深泽，往安平。只觉得故乡辽阔，山河浩荡。想起少年时代的很多往事，如在昨日。而今，竟忽然走到了人生的中途，那些曾共一段岁月的人，不知都去了哪里。

盛夏已逝，秋天降临了。天空高远，苍茫。天底下，是大片的田野，色彩浓郁，质感粗粝，宛如颜料任性泼在画布上。田野里的庄稼成熟了，等待着收割。空气里流荡着秋的气息，饱满的，丰盛的，甘美的，仿佛是一个孕妇，安静而满足，带着沉甸甸的欢喜，还有微微的幸福的倦怠。有几块闲云，悠悠地飞过来，飞过去。这是北中国的秋光呀。

村子不大，有一种日常的悠长的散淡和静谧。三五村人在自家门口坐着，说闲话。见一干人来，竟然态度自如。人家院墙上写着几个大字，孙犁故里。不知道谁家的花生已经收获了，在街边晾晒着。湿漉漉的，沾着新鲜的泥巴。我们顺手抓一把，剥开壳子就吃，也没有人管。新花生的滋味，仿佛这新秋，丰美的，芬芳的，饱含着汁液，不是多么热烈，有一种羞涩的柔情在里面。走着走着，迎面便是一座青砖院落，看上去，是20世纪30年代北方民居的风味，黑的大门，门楣上书几个大字，孙犁故居，是莫言的手迹。进得门来，迎面是一个影壁，影壁前面种着一丛荷花。这个时节，荷花已经谢了，那荷叶倒是高高下下，青翠宜人，亭亭的，在风中微微摇曳着。叫人不由得想起那荷花淀上的盛景来，还有孙犁先生的名篇《荷花淀》里，那些纯朴勇毅的乡村女子们，有侠骨亦有柔肠，到底是燕赵大地哺育的女儿。

房子的格局是外院套着内院。外院有牲口房、磨坊、门房、大车棚，还有孙犁先生的著作碑林。进了二门，便是内院了。内院有正房三间两跨，东西厢房，是极具中国风味的庭院。院子里种着两棵树，一棵石榴树，一棵枣树。屋门旁立着一只大瓮，是北方乡村常见的那种，黑色，有点笨拙，多用来盛水，也有人家用来盛粮食。这样的院落，这样的树，这样的青砖瓦房，秋风吹过，一院子树荫光影摇曳，恍惚间好像是回到了我的芳村。中国北方的乡村里，有多少这样的院落呢。那么亲切，那么熟悉，一股温情的潮水袭来，又甜蜜，又酸楚。我不知道，这亲爱的乡村院落，是不是会感受到，一个乡村游子内心里剧烈的摇晃。

北屋正房。迎门的条案上摆着孙犁先生的半身铜像。墙上是一幅中堂花鸟，一只五彩斑斓的雄鸡，单足着地，抖着火红的鸡冠子，回首凝视。两旁贴着对联：荆树有花兄弟乐，砚田无税子孙耕。

卧室在里屋。炕是那种北方乡村特有的土炕，铺着家织的粗布炕单，蓝白相间的格子，朴素而明快。炕上摆着一张小炕桌，上炕的人须得盘腿而坐。炕柜上放着几床被子，叠得整齐清爽。也是蓝白格子粗布被面，白被头。也不知道，这被子是不是就是主人当年的旧物。这种家织的粗布，我是熟悉的。那时候，乡下的女子，谁不会纺棉花织布呢。我很记得，母亲就有一双织布的巧手。那种古老的织布机上，牛角梭哗哗哗哗飞来飞去，是那种民间劳作的欢腾和热闹。布匹下了机子，还要染色。这种蓝白格子，是最经典的图案。几年前，我从老家带来一块，一直放在北京家中的衣橱里。那是母亲在世时亲手织的，带着她的手泽，还有流年的消息。我常常拿出来，看一番，念一番。北方的乡村女性，虽说是荆钗布裙，却细腻幽微。一颗蕙心一腔柔肠，怕是都在这飞针走线的经纬之间了。难怪孙犁先生笔下有那么多好女子，叫人心心念念难忘。炕旁边的桌子上，是一面老式镜子，底座上雕着花纹，同我家当年的一样。窗子是那种老式的格子窗，糊着粉连纸。阳光透过窗子照进来，落在炕上，落在对面墙上的镜框里。镜框里是一些老照片。孙犁先生不同年代，跟家人的合影。那些好时光，都被定格在滔滔岁月里的某一瞬，没有色彩，没有声响，只留下黑与白的刹那，刹那便成了永恒。照片下面的柜子里，是孙犁先生的一些旧物，穿过的棉袄，戴过的帽子，那副著名的套袖，蓝色的旧套袖，铁凝曾在一篇文章里写到过。而今，它们安静地在这老屋里守候着，仿佛是在等待着有一天，旧主人风尘仆仆归来。

窗前的花池里种着一大丛花，灼灼地开得正盛，却叫不上名字。石榴树上结满了果子。累累垂下来，把那枝条都坠弯了，只好用几根竹竿支撑着。枣树上也结了很多枣，繁星一般，在枝叶里闪闪发亮。河北乡下有句话，七月十五红半圈儿，八月十五枣落竿儿。那枣们虽刚红了半圈儿，却又甜又脆，十分馋人。微风吹过，有熟透的枣落下来，噗的一声。

树犹在，而人已远行了。满树的繁华一院子的秋色，叫人莫名的惆怅，莫名的伤怀。

秋风浩荡，吹过村庄，吹过田野，吹过这简朴的农家小院。中国有多少这样的村庄呀。多少小民百姓在村庄里，世代更替。永世的悲欢，隐秘的心事，都终被秋风吹散。散了，再也寻不到了。而文学，是抒发，是想象，是铭记。是我们曾来过这人世一遭、不容篡改的凭据。这普通的北方乡村的院落，简朴，恬淡，沉默，然而，它注定是要留在中国文学史的书页间了。

想起来书房里，孙犁先生手书的那块匾额：大道低回。

（选自《南方周末》2019 年 5 月 30 日）

一斗阁笔记

莫　言

一、真牛

那头牛，身材魁梧，面貌清纯，是牛中伟丈夫也。初购来时，儿童围绕观看，社员点评夸奖，队长扬扬得意。但此牛厌恶劳动，逃避生产。套一上肩，立即晕眩，跌翻在地，直翻白眼。鞭打不动，火烧不理。一摘套索，翻身跃起。如此这般，众人傻眼。支书曰：“人民公社可以养闲人，但绝不能养闲牛。”队长曰：“若不是法律保护耕牛，老子一定要宰了你。”会计曰：“好男不当兵，好牛不拉犁。”支书曰：“闭嘴，你的话里有严重的政治问题！当心撸了你的会计。”会计面色灰白，悄然而退。牛翻白眼，不见青光，疑似转世。无奈，只好将它牵到集市售卖。那牛一到集市，双眼放光，充满期待又略带忧伤，仿佛一个待嫁的新娘。集市上收税的人一见它就乐了：“伙计，您又来了呵。”牛眨眨眼曰：“伙计，不该说的莫说，拜托了呵！”

二、诗家

大清乾隆年间，吾乡白公有三子，皆忤逆不孝，但俱有诗才。父将三子诉之于官。差役将三子拘至衙，县官升堂审讯。父历数三子不孝行状，言之动情处，失声号啕，老泪纵横。官曰：“忤逆不孝乃本朝法定大罪，轻则廷杖，重可大辟。但本官爱才，不忍动刑。闻尔等皆能诗，即以衙前竹为题，各作一首，通即恕，不通则严惩之。”长子咏曰：“老爷衙前一丛竹，顺着节儿往上数。老爷今年做知县，明年定会升知府。”次子曰：“老爷衙前竹一丛，旭日初照枝叶红。老爷明年升知府，后年提拔进京城。”三子曰：“老爷衙前竹丛一，观音菩萨来送子。送个儿子中状元，送个女儿嫁皇帝。”官大喜，令差役责打白公四十大板，斥之：“生了三个诗人，还告什么刁状。”

三、葱管

余少年时与兄割草、牧羊于野，渴甚。沟渠中虽有水，但苦如盐卤，不能饮。兄遂问羊：“羊羊羊，何处有水井？”羊咩咩数声，东向狂奔，吾与兄追随至翰林碑。碑前果有一古井，深可数丈。时有翠鸟由井中飞出，水汽淋漓焉。探身下望，井中映出倒影。吾口渴愈烈，恨不能跳入井中畅饮。兄突发奇想，采来葱管数根，以口叼之，劈开双腿，足蹬井壁，次第下之，如入幽灵之境。良久，兄口叼贮水葱管，攀缘而上。以葱管授我，饮之，其水甘冽，如琼浆玉液。如是者数，兄气喘吁吁，力渐不支。余心不忍，道：哥，我不渴了。兄道：再取一次即止。兄蹬壁又下。忽听扑通一声，余知兄落水，急忙低头探看，只见兄站在井底，水及其胸。余急问：哥，没事吧？兄道：好凉快啊。我道：哥，你快上来吧。兄道：我踩到一个硬硬的东西。兄俯身入水数次，摸上一黑色长物。兄解下腰带，拴住此物，挂在脖上，攀缘上来。拔草擦去泥污，竟是一把长刀。找砖头磨去铁锈，发现刀背上刻有两个篆字，经学校老师辨认，说是“葱管”。我与兄闻之愕然，难道古人知道我们会用葱管取水吗？许多年后，我想，也许是一个姓管名葱的人，将自己的名字刻在刀背上。

四、锦衣

一富家女，容貌姣好，及笄，自言宁死不嫁。其母怪之。每至夜深人静时，闺中即有男子说笑之声。母逼问之，女曰：系一美貌华服男儿，夜来幽会，鸡鸣时，即匆匆离去。母授计于女。至夜，男又至，女将其华服锁于柜中。平明，男索衣欲去，女不予，男怅怅而逝。清晨，大雪，母开鸡舍，见公鸡赤裸而出，不着一毛，状甚滑稽也。女急开柜，见满柜鸡毛灿灿。女抱鸡毛出，望裸鸡而投之。只见吉羽纷扬，盘旋片刻，皆归位鸡身，有条不紊，片羽未乱也。公鸡展翅，飞上墙头，引颈长啼。啼罢，忽作人语，曰：吾本天上昴星官，贬谪人间十三年，今日期满回宫去，有啥问题找莫言。

五、仙桃

吾少时听爷爷说，崂山西侧悬崖上，有桃一株。三月开花，其华灿烂。八月桃熟，崖下仰望，鲜红如玛瑙，气味芳香，人间罕嗅之也。博者曰：此仙桃也，食之可长生不老。多有渴望不死者，攀岩而上，但终无一近顶者。村中有巧人杜乐，诸工皆能，乃倾其家产，造抛石机一具，能抛石数十丈。俟桃熟，集村中精壮数十人，拉动机器，抛石上崖，先不中，调整数次后，有一石正中桃树，似闻噼啪之声，见数桃下落，众蜂拥上前欲接，但距地数丈时，即被仙鹤噙去。

抗日战争时，游击队找杜乐造抛石机。其时杜乐已死，其子杜兴按父留图纸，造抛石机一具，在攻打蓝村炮楼时，立下大功。游击队奖励杜兴，赠其蟠桃一筐。

六、茂腔

吾乡高密有戏曲茂腔，流传二百余年，至今演唱不绝。吾从小耳濡目染，得益甚多。此戏起源于民间，曲调委婉凄凉，如泣如诉，如怨如慕，尤为村妇所迷。剧情多惩恶劝善、帝王将相、才子佳人等老套路。剧中唱词，多使用方言土语，听起来格外亲切，但外乡人不懂也。

黑龙江边祝家屯，系民国初年由一闯关东的祝姓高密人创建，后亲戚朋友皆投奔而来，遂成一高密屯。九十年代中，屯中一老妇病重，对儿女说出最后愿望，临死前想听一段茂腔。那时还没有互联网，但 VCD 已经有了。其子就给高密的亲友拍电报，索求茂腔光盘，同时去哈尔滨买了一台机器等候着。半月后，光盘寄到，老妇已在弥留之际。家人匆忙将茂腔放出，起调过门一响，老妇手指颤动，慢慢地睁开眼睛。等到著名旦角郭秀丽那悲凉婉转的唱腔响起来时，老妇竟然坐了起来。一曲听罢，心满意足地说："中了，现在可以死了。"言毕，仰倒而逝。

七、褂子

吾少时曾随生产队里的妇女采摘棉花。深秋时节，天气寒冷，妇女们已有披棉衣者。是秋，余新缝一件蓝华达呢褂子，穿在身上，自觉添了二分人才。因棉花柴磨损衣服甚重，余即将褂子藏在麻袋中。赤膊拾花，身上被花萼划得伤痕累累。一日，冷风飕飕，阴云密布，时有雪花飘落，气温降到零度。妇女们都穿上了棉衣。一常姓大嫂激我："青年，今天还光膀子吗？"我说："光啊！"于是我冒着寒冷脱下褂子，塞进麻袋，放在地头，然后将白布包袱，上挂脖子下系腰，赶紧拾花，塞进包袱，棉花冰冷，凉着肚皮，风吹到背上，如被刀割。妇女们嬉笑不止。为了不让她们看我笑话，我发誓宁愿冻死，也不穿褂子。为了抵抗寒冷，我开始唱样板戏："穿林海跨雪原气冲霄汉——"那些娘们儿，一定认为我疯了。我暗自得意。装疯卖傻是为了吸引女人的注意，她们注意我了，并且知道了我的抗寒和我的爱护衣服。当我拾满了一兜棉花到地头上找麻袋时，麻袋没有了，珍藏在麻袋里的褂子自然也没有了。

装疯卖傻是要付出代价的。

八、踩鱼

吾家房后五十米，即胶河也。夏天晌午，河中全是洗澡的人。河水被晒得滚烫，浅水处，水仅没脚踝。河系沙底，硬而平滑，有银白鲢鱼被烫得发昏，来回乱窜。吾等追逐踩踏之。有乳名皮囤者，一中午曾踩鱼八十条。

皮囤七岁时，父母双亡。皮囤跟哥嫂生活。其兄懦弱，其嫂霸蛮。皮囤常受其嫂虐待，其兄不敢阻拦。一日，其嫂与邻村一著名泼妇打架，被打翻在地，踢踏不止。皮囤奋勇向前，揪住泼妇头发，将其拽倒在地。有邻人问："皮囤，你嫂子对你那么不好，为什么还要救她？"皮囤说："她再不好，也是我嫂子。"其嫂闻知，甚为感动，从此改变态度，视皮囤如同己出。

吾曾追随皮囤下河踩鱼，但总是踩不到。看那皮囤，在浅水中跳跃腾挪，如同舞蹈，一会儿弯腰，从脚底摸出一条，放到胸前布袋里，一会儿又弯腰摸出一条，放在胸前口袋里。我问皮囤，为什么你能踩到而我踩不到？他说："左脚撵了右脚踩，右脚撵了左脚踩。"

九、虎疤

吾乡有一奇人，面目狰狞。自言系在关东挖参时为老虎所伤，人送外号"虎疤"。吾曾听其亲口讲述此事。说，一日黄昏，他挖得一枝七品叶，大喜。忽觉脑后冰冷，猛回头，见一只吊睛白额大虫正款款地从林中走出来。大虫说："挖参的小子听着，此参是我栽，此山是我宅。要想拿参走，留下小命来。"那人说，我扑上去与大虫斗，虫死我伤。

这个打死过老虎的人，人民公社时期，在生产队里当饲养员，喂牛喂马，颇有怀才不遇之慨，常常在我们面前发牢骚："奶奶的，老子堂堂的打虎英雄，竟然落魄到如此地步啊……"接着就唱："何日里施展我盖世武功，打尽了老虎再打恶龙——”人民公社解体后，此人成了卖药酒的，四集遍赶，卖虎骨酒、虎鞭酒，当有人质疑其假时，他指着自己的疤脸说：“看到了吧？这是跟老虎搏斗时所伤，虎死我伤。”

十、槐米

槐树分国槐与洋槐。国槐花籽可入药，能治风症。吾家曾养一猪，因去势而染破伤风，牙关紧咬，身体僵直，平躺在地，不能站立。兽医云，必死无疑。吾母曰：死猪当成活猪医吧。遂将槐米炙末，混以米汤，用兽用针管自嘴角灌之，半月后竟愈。之后此猪狂吃疯长，邻人曰，其报恩也。

数十年后，我爬上北海公园白塔所在之小山，下山时，见山路两侧，全是粗大的国槐，槐花半谢，槐米累累。一老人正在采摘槐米，曰：半花半米，正是最佳采摘时。吾问老人采此何用，老人曰：晒干，炙粉，蘸煮鸡蛋，日食两枚，可轻身健体。

十一、深巷

我的朋友禚糕在县城梧桐街开了一家咖啡馆，生意兴隆。馆名“深巷”，系我所题。戊戌春节，我在故乡。禚糕来访，邀我去喝咖啡。盛情难却，即随其往。进馆便见墙上挂着一幅署名“莫言”的书法，字迹秀美，法度森严。文字内容是：“一辆由白鹅驾辕的四轮车由小巷深处摇摇摆摆地驶出来。拉长套的是两只肥胖的绿鸭，车上载着狐狸的新娘。她身披白色的婚纱，头上戴着丁香花冠，睫毛很长。早起送牛奶的工人看到她们来了，慌忙跳到一边，为她们闪开了道路。”

我问：“这是怎么回事？”他憨憨一笑说：“替你扬名呢！”

十二、爱马

爱马人爱马甚过爱自己。他自己从不洗脸，但他会给马洗。严寒的早晨，在结冰的井台，用冒着热气的井水给马洗脸，用洁白的毛巾给马擦脸，马神清气爽，目光皎然。他满面污垢，眼睛晦暗。此是我亲眼所见，1969 年在城外五里店。爱马人是我家亲戚，姓汪，是地主分子，我该叫他表叔。那还是人民公社时期啊，那时候马和牛一样都是集体财产。那时我们的教科书上说：地主对人民公社怀有深仇大恨，时刻梦想着变天。经常有地主投毒害死人民公社马匹的案件，这个地主怎么会这样呢？一个地主爱人民公社的马爱到这种程度，谁会相信？如果那匹马是他自己的，他该怎么个爱法？又一想，我这想法太不文学了，真正的爱，是与所有权无关的。上帝是所有人的，难道能归你一个人所有吗？祖国是十几亿人共有的，难道能归你自己吗？想到这些，我就明白了。

（选自《上海文学》2019 年第 1 期）

郎平和一个时代

肖复兴

站在体育的第一线，没有一位能够如郎平一样，同新中国 70 年历史相濡以沫时间更长的人士。

1980 年年底，郎平 20 岁，我受《中国青年》杂志的委派，到新源里她家和体委训练局女排宿舍采访她的时候，发现她和其他运动员有一点不同之处，是爱读书。光她订的杂志就不下 10 种。她告诉我她爱读巴金、杨沫、宗璞的小说，也爱读大仲马的《基督山伯爵》和夏洛蒂·勃朗特的《简·爱》。她告诉我 1976 年地震时，在北京青年队塑料布搭成的地震棚里，她还在看书，看得眼睛都近视了，现在视力只有 0.6 了。说到这里，她冲我笑了起来。

那时候，郎平还只是中国女排初出茅庐的年轻姑娘。她告诉我一个笑话，有一次和孙晋芳一起出门，在公交车站等车，几个小伙子冲她们两人叫道：嘿，傻大个儿，过来呀，和哥们儿比比个儿！气得她俩冲他们喊道：谁像你们呀，跟土豆一般高！说完，她和我一起乐了起来。如今，谁不认识她郎平呢？还会冲她这样乱喊乱叫吗？

我为《中国青年》杂志写了一篇报告文学《球，落地生花》。记录了 20 岁初出茅庐的郎平。她的运动生涯的开始，正好踩在中国刚刚结束了一个旧时代开启了改革开放新时代的点上。可以说，生正逢时。

四年之后，1984 年洛杉矶奥运会，我国重返奥运大家庭，再一次在奥运会上亮相，其运动比赛含有无可比拟的政治意义，不仅寄托在运动员身上，也翻涌在全国人民的心中。郎平幸运地参加了这一届奥运会，不仅参加，而且和女排姑娘们一起在决赛中，以 3 : 0 的成绩干脆利落地完胜美国女排，实现了她们也是我们中国人的三连冠梦想，可谓扬眉吐气。正是国家改革开放伊始，万物复苏，百废待兴，郎平参与了拉开这个新时代帷幕而成为世界瞩目的显赫人物。

体育正是那个时代崛起的一面镜子，是民族精神振奋的一种写照和激情的一种宣泄，在新中国历史中绝无仅有而举足轻重。所以，当时的中美女排决战，万人空巷，一家老少都围着电视机看，连大字不识的老太太都知道“短平快”，都会叫响郎平的外号“铁榔头”。当女排姑娘胜利归国的时候，万众欢腾，红旗漫卷。女排的那场胜利，曾经对于我们是那样的重要，因为女排的拼搏成为那个时代的精神，而女排姑娘一跃升级为中国姑娘。郎平，成为一个时代英雄的名字。

1985 年，25 岁的郎平退役。退役之后，她结婚生女，到美国留学，尽管生活之路并不平坦，但她都会努力，并获得成绩。她独自品尝人生的种种况味，而将曾经的辉煌与美好的记忆，留给我们大家。

这之后九年的时间如水而逝。九年，淡出赛场与人们的视野，足可以让人彻底遗忘，很多曾经有名的运动员，就是这样被无情地遗忘。郎平，之所以是郎平，就因为她不可能被遗忘。她的血液里，融化着体育的细胞；她的睡梦中，激荡着对体育割舍不去的情感。她不愿意归隐江湖，独钓寒江，而愿意做弄潮儿。1995 年，郎平临危受命，当中国女排的主教练，是她人生角色的重要转换，从中国女排的运动员，成为中国女排的教练员。九年来人生起伏之中，中国女排的运动员，有的出国，有的经商，有的升官，有的成为将军，只有她一人做到了这样不同凡响的转换。尽管伤病缠身，尽管生活跌宕，她始终都无法离开自 13 岁就开始摸爬滚打的排球场。那一年，从美国飞抵首都机场，她受到前所未有的热烈欢迎，是郎平，也是几乎所有人都没有料到的盛况。郎平，中国体育一个从未被遗忘的名字。她的名字响亮，永远回荡着历史与时代的回声，是其他运动员难以比拟的，就因为她始终在场，在体育的现场，不是笑看风云，而是叱咤风云。

在她的带领下，仅仅用了一年的工夫，1996 年，在亚特兰大奥运会上，中国女排获得亚军。可以说，做运动员和教练员做到这份儿上，是郎平体育与生命的巅峰，迄今在女排前国手中，无人可以企及。

以后，她只身一人闯荡意大利好长时间，又辗转回到美国，执教于美国女排。她开始率领美国女排打中国女排。作为主教练，她将在 2008 年北京奥运会上，在自己的家门口，和中国队的主教练陈忠和对垒斗法，这不仅成为中国球迷和记者，也成为世界上许多人关注的热门话题。一时间，郎平被推上舆论的浪尖。这段富于戏剧性的经历，更是中国女排前国手不曾有过的传奇。

这一年，率领美国女排出征北京奥运会与中国女排对阵的郎平 48 岁。那一年，跟随中国女排出征洛杉矶奥运会战胜美国女排获得三连冠的郎平 24 岁。生命中的整整两轮光阴，让郎平出乎意料地从此岸站到彼岸。按照过去人们惯性的思维，是两军对垒，站在了敌对的一面。不少人对此颇为不解，但绝大多数人为郎平骄傲，也为中国骄傲。毕竟时代在前进，曾经为以郎平为首的中国女排举国欢庆万人空巷，属于一个时代；转身一变，执教美国女排，对阵自己国家的女排，属于又一个时代。体育，是战争的袖珍版，又是和平的象征物。中国运动员、教练员到世界各国当教练的有很多，并不独此郎平一人，只不过郎平名气更大，女排这个项目更为国人瞩目而已。实际上，郎平此举，善莫大焉，不仅促进了世界女子排球的发展，而且给我们带来了多少观赛的欢乐，让一部体育史变得那样跌宕生姿，丰富多彩。

记得当年有记者曾经问郎平：你带领的美国女排参加北京奥运会，和中国女排对阵，是一种什么样的感受？郎平回答得非常得体。对比我第一次参访她的时候，她确实成熟了许多。看得出常年国外的生活与学习，东西方文化的碰撞，她受益良多，不那么偏颇，不那么拘谨。她说：带领美国队对抗中国队，一定会有不同的感受。从感情上，中国队是我的祖国的队伍，当然会很特别。但作为职业教练，我尽量不去想对手是中国队，只是我的一个对手，战胜对手是必要的，这是体育比赛，不是战争。同时，她说：我还是希望中国女排能够走在世界之巅。只不过，她有自己对“世界之巅”的理解，她说：奥运会上有两个中国主教练，说明中国排球走向了世界，也展示了中国排球的魅力。

事实上，人们对那一次中美女排大战的关注，和24年前的心情与心态已经大不一样，从爱国激情到国际友情的演进，从借助体育浇筑自己心中之块垒一般的宣泄，到尽情享受体育回归体育之本位，从拼搏精神到奥林匹克精神的回归，正体现了一个越来越有实力越来越朝气勃勃的中国开放和包容的胸怀。于是，女排不仅仅是历史中怀旧的一种情感，更是中国在新时代焕发出的一种青春形象。如果说郎平是一本书，那么，打开这本书，可以管中窥豹可见一斑，看到新中国70年特别是自粉碎“四人帮”中国百废待兴之后迄今为止这40余年一部跌宕起伏的体育简史。

如今，水流回环，郎平又回国成为中国女排的主教练，以近60岁的高龄带领新一代的女排姑娘，奔赴日本参加女排世界杯，进而备战日本奥运会。如果从13岁步入体坛，到2020年日本奥运会，郎平的体育生涯长达47年，在这47年的时光里，郎平始终在赛场的第一线，这种几乎占据了新中国70年体育史70%时间所彰显的在场感，是其他人无可比拟的。我不知道郎平心里做何感想，会不会想起40年前曾经年轻的自己。训练场和赛场像一个个旋转的魔盘，变幻着自己多彩的人生。流水带走光阴的故事，改变了一个人。

我常常会想起1980年，第一次采访郎平的情景。一晃，40年的时间这么快过去了。那时候的郎平，叠印着今日的郎平。郎平，踏进体育，从一个年轻的姑娘到霜染两鬓，贯穿中国改革开放整整40年，郎平让我们清晰地看到共和国见证她个人的成长，也看见郎平以自己的生命见证共和国的历史进展。

（选自《天津日报》2019年9月25日）

苜蓿记

陆春祥

特别说明，本文不是写苜蓿的植物记，说的是菜，其实也不仅是。

一

我极喜欢《战国策·齐策》里的“冯谖弹铗”，这个故事情节的生动性曲折性，一点也不亚于司马迁写的人物列传。

齐国的穷书生冯谖，托了关系，总算投奔到孟尝君的门下了，不过呢，他是有心计的，他要看看孟尝君是不是值得他投靠。第一步，应该不错，冯谖进门时，孟曾经问过介绍人两个问题：冯有什么爱好？冯有什么才能？都没有，只是当食客，找个吃饭的地方。孟也不计较，他养士千人，不差这一个。

你想啊，这样一个吃白食的人，断不会得到人家的重视，只有粗茶淡饭罢了。过了不久，这冯谖，开始了他的三步曲。他的动作全部是这样的：靠在门边，拿着长剑，一边弹着剑，一边发牢骚唱歌，而三次牢骚的内容却一次比一次要求高：剑啊，我们回家吧，在这里，鱼都没得吃！（注意啦，蔬菜肯定供应充足，只是没有荤菜，但苜蓿肯定没有）剑啊，我们回家吧，在这里，车都没得坐！剑啊，我们回家吧，在这里，我没有办法养家！要使冯谖三次牢骚逐渐升级，一定要以不断满足为基础，孟尝君都笑着一一满足，给冯谖吃鱼的待遇，给冯谖配车的待遇，给冯谖老母亲接来一起养老。

至此，冯谖已经完全享受高级人才的待遇了。孟尝君满足冯谖的要求，一来他经济实力雄厚，二来他确实是养士，这么多的士，真不知道哪一些人特别有才能，要看关键时刻。

冯谖开始崭露头角，是在孟尝君贴出告示之后，这个告示的内容是，让一个懂会计的人，替他去封地薛城（今山东滕州市南部）收债。冯谖应征，让孟大吃一惊，原来这人还真有水平的，于是连忙接见了冯。一阵寒暄，一阵抱歉，气氛不错。临行前，冯问：债收齐后，买些什么东西回来呢？孟交代：你看着办吧，府里缺少什么你就买什么。

冯谖矫命焚债券，替孟收买民心，孟尝君并不高兴，但他没有继续追问。

直到有一天，孟尝君被齐王贬官，孟去了他的封地薛城，望着赶了百里地来迎接他的百姓，他才真正理解了冯谖的用意。

冯谖不愧是个人才，不，奇才。他后来替孟尝君去游说梁王，梁王重金三聘，孟坚拒，齐王认错，重新重用孟尝君，孟为相几十年都太平无事。

冯谖的三次牢骚是有底气的，他装愚守拙，藏而不露。同时，他也碰到了好领导，如果不是孟尝君的宽容大度，这段佳话也成不了，极有可能，在冯谖发第一次牢骚时就被赶出去了。

二

一千多年后，果真有一个人，如冯谖一样，因吃饭问题，发了第一次牢骚就被赶走。苜蓿正式登场。

这个人就是唐朝的薛令之。

唐朝开元年间，东宫太子身边的官吏，生活清苦，左庶子薛令之，实在忍不住了，就写了首《自悼》诗发发牢骚：

> 朝日上团团，照见先生盘。盘中何所有？苜蓿长阑干。饭涩匙难滑，羹稀箸易宽。以此谋朝夕，何由保岁寒？

这首诗，估计是题在墙上的，某天，恰好李隆基来东宫视察，一看太子老师的诗，一下子火了，立即在薛诗边上题了四句反讽：

啄木嘴距长，凤凰羽毛短。若嫌松桂寒，任逐桑榆暖。

薛老师看到了，吓得要命，赶忙辞职回乡。

也不能怪李隆基心胸狭窄，薛令之的这首诗，确实有点问题。

太阳上来了，照得整个餐厅通亮，餐桌上那个装菜的盘子，特别显眼，因为盘子里只有稀少的一点点苜蓿。没有好菜，真是难下饭呀，这样的日子，怎么过得下去呢？

没有好菜，饮食确实清淡，但薛令之，太子的老师，他的思想境界，不会这么低下吧，没有好菜，就不干了？

我不知道薛令之的祖上在哪里，会不会就是孟尝君的故里薛城？但他的脑子里，一定熟知冯谖的故事，那么，我也学学冯谖，说不定有转机。不想，李隆基不是孟尝君。

我有点奇怪的是，这苜蓿，我们江南叫草头，紫云英，鲜嫩的叶子，清炒，煮羹，适量加点油，应该是不错的开胃菜，薛令之为什么以此来叹苦呢？

前几日读南宋林洪的笔记《山家清供》，里面有一则《苜蓿盘》，讲的就是这件事，林洪写道：

每次看到薛令之这首诗，都不知道苜蓿为何物。偶然和宋雪岩一起拜访郑墅钥，看到他种着苜蓿，于是从他那里得到种子和烹饪方法。苜蓿的叶子绿紫色，带点灰，能长到一丈多长。采摘后，用热水焯一下，用油炒，适量放些姜、盐，做成羹来吃，都别有风味。

林洪看样子也是书呆子，大地上这么多的常见的苜蓿，他也不认识，不过，他揣摩出了薛令之写《自悼》诗的别意：唐代许多贤才都被贬谪过，薛也是怀才不遇，才发出“食无鱼”的感叹。

原来是借口，和冯谖一样，都是借口。只是，李隆基没有孟尝君有眼光，不仅不留人，还嘲讽：这个老薛，书呆子一个，你嫌待遇差，那就另就高明吧，不留！不送！

要是我，看了这样的嘲讽，也不敢再待下去了，弄不好，随时找个借口，分钟可以将你弄死。

唉，借一盘苜蓿隐喻，竟然导致如此黯然而隐，真是有点倒霉。

苜蓿自然没有错，苜蓿自西汉引进中国后，两千多年来，依然很鲜艳而愉快地成长着，任何时候。

三

其实，李隆基倒也没有那么薄情。话说薛令之回到故乡，建安郡长溪西乡石矶津（今福建福安市溪潭镇廉村），李隆基还是给他安排了类似于退休工资一样的待遇，但薛虽然贫穷，依然按照在东宫时的工资标准，按月取酬，绝不多取一文。

安史之乱，乱了盛唐，也成就了太子李亨，李隆基一路向西逃去，李亨却在灵武继了位，成了唐肃宗。太子回到长安后，想起了当年的老师，立即派人征召薛令之，委以重任。不想，薛老师已经逝世好几个月了，死时，家徒四壁，肃宗大悲，于是赐老师居住所在乡为“廉村”，溪为“廉溪”，山为“廉岭”。

越一千里地，我去廉村景仰，那里早已成著名景点。

紧挨着302省道，就是薛令之故里。

唐中宗神龙二年（706），薛令之北上长安应试，成了福建的第一位进士，自隋朝开科取士，整整一百年来的第一人，这是何等地荣耀啊。后面的几年，唐王朝内室动荡不安，各方都要争权，薛应该没什么大作为。不过，有一点可以肯定，他和李隆基的关系应该不错，不然的话，李隆基登位后，不会让他做谏官，不会请他做太子侍讲，当时还有一位侍讲，就是大名鼎鼎的贺知章。

这位号称明月先生的薛令之，写了好些书，如《明月先生集》《补阙集》，均没留世，现存的也只有少量的几首诗而已。

有一首《唐明皇命吟屈轶草》，可以证明李隆基是比较欣赏谏官薛令之的。某次，玄宗命群臣吟《屈轶草》（传说中的一种仙草），薛令之就借草能指奸佞的特性，在诗中表达了忠诚和正直：

托荫生枫庭，曾惊破胆人。头昂朝圣主，心正效忠臣。节义归城下，奸雄遁海滨。纶言为草芥，臣为国家珍。

请注意最后两句，纶言，帝王诏令的代称，如果将皇帝的话都当作草芥的话，那么，臣子就是国家的珍宝。

由此说来，李隆基开始的时候，还真是想做一番事业的，胸怀也博大。

也许就是这首诗，给薛惹来了麻烦。宰相李林甫，和太子李亨关系不好，而你又那么以廉洁正直自喻，这不就得罪了李林甫了吗？于是，薛令之这些老师们，自然受到排挤了。如果皇帝仍然关心，那也没事，问题是，后期的李隆基，不敬业了，意见听不进，奸臣当道，当薛老师借苜蓿说事时，他就大大生气，也就正常不过了。

薛令之的故里，已经远非他那个时候的草堂了，现在的名人故居，都是修了再修，明清城墙，鹅卵石道，古建筑，古码头，古雕刻，古官道，古城堡，皆有情调。不过，薛令之少年时候的读书处，灵岩草堂，还是一个不错的去处，矮矮的青山下，草堂隐在一圈围墙里，黑瓦白墙，檐角飞翘，草堂下有沟坎，长满乱草，一只长水槽，斜躺在草丛中，应该是喂猪的猪槽。阳光下，青草特别鲜，草堂也特别亮，唐朝苦读少年身影，和这里的环境很配。

我一直在寻找苜蓿，这个晚春的季节，应该是苜蓿花盛开的，可惜的是，前面的田野里，也没见到常见的苜蓿。

四

薛令之因《自悼》诗辞官归乡后，普通的苜蓿，迅速成为为官清贫和廉洁的代名词，薛也被誉为“苜蓿廉臣”。这个典故常为后代引用。曾在宁德（福安属宁德市）做过主簿的陆游，就写有“饭余扪腹吾真足，苜蓿何妨日满盘”的诗句，表示要以薛令之为榜样，每天清炒苜蓿就满足了。

惊蛰过后，冬天撒下的苜蓿种子，就会慢慢将田野铺绿，继而很快会溢满整个春天。鲜嫩的苜蓿，“苜蓿廉臣”，皆为物质和精神之良品。

（选自《解放日报》2019 年 3 月 10 日）

那些不死的魂灵啊

迟子建

俄罗斯的国土太辽阔了，它有荒漠、苔原，也有无边的森林和草原。它有光明不眨眼的灿烂白夜，也有光明打盹的漫漫黑夜。穿行于这种地貌中的河流，性格也是多样的，有的沉郁忧伤，有的明朗奔放。俄罗斯的文学，因为有了这样的泥土和河流的滋养，就像落在雪地上的星光一样，在凛冽中焕发着温暖的光泽，最具经典的品质。

屠格涅夫的作品宛如敲窗的春风，恬适而优美。它的《猎人日记》和《木木》，使十七八岁的我对文学满怀憧憬，能被这样的春风接引着开始文学之旅，是一种福气啊。

20 岁之后，我开始读普希金、蒲宁、艾特玛托夫和托尔斯泰的作品。也许是年龄的原因，我比较偏爱艾特玛托夫的作品，他描写的人间故事带着天堂的气象。这期间，有两部苏联的伟大作品让我视为神灯：一盏是阿斯塔菲耶夫的《鱼王》，另一盏是帕斯捷尔纳克的《日瓦戈医生》。同样具有神灯气质的还有阿尔谢尼耶夫的《在乌苏里的莽林中》，其中的德尔苏·乌扎拉是 20 世纪最丰满的人物形象之一。

30 岁后，我重点读了契诃夫、果戈理和陀思妥耶夫斯基的作品。我开始迷恋陀思妥耶夫斯基，这位对人类灵魂拷问到极致的文学大师，使增加了一些阅历的我满怀敬畏，他的《罪与罚》《白痴》《卡拉马佐夫兄弟》，无疑是 19 世纪文学星空中最夺目的星辰。

不仅是在中国，在俄罗斯，人们对陀思妥耶夫斯基的喜欢也是日盛一日，这使托尔斯泰的光芒相应黯淡了一些。前些年，我又重读托翁的作品，也许

《战争与和平》《安娜·卡列尼娜》还能让一些挑剔的文学史家找出种种不和谐之处，但我觉得《复活》应该是无可争议的史诗作品，托尔斯泰实际上是为一个已经消逝的时代唱了一曲挽歌。主人公内心的矛盾和痛苦正是造成托尔斯泰晚年悲凉出走的原因。也许是托尔斯泰生前获得了太多的荣誉，人们才容易对饱尝人世辛酸的陀思妥耶夫斯基产生更大的同情，情感天平的倾斜左右了人们对艺术价值的判断。

但我觉得他们之间不分高下，同样伟大。托翁能在82岁高龄时出走，是不想让那座富庶的庄园成为自己的埋葬之地！他把衰老的躯壳最后交付给了明月清风、草原溪流。交付给了它们，就等于交付给了自由！

契诃夫也是我喜爱的作家，他的短篇小说几乎篇篇精致。他的《第六病室》和《萨哈林旅行记》是杰作。能够把小人物的命运写得那么光彩勃发、感人至深，大概只有契诃夫可为。我甚至想，如果上苍不让契诃夫在44岁离世，他再多活十年二十年，其文学成就可能会远远超过托尔斯泰和陀思妥耶夫斯基。他在去萨哈林岛采访苦役犯人之前，曾对托翁的《克莱采奏鸣曲》喜爱有加。然而三个月的萨哈林岛采访经历，面对着排山倒海般扑面而来的苦难，他的艺术观发生了裂变，远行归来，他觉得《克莱采奏鸣曲》有点可笑。他说："要么我是在旅行中长大了，要么是我发了疯。"毫无疑问，契诃夫没有发疯，他在萨哈林岛，看到了生活和艺术的真相。可惜上苍留给他揭示这一个个真相的时间微乎其微了。

俄罗斯有两个人格高贵的诗人，其命运是那么的相似，都是死于决斗中：普希金和莱蒙托夫。这也是我最喜爱的两个俄罗斯诗人。爱好文学的人，谁没有读过普希金的诗歌呢！听吧："我的竖琴质朴而高尚，从不曾将世间的神赞颂。我以自由而无比骄傲，从不肯对权贵巴结逢迎。"再听："有两种爱对我们无限亲切，我们的心从中得以滋养，一是爱我们的可爱的家乡，二是爱我们祖宗的坟墓！"这是何等铿锵的男儿誓言，这是多么具有民族气节的英雄气概！难怪屠格涅夫、托尔斯泰、陀思妥耶夫斯基、果戈理等都对普希金的作品无限尊崇。

而年轻的莱蒙托夫则在《我爱那层峦叠嶂的青山》中写下了这样的诗篇："仍是这片草原，这轮明月，月儿向我垂下了目光，好像责备我在这样的夜晚，一个人竟敢骑一匹骏马，同它争夺草原上的霸权！"这股青春的豪情是多么动人啊。

俄罗斯的文学，根植于广袤的森林和草原，被细雨和飞雪萦绕，朴素、深沉、静美。今年6月我在俄罗斯旅行，有天清晨在慢行列车上看到窗外被白雾笼罩的森林时，心中涌起了浓浓的伤感。那曼妙的轻雾多么像灵魂的舞蹈啊。俄罗斯的作家，无不热爱着这片温热而寒冷的土地，他们以深切的人道关怀和批判精神，把所经历的时代的种种苦难和不平、把人性中的肮脏和残忍深刻地揭示出来。同时，他们还以忧愁的情怀，抒发了对祖国的爱，对人性之美的追求和向往。这些品质，正是这个越来越物质化的时代的作家身上所欠缺的。我在哈尔滨见过俄罗斯当代最具代表性的作家拉斯普京先生，他在评述马尔克斯描写妓女生活的新作时是那么愤懑：我简直不能相信这出自《百年孤独》的作者之手！我想只有在俄罗斯这片土壤成长起来的作家，才具有这种抗腐蚀的能力。难怪他在《伊万的女儿，伊万的母亲》中译本的序言的结尾中说：恶是强大的，但爱和美更强大。

果戈理的不朽作品是《死魂灵》。在我眼中，我景仰的这些俄罗斯的文学大师们，他们的魂灵就是不死的。那些不死的魂灵啊，是从祭坛洒向这个龌龊的文学时代的最纯净的露滴，是我在俄罗斯的森林中望见的、能让我眼睛一湿的缕缕晨雾！

（选自"当代"微信公众号2019年8月）

泰州的河

王　干

卤汀河

卤汀河横穿泰州南北，是我少年时见过的最长的河流。

卤汀河名称的由来没人能说清楚，写法也有几种，不像另一条蚌蜒河看字面就能意会，弯弯曲曲，像河蚌一样移动的痕迹。现在写这篇文章的时候，我想，是不是当年运盐的通道呢？盐，卤也，汀是停的谐音？姑妄言之，不足取。

我的卤汀河记忆是和轮船联系在一起的，是和“泰州班”“兴化班”联系在一起的。当时卤汀河两岸尚未通汽车，水路交通主要靠轮船。“泰州班”就是早晨五点从泰州出发，晚上六点到兴化，“兴化班”就是早晨五点从兴化出发，晚上六点到泰州。这趟航班叫兴泰线。现在说到航班往往和飞机联系在一起，而当时的航班是专指水上的交通线，卤汀河如此，运河如此，长江也是如此。当时泰州人去上海，坐的是“高港班”。

泰州班停靠的站很多，周庄和宁乡是离我们最近的站，我们出门，基本都要经过周庄和宁乡，周庄远一些，有“帮船”（相当于今天的拼车，几个人同租用一条小船，2012 年我在《光明日报》用这个词，编辑改成了划船）可以坐，但要花一毛钱。宁乡近一些，有七里路，但要步行。

童年时，带给我们泰州班和兴化班讯息的是一位卖冰棍的大妈。她头戴一顶草帽，肩上搭着一条毛巾。每年暑假，她来我们这儿卖冰棍，我到现在也没弄清楚她是兴化人还是泰州人，她是利用泰州班和兴化班的时间差来买冰棍的，坐泰州班来，坐兴化班返回，中间有一两个小时的营业时间。她敲着冰棍箱，“冰棍冰棍，五分钱一根”，我们一群小伙伴跟着卖冰棍的起哄，像簇拥着帝王似的。“冰棍冰棍，五分钱一根”，晚上我和小伙伴们的游戏就是模仿她的吆喝。

父亲给我和妹妹尝过一次新，那天他刚发工资，说让全家吃一次冰棍，母亲说她胃寒，吃不了。四只冰棍，两毛钱呢。母亲咕囔了两次。我们很开心，第二天，我在作文里写道，“旧社会比黄连还苦，新社会比冰棍还甜”，黄连我没吃过，冰棍真的很甜。我下决心一定要再吃一次冰棍。

我偷偷地攒了四分钱，但这最后一分钱老是攒不齐。有一次我问卖冰棍的大妈：四分钱能不能少吃一口？她拒绝了。我眼巴巴地跟着她，她见没有其他人了，就说我赔本卖了，批发还要四分半呢。

我有些舍不得吃，目送着她往宁乡的方向远去，盛夏的中午，气温在 38 度左右，她的后背已经湿漉漉的，不停地用毛巾擦汗。忽然，她弯下腰，在路边的池塘，用手舀水喝，呼哧呼哧地，连喝几口。

我喊了一声：真抠门！她惶恐地犯了错似的，赶紧往轮船码头的方向疾驰。

当时我想，这个人怎么像我妈似的。

稻　河

稻河在泰州城里，城北。

城北是里下河的门户，里下河本不是一条河，是一块水域的统称。这些年热议的里下河文学现象，正在把里下河这块水域塑造成文学的河流。汪曾祺、陆文夫、李国文、曹文轩、毕飞宇诸多小说家在这里出现，汇成了文学的里下河。

稻河是里下河的门户，也是里下河物流的通道。当年没有物流这个词，叫集散地。稻河，顾名思义，是运送稻子的地方。泰州水网地区盛产水稻，秋收时节，水稻从下河源源不断地运来，在这里运往全国各地。因而，稻河两岸变得繁华起来，沿岸而建的商店、客栈、粮行、油坊、渔市、酒家鳞次栉比，蔚为大观。我小时候，曾经看过沿岸残存的吊脚楼，当时不知道它叫吊脚楼，等我后来去沈从文的故乡凤凰之后，才知道稻河的这一建筑叫吊脚楼。我和湘西的朋友说，我们老家也有吊脚楼，他们不信。

卤汀河是盐道，稻河则是粮路，稻河东侧的草河则是运输草的专用通道。当时没有煤气，也没有煤炭，更没有微波炉之类电器，城里生活的燃料靠的是烧草，稻草、麦草、荒草（芦苇）就通过草河运到城里来。我爷爷就曾经开过草行，我高中毕业以后也曾在供销社的草站工作过几个月。草站收购农民的稻草、麦草、芦苇，然后运到城里去，不过不是燃料了，那时候主要是为造纸厂提供原料。

稻河已经存在记忆里，随着水运的衰退，稻河也慢慢淡出了人们的视野，好在稻河景区还留存着当年的一些痕迹。

2011 年，泰州创办《稻河》杂志，让我请王蒙先生题写刊名，王蒙先生欣然允诺，因为泰州以及稻河曾经给他留下美好的印象。

溱　湖

泰州人“河”“湖”读音不分，在概念上也分不太清楚，比如乌巾荡实际上是很大的湖，却被叫作荡，在云南、四川那里可能就叫海了。洱海也就是一个大湖而已，我第一次去黄河九曲湾，看到他们说的海子，还没有我们泰州的秋雪湖一半大。

溱湖是名副其实的湖，我们小时候叫溱潼湖，也叫喜鹊湖。溱湖出名的原因是因为它的会船节。会船该是古汉语的用法，应该是船会。水乡船多，船的品种也多，当然行船的技巧也有高下，会船实际是展示新船、大船的节日，也是水上健儿比赛技能、展示“弄潮儿”玩船的盛会。每年溱湖的会船节百舟竞发，千楫齐歌，浪涌白龙，水舞银蛇。

会船有点像湖南、广东的赛龙舟，但又不一样，赛龙舟是在端午节。会船节则和清明联系在一起，与祭奠怀祖联系在一起。但二十四节令，往往又是中国人的节日。清明除了祭祖扫墓，还是踏青放风筝的好时光。会船就是当年水乡人家的运动会，玩船的嘉年华。

如今，行船已经不需要人去用篙子、桨、橹这些农耕时代的工具来驱动，船动力的机械化、电子化更让现代人对古老的原生态产生依恋，而会船则是人力的再次呈现，是对人的力量、人的价值的一次怀旧性认同。很多人到溱湖，都想到水上一试身手，正是人对自然力量、自身力量的自信与崇拜。

菜花河与凤城河

春天的泰州，满地的菜花，金灿灿，黄艳艳，随处是景，遍地如画。闻名遐迩的垛田油菜花就在泰州的兴化市，是全国四大油菜花观赏地之一。云南罗平的油菜花美在山峰环绕，江西婺源的油菜花美在坡度层层叠叠，而青海门源的油菜花美在辽阔。兴化的油菜花，美在水中间，开在河面上的油菜花，像金黄色的莲花，而水面则是荷叶一般翠绿。如果驾轻舟穿行其间，人入画中。泰州到处都是金黄的菜花河。

凤城河也是泰州一景。凤城河本是原始护城河，泰州城扩大以后，成了城中河。凤城河，宜夜游，夜色中的望海楼像一只展翅高飞的凤凰，遨游天空。2009年，我带一拨作家去夜游，回来后，纷纷拿了鲁奖（鲁迅文学奖）。他们说泰州文气盛。

泰州的河，连江通海，河网交叉，是母亲河，也是文学的河。

泰州的河，源远流长……

（选自《泰州日报》2019年4月26日）

我有一匹马

鲍尔吉·原野

今年大年初一早上，窗外雪片飞舞。在我们赤峰这个地方，好几个冬天没下雪了。大街上，人们拜过年还补充一句：下雪了，彼此咧嘴笑。小雪花不止于降落，它们在风中像小蜜蜂一样左右乱钻，最喜欢钻进人的脖子里暖和一下。

这一天是我妈乌云高娃的生日。新中国成立前她就参加革命了，那时她十四岁，如今八十四岁。我妈戴上纸王冠，吹灭生日蜡烛，双手捂着脸，流下眼泪。

雪越下越大，我爸那顺德力格尔看着窗外，说："这时候我们到塔湾了。"他的话很奥妙，像电影独白——"这时候"说的是1948年2月，即七十一年前。这个时间概念包括辽沈战役。"这时候"他是内蒙古骑兵二师的战士。在沈阳西北角的塔湾，他们连接到进攻命令，士兵们扔掉多余的东西，这是要拼命了。我爸脚伤不能行走，连长罗宝把他扶到马车上，给他一百发步枪子弹。说到这，我爸瞪大眼睛。"一百发子弹，从来没发过这么多子弹，这仗不知道多残酷呢。"他眼看着连队全体上马，举刀，隐没在炮火里。作为孤独的伤员，他准备打光所有子弹，死在这里。

我军胜利了。在战场上，士兵用耳朵判断胜负——枪炮声渐弱，周遭宁静，硝烟在雪地上渐渐变淡。我爸今年九十一岁，头发茂密高耸，鼻管挺直。他透过玻璃窗往东看，东边是我姐塔娜住的小区以及他想象中更远处的沈阳塔湾。

这里是阳光小区，我和父母住在这里，我媳妇在沈阳照顾她母亲。我们仨聊天，我说四五十年前的事，他们在说六七十年前的事。而竟日开着的电视机，在播报当下的新闻，比如港珠澳大桥是世界最长的跨海大桥。这场景像话剧，我们轮流上场，讲述时光的往事。时光在某一瞬间重新组合时，平淡的生活会变得庄重起来，你成了历史的讲述人。

父母老了，越来越想念自己的故乡。我不敢带他们外出旅行，我的任务是访问他们的故乡，带回照片和见闻跟他们分享。去年春天，我拜访我妈的出生地——巴林右旗白音他拉乡宝木图村，这里也是著名诗人巴·布林贝赫的故里。村书记孟克白音带我看过我母亲出生的院落，面积二十亩许，当年是她祖父平乐爷爷的宅院。孟克白音说，有人想租这个地方办企业，村里没同意，建成了养老院，叫平乐养老院。我妈听到后十分高兴。她说平乐爷爷一定赞成。她有五十多年没听过这个院子的消息了。今年1月，我到科左后旗的胡四台村探望病中的堂兄朝克巴特尔。这里是我爸的出生地。回来，我跟我爸说："经过胡四台全体村民的不懈努力，把你老家给建设没了。"我告诉他："你经常回忆的白茫茫的沙坨子没了，现在除了玉米地就是林地，没空地。狼和狐狸也没了，胡四台村五里外就是高速路。现在，你们村跟朝鲁吐镇连上了。"

"咋回事？"他问。

"房子和房子连在一起，变成一个大镇了。"

他表情变化有如云影从草地上滑过，那是几十年的光阴倏尔而逝。

我去过一些地方并在那里跑过步，算一下，大概有国内的一百八十八个市县区。我喜欢顺着江水流淌的方向在江边跑步，水快则快跑，水慢就慢点跑。按规律办事。汉江流域的汉中、安康、襄阳和武汉的江边都留下过我的足迹。在汉中的江边，两只朱鹮一前一后从我头顶飞过，它们通体橘红兼带粉色，翅膀和尾羽舞动流苏。朱鹮知道我们这些名为人类的人轻易见不到它们，故不高飞，并慢飞。我想如果我是古代人此刻一定纳头便拜，但那会少看好几眼啊。我看朱鹮融入天际，而它在天空俯瞰到什么呢？明代修造的梯田里长满金黄的稻子，稻子们此刻正隐藏在柔纱一般的白雾当中。在安康的江边，往左手看，莽莽苍苍的大山是秦岭；往右手看，莽莽苍苍的群峰是巴山。巴山秦岭终日对视竟千万年，由此雄浑。我在广州的珠江边上夜跑，被搅碎的灯光在江流里神秘眨眼。江边有卖水果的摊子，情侣们倚着栏杆相互对视。

我把这些见闻讲给父母听，我爸说："嗨，咱们国家大啊。"我妈说："咱们国家好。国家不好，大有啥用？"在谈吐上，我妈每每显出比我爸水平高一些。我爸想半天，说："嗨，就是。"他们说的好是安宁，虽不能囊括当今中国全部的强大，但身为百姓，生于斯土，所求者不过斯民安宁。

中国太大了，走也走不完。我坐车穿越大兴安岭，从车窗看到在森林里摘蘑菇的人，脚穿令人羡慕的高腰红雨靴，左胳膊挎衬蓝布里子的柳条筐。我想下车变成他，从此生活在大兴安岭。有一位诗人说他喜欢抱树，我也是，虽然不会写诗。我见到那些粗壮带红色鳞片的松树，见到长着大眼睛的杨树，就想上前拥抱并跟它们贴一贴脸。

我退休后，母校赤峰学院请我去当特聘教授。当年我是赤峰学院前身的前身赤峰师范学校1977年入学的中专生。那时候学校只有两百多个学生。现在它成为有二十三个学院、一万多学生的全日制本科院校。学院与我商议为学生们开什么课，我说讲什么都不过是一个切入口，我们需要给孩子们阐述美。美不软弱，更不虚无，我们通过诗文告诉孩子们国土广阔之美，文章渊深之美，还有人生的刚健之美、善良之美和朴素之美，我觉得这可以是一个持久的话题。在中国行走，放眼高天厚土，万壑群山，我们不能对之无视、无感，不能放弃从中汲取善的力量。

6月上旬，查娜花（芍药花）在牧区开放。雪白的、茶碗大的查娜花像天上的星星收拢翅膀留在草原过夜，忘记回家。七十三岁的牧民班波若指着窗外的山坡对我说："这么好的花开了，我们的孩子却看不到。城里多了一个大学生，牧区就少一个年轻人。这么辽阔的草原，以后留给谁呢？"说着，他用掌根抹脸上的眼泪。我什么都说不出，屋子里静得像能听到泪水流淌的声音。我听到我的眼泪落在采访本上。牧民们多爱自己的家园啊！他们爱小满时分从南方飞回的小黄鸟，爱芒种时分飞回的小蓝鸟，证明他们的家园美好，小鸟都抢着飞回来。他们忌讳往河水和火里扔脏东西，他们转移蒙古包、拔掉系绳索的木桩时，把留在地上的洞填土踩实，以期明年长出青草。

我在翁牛特旗海拉苏镇采访。镇政府食堂的女厨师给我端来一盘馅饼，说这是她哥哥用野芹菜汁泡软羊肉干和的馅，她烙的饼。“你哥哥怎么来的？”“骑马，三十多里路呢。”

我到巴林右旗和阿鲁科尔沁旗采访。几位牧民为我一个人举办赛马，七匹骏马在细雨中嗒嗒跑远变成小黑点，又从小黑点嗒嗒跑来变成骏马，好几圈。我心想快结束吧，感觉愧对马。有一个镇的干部们带家属在美丽的罕山脚下为我举办蒙古语的诗歌朗诵会。有一个村为我办过篝火晚会。从四面八方骑马骑摩托车来到的牧民们，大人孩子，一个一个从我身边走过，借篝火的光亮看我长什么样。我实在忍不住，躲到远处的老榆树的阴影里痛哭不已。是的，我在接过馅饼、听他们朗诵、看到细雨里的奔马时都流下了眼泪。这时候，所谓深入生活，实为生活深入到你心里。像山坡吹来的风、像瓢泼大雨那样抱住你，冲刷你身心的污垢。你会像蒙古黄榆一样坚韧，脸上有牧民那样纯朴的笑。

几天前，我给我爸放了一段《骑兵进行曲》。

我爸说：“嗨，我们这些骑兵，其实只有一匹马，一杆枪，一把哈尔滨生产的战刀。我们哪，1948 年冬天围困长春，身上就穿一件单衣服，白土布用黄炸药染的。我们那时候，除了人厉害，别的啥都不厉害。”

我爸总结得多好——“除了人厉害，别的啥都不厉害。”我爸就属于那个时代的人。他念念不忘的，是他的老家胡四台村和他的战马——“夏日拉咩饶”——带一点杂色的白马。1949 年 10 月 1 日，我爸是开国大典受阅部队之一——内蒙古骑兵白马团方阵的受阅士兵，那年他二十一岁。

近来我脑子里一直有一个东西嗡嗡响，它叫《诺恩吉雅》。这是一首蒙古族民歌的名字，也是一位蒙古族女人的名字。这首流传百年的民歌与《嘎达梅林》堪称双璧，俱为瑰宝。赤峰市正在筹划创作交响曲《诺恩吉雅》，由赤峰交响乐团演出，我来准备文学脚本。我查阅一些资料，把这首曲子听了上百遍。越听越觉得这不只是一个姑娘出嫁的故事，是思乡，是依恋父母，是河流与大地。

歌者可以在歌声中放入所有美好的怀念。我发现，诺恩吉雅其实也是我，我或我们，同样爱着家乡，爱父母，爱草原上的万物。

下面我要说一说我的马。我有一匹马，这匹鬃发飞扬的蒙古马此刻正在贡格尔草原上吃草或奔跑。去年 8 月，我的散文集《流水似的走马》获得第七届鲁迅文学奖，赤峰市委宣传部专门召开现场直播的表彰会，对我褒奖。面对直播镜头，我一时慌乱，不知从何说起，只想大哭。我在答谢词中说："我是西拉沐沦河岸边的一株小草，是旭日的光线把小草的影子拉得很长，使它像一棵树。"会上，赤峰市委、市政府授予我"赤峰市百柳文学特别奖"并奖励我一匹克什克腾旗的铁蹄马。后来我看直播的视频，发现我长相开始像马了，窄长脸，眼神机警而有野性。对我来说，马是更好的归宿。作为马，我已没有追风的神勇，我是草原上温驯的老马，低着头，驮着我爸我妈和我的文化使命，慢慢往前走。可庆幸者，这里有让马喜欢的草、风和流水，这里是我可爱的、飞速发展的故乡。这里是我的祖国。

（选自《人民日报》2019 年 4 月 8 日）

白　薇

邢小群

住进 51 号楼时。我 10 岁。刚到那里，一切都很新鲜，最使我好奇的是三楼上住着一位老太太，她深居简出。一旦出门，总穿一身丝质的衣裙：乳白色的衬衫，衣领镂花，领口上别着一枚晶莹的领针，黑色的长裙一直盖过脚面。天凉了，她出门还是这身打扮，我暗暗猜想：她是不是把御寒的衣服穿到里面了呢？她肤色很白，看上去有六十多岁，其实那时她已经过了古稀之年。当时她的穿着莫说与普通人相比，就是在左邻右舍的文艺界人士中，也显得十分特别。她好像来自一个我不熟悉的世界。

她孤身一人生活，雇着一个保姆。有一次，轮到我家收水费，我跟着妈妈上了楼，敲开她家房门，她探出半个身子，一边掏钱，一边忙不迭地对我妈说："我使水很费，我应该多交一份；我使水很费，我应该多交一份。"当时全楼一个水表，各家没有水表，按人头收费。她说罢，把三个人的水费塞到妈妈手里。

我问父亲，咱们楼上的老奶奶是谁？父亲说："她叫白薇，是位老作家，我上中学的时候，就读过她的诗。"说起她来，父亲的口气是很尊敬的。

白薇平素与邻居不多来往，但对我们姐妹很亲切。有时我在楼道里碰上她，她总把我往墙壁上一贴："站直，不要驼背！"有一回，她买回几盆花，从三轮车上搬下来，就冲我家窗子喊："孩子们，给奶奶搬花儿！"花盆进了屋，牛奶糖便揣进了我们的口袋。我更高兴的是，终于看见老太太家里是什么样子了。她住一处两居室的房间，那时的房子没有厅，只有过道。大的一间她住。小的一间保姆住。她的书房兼卧室，窗帘是淡蓝色的，床罩是淡蓝色的，沙发罩也是淡蓝色的，让人感到舒适、整洁、安静。

转眼就到了春节。白薇奶奶第一次走进我们家。手里拿着四张条屏送给我们，对我妈说：“你有四员女将，让她们都当女英雄。”我们上前展开一看，分别是花木兰、梁红玉、穆桂英、樊梨花。

以后，好长时间没有看到她。当她再露面时，皮肤有些黑了，遇到我父亲时，她说：“去了一趟新疆。”父亲问：“是作协安排的？”她说：“不是，是我自费去的。我想了解那边的生活。”父亲提起这事，感叹道：不容易，不容易，一个七十多岁的老太太。

我家后来搬到了太原。趁大串联的机会，我和妹妹又来到北京，专门到和平街看望白薇奶奶。那天，她孤零零地躺在床上。满头银发，乱蓬蓬的，身上还是白衣服。但颜色却发黄了，皱皱巴巴的，脸似乎缩小了一圈，多了细细的皱纹，看起来很憔悴。一见面，便认出我来。问：爸爸好吗？妈妈好吗？嘴里不停地念叨：都是好人，都是好人。

在床上，她告诉我们，已经没了保姆。她还对我说：“别人以为我是老姑娘，其实，我结过婚，有过一个男孩，病死了。后来抱养了一个女儿，可现在，除了要钱，不露面了。”

我当时 14 岁，对老人家的命运似懂非懂，她却完全把我当成大人，说了许多话。她太需要理解，太需要帮助，可望着她老态龙钟的样子，我真不知道说什么好。

1987 年 9 月的一天，我突然看到《光明日报》上草明的文章，第一句便是：白薇同志离开我们长逝了！我呆呆地看着报纸，很久。

（选自《南方周末》2019 年 4 月 4 日）

不　装

马步升

作文所忌有众多，窃以为，最忌者为“装”。以此，作文之要典为两个字：不装。

一曰：不装有才。

有才无才，才之大小，八斗之才，还是半斗之才，抑或装才之斗足够大，乃至看起来容天括地，实则斗里空空如也。此类情景，蒙人也许可行，而最终蒙人不得，仅可蒙己。若真有被蒙之人，无非当今所谓脑残者。要挣钱，找脑残，电信骗子一通脑残电话，无数脑残者甘愿倾囊以授，没有最脑残，只有更脑残。无才而以才招摇过市者，在于凡脑残都拥有一双捕获更脑残的眼睛。此一对关系，毕竟是打者愿打挨者愿挨，食物链上常见的情景。若要深究到底才之有无，才之大小，还真难以明确界定。试举一例，市井装有钱者甚多，搜尽家底，置办一套行头，居则黑屋窥探，行则盛装亮相。待物，目空万里，视人，则目无余子，好似有些腹内草莽之人，拼死记得二三十句古诗文，或若干时令外来语，时不时地飙几句，便可让脑残者高山仰止：啊，大师！此种装阔之人，实则仅一张装裱纸，遇到必须买单时，毕露原形，而此类装才之人，被稍加诘问，知其然尚且达不到，遑论知其所以然了。

所以，作文之道，首在不装有才。哪怕才高八斗，也不装有才，一装，斗儿底一定是要掉的，那仅有的所蓄之才立即会涓滴不剩。小才不可装大才，非把露脐装当旗袍穿，万万不可露的都会露出来。无才更不可装有才，无才虽是憾事，却也朴素纯真，如村姑素面，不美而大美。

兜底说来，古今真正大才，从来不装，因不装，其才便如日月经天江河行地，哪怕是风雨如晦，人都知道天上的日月是在的，哪怕身在大漠，人都知道远处的江河湖海依然浪奔浪涌。真可谓，一个装字，害死天下有才人。有才无才，才大才小，以真面目示人，以真性情作文，大才有大才之大家闺秀，小才有小才之小家碧玉，无才亦有无才之糟糠烂漫。

二曰：不装有学。

世间学问太多，古今中外，天文地理，三教九流，一个科学定义上的聪明人究其一生之聪明，通晓一门学问已属不易。这是对专家们的要求，而写作者却要求是杂家。必须是杂家。大约写作者免不了写天写地写神写人写事写历史写社会，也即世间有的都有可能写，世间没有的亦有可能涉笔。而懂得这么多的学问几乎不可能，每一种懂得有多周到，更不可能。但又不能不写。不写这些，写什么呢，总不能端出一沓白纸说这是洒家的无字书吧。一沓白纸到底是写满了字，呈现的却是苍白排列的字词，读者发出的也只有空空的回声，这样总不可以吧。那么文章中还要有学问，而学问又很多，只要涉及学问便容易犯错，有时一开口一动笔即错，千难万难，不写文章又心痒手痒，该何以自处？献丑不如藏拙，讨巧不如从权，写自己真懂的，懂得商周俎豆燕瘦环肥的，尽可拽文掉书袋，最好让书袋把别人压得直不起腰抬不起头，而自己只不过轻拿轻放日常言谈而已。明了市井曲折的，尽可走笔引车卖浆者流，一招一式，涉笔成趣，开言动语，各尽其妙，也是写作者的看家学问。而这种学问往往是独门学问，书本上往往学不来的。

自古文章大家，无不纵己之长，避己之短，《水浒传》写起江湖人事来，山高高水长长，武松的醉打，鲁达的找茬，李逵的撒泼，后人涉及此等人物此等场面，要不搁笔，要不索性绕道而行，谁写得过施耐庵老夫子啊。而关于男女情事，即使西门庆勾引潘金莲这种容易出彩的小说情节，施耐庵则甘愿充当思想的巨人行动的矮子，始终保持着离床三尺远的自觉。也许，对于床帏故事，这位受到宋元腐儒濡染，忍不住道学脓水漫溢的老人家，真的不大在行。《金瓶梅》的那个兰陵笑笑生，则一点也不客气，许多人只看见了被道学家删去的那两万字的天高云淡，往往忽略了通往那两万字的各个过程之争奇斗艳。

所谓古典名著，后人写了足以将研究对象掩埋千层万层的解析文字，其实，都没有抓住要旨，其要旨去粗取精只有两个字：不装。水浒不装斯文，三国不装信史，红楼不装无情，金瓶不装圣人，以取回真经为要务的西游，也不大装正经。五大门派华山论剑，各展其才，各尽其学，各臻其极，各归神位，至今无人撼动其中一人。

世间无一片相同的树叶，更无完全相同之人生，凡学问，一者来自书本，一者来自生活。读书足，生活不足，文章中便把学问写足写透，反之，老实写自己所见所想所历。写学问，要写真学问，切忌一篇文章从头到尾甲说乙说，看似一堆学问，实则是穷汉嫁女，花花绿绿陪嫁一大堆，没一样值钱的，以数量遮掩质量，明眼人要看的是你怎么说，要看的是箱底里压的，怀里揣的，体积不大但价钱不菲的玩意儿。古今文章高手，无一字无来历，无一事无出处，但行文中很少说这是出自某典某人，都是化得透透的，了无别人牙慧。至于要梳理来源踪迹，那是注释家的饭碗。

三曰：不装有趣。

有趣和幽默当然有区别，在这里，我把这两者故意给混同了。无才或可聊装有才，装一分钟也是装，无学或可乔装有学，拉扯若干子曰诗云，蒙过几人是几人，蒙人一分钟也是蒙，唯独无趣不可装有趣。凡文章大家，必有涉笔成趣能耐。

问世人趣为何物？

趣是真性情。

子在川上曰，曰的是趣，而非理。孟子谓宋勾践曰，人知之，亦嚣嚣，人不知，亦嚣嚣。曰的也是趣。庄子与惠子论鱼之乐，是以趣辩理，辩出了理，辩出了趣。而这个理，几乎是人人心中有，人人笔下无。太白酒洗天下，若无趣，则是酒鬼，老杜让整个大唐都在沉郁顿挫中，若无趣，则先把自己苦死，再苦死大唐。东坡乃大德大善大才之人，忠于家国，善待他人，却屡屡获罪，不见容当世，他本无恶无罪，只因有趣之人与无趣世界狭路相逢。鲁圣人的解剖刀足够锋利，尤其对自己舍得下手，以不太灵便的左手切割世界，而用精确有力的右手划拉自己，可笔下人事无不有趣，愚有愚趣，黠有黠趣，智有智趣，理有理趣，情有情趣。古典小说名著更是有趣得了不得。武松、鲁达若无趣，便是江湖混混；李逵若无趣，便是杀人机器；西门庆若无趣，便是一头随时随地都在发情的变态叫驴；潘金莲若无趣，那就是站马路的长三堂子；贾宝玉若无趣，就是当今小鲜肉，纵然生得好皮囊，腹内原来草莽；西游路上若无趣，师徒四人早都风走流云了，读者更不会跟着他们千里万里去取那寻常人看不大明白的阿三经。

趣是智慧。

文章者，经国之大业，不朽之盛事，作者以头脑风暴披沙拣金，由此引发读者的头脑风暴，以获得新知真知。说到底，作者是在以个人智慧驾驭世相万千。智慧何来，天赋而加勤学，观察而加历练。修得明德明理知人晓事，说话做事，智慧在言谈举止中自然流出，提笔著文，智慧在字里行间闪展腾挪。智慧是装不出的，本无智慧而装智慧，无异于真傻还在装傻。诸葛亮是智慧的化身，一部三国，状诸葛之智而近妖，其实，诸葛亮老在打败仗。李逵是粗莽之人，施耐庵偏形诸奸猾之笔，每一次弄奸耍猾，都是一个笑料，让那铁血粗鄙世界煞是有趣。所以，金圣叹说李二哥，愈奸猾，愈朴至。写出这种相反相成，且妙合无垠的人物，才算得上巨擘大腕。

趣是情商。

世间万事，有的事儿有体力即可做好，有的事儿需要智商方可做得，而有的事儿，必须既要体力、智商，还需情商。比如文学创作。古代自有科举制度以来，智商超高的，可以考状元，装满一肚子四书五经历朝掌故，作得一手漂亮的八股文，起承转合，中规中矩是前提，但还不够，还要有所发凡。其言论足以耸动视听，却不逾矩，主旨高唱主旋律，却不可假大空，对时弊人事有所指陈，力度火候却要拿捏在既痛又痒，但必须痒多于痛之间，正所谓运用之妙存乎一心。智商达不到超高水平，最好别犯这个贱。这种文章，考官看了放心，皇上御览时舒心。然而，这类人终其一生不会有太大个人成就，全部智商都用在揣摩上意了，把全部才学都瞄准在了致君尧舜上再使风俗淳。隋唐以后的著名文人，大多出自进士阶层。大约是，论智商是高智商，因为有情商在，有个人情感趣味的诱惑，便不能把全部智商投放于考场上，又因为要把一部分情商用在现实功利上，便不会像柳永那样把情商发挥到不留余地。如果进士举人都考不上，或者是智商情商都有问题，或是智商情商分配不得当。而中古以来，大文人最多出自进士这一阶层，恐怕是他们在智商与情商之间折冲樽俎的结果。

也因此，情商不够，不要装有趣，装不出有趣倒也罢了，最多落得个把无聊当有趣，讨人嫌倒没有什么大的要紧，尺度拿捏不准，有趣不得，还会有祸。与鲁迅论战过的杂文家徐懋庸写过一篇《论凑趣》，涉及杨修。让匠人把大门修得阔一些，唆使一人一口酥吃了那盒点心，这些凑趣活儿，尚在曹操容忍限度里，椒房专宠“理万机”同志的曹丞相也需要偷得浮生半日闲嘛。可是，鸡肋那可是军令啊，战事不利，劳资（即老子）正烦着呢，杨修的凑趣便把自己凑成趣了。

本身有趣，是真有趣，无趣而装有趣，进而不看情形瞎凑趣，真是无趣得紧。

做人的道理千条万条，归根到底一条：不装！

作文的法则千种万种，荦荦大者一种：不装！

作文三十载，码字六百万，全部心得只有两个字：不装！

（选自《瀚海潮》2018 年谷雨卷）

凤凰花开终生终世

李 皖

5月末出差去厦门。本以为时令不对，看不到凤凰花，哪料想，出门寻沈勇，沿湖滨北路一路东行，沿途一团团红色，扑面而来。

沈勇是我的大学同学，也是教我识得这凤凰花的人。1988年，寒假后返校，沈勇照例带来从家乡厦门翻录的，显示着台湾最新流行风向的歌曲拼盘。其中有姜育恒《一世情缘》和《你可曾看过凤凰花》。这是我第一次听姜育恒，初以为是齐秦，心想这厮遇到了什么变故，怎么声音变得如此喑哑和苍老？

那种录了一代又一代的磁带，音质不好，尤其歌词听不清。我在复旦大学六号楼二楼寝室的黑檀色长条桌上，听了一遍又一遍，努力辨别着歌词。《你可曾看过凤凰花》的歌词，颇有几处模糊难解。待见识到其正版原词，许多年以后。

你可曾看过凤凰花

词：陈桂珠　曲：姜育恒　编曲：陈志远

如果爱有颜色

会是什么色彩

如果花也懂爱

会是哪一种花

你可曾看过凤凰花

火焰一样的情花

所有的爱和生命

只为点燃一个夏恋

就在我的心里

开了凤凰花

从花开到花谢

默默为你燃烧

那天我在厦门湖滨北路骑行着，心里一遍遍回响着这首歌。偶尔有凤凰花的花云，在前方出现，又从头顶掠过去。

与沈勇小聚后回到宾馆，我点开手机，检索到这歌词。再次阅读，心境已不似当年，感觉它并不像三十年前所感到的那么果敢，那么一往无前，尤其是，不那么绝对。但听歌曲的感受，非常绝对，如今听，仍然是。它的重，它的专一，它的深，远超过了世间男女。就算是海誓山盟，现实中哪一出，有它这般的决绝和壮烈？它的那种绝对让我感到，这确实是属于另一个时空才有的东西。

那一个时空，距今不过几十年，那时确实有一种东西，叫天长地久。即使是在一首普通的流行歌曲里，它也表现得如此稳固，犹如巍巍群山绵延在大地上。那个时候人们对爱情普遍有种信念，相信永恒的东西，信奉白头偕老，准备着厮守终身，而将移情别恋、改弦更张视为不吉。如今，这种祝念依旧，但从心底里信奉的人少了。婚姻就是婚姻，分合都平常。有不好的分与合，也有好的分与合，其中都没有多少超出了这凡间的情欲利害。分合中顶要紧的，是伴侣之间的感觉，是彼此互相成就。合可以互相成就，分也可以互相成就。在爱情的观念上，人们渐渐趋向于这样的认识：必须看淡所谓永久，和则聚，不和则分。分合之际，精神的健康、人生的通达、为人处世的爽朗，更值得看重。一个人若不能为自己也为他人着想，做到理性、洒脱、健康地分手，很可能会成为众人心目中死缠烂打的不佳形象。眼下确实到了一个开放而宽松、眼界足够放开的世界。在这个世界里，大概不会再有人作出这种歌，再唱出这种声音了。

姜育恒的声音，是一种悲情。不是普通的悲，而是悲恸。这种悲情让你感到，他并不是因为生活中的不如意，因为人生中某次际遇，而悲伤。这种悲是深印在心灵里的。像是某种命中注定，像是对这人世抱有灰色而悲观的判定，因而那抑郁挥之不去。这声音有一点哲学意味，使悲伤不再只是一种情绪，而成了人生观。如此一来，一首普通的流行歌，仿佛变成了不仅是对爱情，也是对这整个人生的一声浩叹。

《你可曾看过凤凰花》的绝对，便是这个。它由这声音，也由那曲调助念着。姜育恒的作曲，把陈桂珠歌词的某一个面向，强烈地朝着某种绝念的方向转化了，进化了。凤凰花成为爱情的象征，爱情被视为像火焰一样的东西，视为炽烈的、滚烫的同时又仿佛是冰冷的燃烧，燃烧至永恒，虽至毁灭而不悔——一个投入了爱和生命，飞蛾一般燃尽一生的形象。这歌曲节奏几乎不变化，起伏极其平缓，作曲秉守着少而慢的原则——极少的音，简单的旋律，渐渐升向激昂壮烈。大凡深情，都有这种少、这种慢、这种简单；越是深爱，悲情的大歌，普世的情怀，越是这种少、这种慢、这种简单。这是音乐世界里我们一再遇到，可能还会继续遇到的景象。

厦门我是第二次来。第一次，是将近 20 年前，2001 年 10 月上旬。停车入住厦门大学，一下车，校门内那一条被满树红花映得火红的道路，扑进眼帘。在蓝宝石般的天空下，那景象简直是壮丽！

那次也是从沈勇那里知道，那就是凤凰花。初闻之下，心里一震。凤凰花从姜育恒那首歌，知道有 10 年了，我一直以为是传说中的东西，是文人的修辞，说不定是生造，也有可能。循着歌曲意境所暗示的，我一直在朦朦胧胧中大致认定，即使世间有这花，也必是极其罕有，难得在一生中遇见。哪料想在厦门，它竟是这般铺天盖地！而且，它的样子，真就如歌词所写，如此的炽烈、壮丽、火红而盛大。

我想，这不会是我一个人的感觉：在姜育恒那忧郁而悲伤的歌嗓下，《你可曾看过凤凰花》成了一首悲歌。因为悲歌，它才如此深情。因为如此深情，它注定了会是一首悲歌。只有悲歌式的绝唱，才配得上爱的永恒，抱定这终生终世，成为绝对。这首歌所处的时空，是 20 世纪 80 年代，万物的松动早已无边无际地开始。我能听见那八面来风，在这首歌里汇聚成风暴之中的寂静。歌曲的力量，其实正由这周遭汹涌而来的，即将带来更改，终有一天将改天换地的瓦解力量达成。所以你听它，是那么悲：一往情深的爱，驰赴于它的那一颗心，已预感到了终局。它知道无法达成，但还是一意前往，毫不顾惜自身的牺牲，所以这深情，注定了是悲剧。

不说什么八十年代吧，论及终生终世的爱情，即使有，也只能存在于人的念想中，存在于宗教般的对世界的体会中。像今天的我们这般，只要是认定了世界是物理性的，人生只是一具肉身，那么在任一世代，终生终世的爱情都不会真正在现实中达成，不管此时是诸事松动，还是一切坚如磐石。因为在这样的世界里，万物终无神秘，爱情本为生活之一部分，它既在情欲中发端，也在锅碗瓢盆柴米油盐中经受俗世的磨砺。而凤凰花象征的爱情，却完全纯洁，至真绝对，不在红尘中翻滚，只要一无所求的燃烧，做毫不顾及现实生活的终生托付。这样纯粹的念想，只在某一种时代气候下可以理解，只在清纯少年的一片纯念中可以妄行。

厦门地处东海之滨，与台湾岛隔海峡相望。受海洋影响，整个城市如新洗过一样，天朗地清，民风虔敬。在凤凰花的火红映照下，又幸遇一场雨后，城市愈发洁净得像是做梦。那天，迷惑于这时节凤凰花的开放，我问沈勇。沈勇告诉我，凤凰木开花本就两季：一季春，一季夏。花期最盛时，正是学校的毕业季和开学季。所以凤凰花的意象，往往又与校园、与莘莘学子、与青春，存在着些许的关联。

凤凰木是厦门的市树，凤凰花是厦门大学的校花。“叶如飞凰之羽，花若丹凤之冠。”这一回，我细细地打量，发现这一羽一冠，真是这植物最显明的特征。凤凰花有着含羞草的叶子，这一点正与合欢花相同。凤凰、合欢而含羞——那羽状的复叶，托举着满树红花，如华盖在天空铺展；长长垂悬的枝叶，精致、可爱、可怜，就像是浩浩晴空中脉脉含羞的一枝枝碧绿的羽毛。

（选自《文汇报》2019 年 8 月 27 日）

君子报仇

唐小兵

每次读到有关校园霸凌现象的报道和讨论时，我就会想起自己在少年时代经历的那些往事，就会庆幸自己从那个一度屈辱和难堪的时光里侥幸地走了出来，实现了与自我的和解。

作为一个不嗜辣、不喝酒、不霸蛮的非典型湖南人，我在少年时代曾经有一段迷恋武侠的岁月，经常舞刀弄枪地自我壮胆，就像走夜路吹口哨的夜行者一样。一些童年的伙伴每每相聚回首过去，也常常提到一个细节：我在已经拆掉重建的老房子一间卧室的门背后，曾经用黑色笔写上“君子报仇，十年不晚”。每每放学归来，或上学之前，其时个头矮小的自己都会凝视着这八个字，找时间练习“花拳绣腿”，希望终有一天能够一改文弱书生的样貌，不再受人欺辱。

幼年阶段身体发育迟缓，长相呆萌，看上去笨头笨脑的，父母担心我接受不了学校的功课，一直到八岁才让我入读村里小学，之前更谈不上读幼稚园。没想到从第一学期期末开始，我就长期占据了班级第一名的位置，班主任和各科老师对我也青眼有加，委以班长的重任。不过，我这个班长基本上是一个消极角色，从不在老师委派的任务之外主动加码，也没有“杠道少年”的优越感。可不知怎的，班上有好几个男生就是跟我过不去，总是想尽各种方法欺负我，比如将我小学时总爱戴着的黄军帽取下来戴在女生头上；比如放学途中，这几个来自隔壁村的男生总是在分道扬镳之后的另一条黄土大道上肆意地侮辱我，给我取各种羞辱性的外号，充满了挑衅的神态和动作。这种情形之下，我大都是忍气吞声或者忍辱负重。人们常说，只有你在乎的人才会伤害到你。可这些我并不在乎的人貌似也对我构成了某种心灵的伤害。只是如今追忆起来，就诧异当年的那个傻头傻脑的少年，怎么就从没有想到向老师反映一下这种情况呢？

我现在还记得一次刻骨铭心的经历。有一个同村的又瘦又高的同学也加入“外敌队伍”，经常变着法子跟我过不去，会在下雨天用泥泞的伞柄戳我的书包。那时候自己个头小，胆子更小，又不敢声张，所以就常常与一个个头差不多但更壮实的表弟结伴而行，寻求他的保护。记得有一次放学步行回家，一路欢声笑语地路过这个同学的家门口，他竟然莫名其妙地一个飞毛腿朝着我踢过来。表弟眼疾手快，一手接过那只飞来横脚，两手紧紧握住往后狠狠一推，这个男生应声倒地四仰八叉。我们迅疾逃离了“案发现场”，在一路狂奔的乡间窄路上心怦怦直跳，生怕他会穷追猛打，突然出现在我们眼前。现在回乡过年，跟亲人团聚，每次遇见这个表弟我还是心怀感激。

好不容易盼到了小学毕业，初中的美好生活在向我招手。因为我知道那几个男生大都不会再接着念书，即使读书，也未必会跟我同班。我以全乡第一名考进乡中学后，没过多久全体同学需要排座位，确定同桌。按照高矮顺序，我恰巧排在了两个从另一个村小学升学上来的男生的中间，而他们两人特别希望能够成为同桌，就跟我“私相授受”，希望我能够往前或往后挪一个位置，玉成其事。那时候的我虽个性软弱，却也有一份“木强”的底色，或者说湖南人的蛮劲，就是不肯顺从，要严格按照老师制定的规则来排座位。结果我就跟其中一位个性较倔强的男生成了同桌。

那时候的乡村中学已经配置了可以翻开半边盖子存入书籍、文具的书桌，中午我们就趴在书桌上午睡——这个规定强制性地养成了我午睡的习惯。我的愤愤不平的同桌在书桌内存放了一根又长又粗的铁钉，午睡时间总是在里面玩弄、比画，其实是含有某种威慑我的意味。开学没多久发下来各科教科书，没过几天，我发现自己的语文书的一角居然从封面到封底整体地不翼而飞，变成了一本“缺胳膊少腿”的“残障课本”。凭直觉我就认定是这个男生所为，可惜那时候的乡村中学也没有摄像头，我也拿不出足够的证据，质问他，他自然一口否认，做一脸无辜状。我只能徒唤奈何，内心里自然忧愤到了极点。

后来院子里一个老人过世，按那时候的风俗习惯，都要连着放几天露天电影。这是二十世纪八九十年代之交乡村公共生活很重要的一个时刻。同村刚结婚没多久的五舅过来看电影，顺道来我家闲聊。我记得那正好是一个周末，我也可以娱乐放松一下。我跟着舅舅一起看电影，就轻描淡写地讲了在初中受欺负的事情。五舅长得很壮实，个头虽然不是很高，但力气很大，在当地江湖上也算是一个角色。他听了之后也没说什么，我就把这个当作吐槽式的自我心理治疗，以为事情就过去了。

可到了紧接着的周一下午，我们正在教学楼的三楼某一间教室里上英文课，我突然瞥见窗外晃过一个熟悉的身影，定睛一看原来是彪悍的五舅正大步流星地穿过走廊，向教室后面班主任周老师的办公室（兼卧室）走过去。那一瞬间，我突然觉得整个世界都屏息静止了，一根针掉到地上的声音，估计我都能敏锐地察觉。我特别担心那时候有点“好勇斗狠”的五舅冲进教室，拎起我的同桌摔到教室之外或一顿暴打（尽管我曾多次在睡梦中梦见这一幕，做梦时大快淋漓，梦醒后浑身哆嗦）。好些同学都是认识我这个五舅的，齐刷刷地转身或转脸看着我。只听见五舅在班主任的办公室大声说道：我外甥要是在这个学校被人欺负了，我就找你这个班主任负责。听到这话，我难为情得恨不得找个地洞钻进去，可对于我五舅来说，这就是那时候的他解决问题的方式。我记得周老师很耐心地对他说：你放心，小兵成绩好，又懂事，很快就会获得同学的信任，不会被欺负的。五舅获得这个承诺之后，从办公室走出来，向着我那曾经不可一世如今瑟瑟发抖的同桌狠狠地瞪了一眼，就扬长而去了。

确实，如周老师所言，由于五舅的“积极介入”和同学们的信任，我较快地就在这个新的集体建立了某种类似于“威信”的东西，也当了班长。而同桌知道我背后有个这么厉害的亲戚，那以后再也没对我做小动作。初中三年总算平安无事地度过了。

很多年后，我在一次寒假回乡过春节，与父亲赶集回来走在乡村的那条直行大道上，偶遇了小学时曾经欺负过我的男生，大有相逢一笑泯恩仇之态，彼此面貌都变化很大——他一直在广州、深圳等地做生意，而我这些年客居沪上。其实他的父亲还是爸爸的朋友。我就跟父亲谈了一点小学时受霸凌的尘封往事。父亲很惊讶，他不知道那个每学期期末从学校捧回奖状的儿子其实同时还有一段在阴影之中的人生，问我为什么没有及时告诉他。无论是作为村支书、家长还是那个男生父亲的好友，都是可以很轻易地化解这一症结的。而我在漫长的岁月里居然选择了沉默，只是用门板上的“君子报仇，十年不晚”来自我砥砺，作为“弱者的武器”来自我调节。

我感到庆幸的是，这种委屈与怨愤并没有长久地牵缠我，以至于成为一种难以和解的心结，甚至影响人格和心智的正常发育，而是将屈辱转化为学习动力，将遭受霸凌变成自强不息。这或许也得归功于我天性里那一种对外界反应迟钝的憨傻和“谨慎的乐观”吧。

（选自《文汇报》2019 年 9 月 28 日）

木槿花与夏日里的鲁迅

钱振文

一、鲁迅博物馆院子里有两株木槿。

一株在鲁迅故居前边的一个小院，鲁博的人叫这个小院百草园；另一株在资料楼大门口左边绿地的边缘。这两个地方游客免进，所以能欣赏到这两株木槿的就只有我们这些在这里上班的人。

我和百草园里那株木槿的关系还要紧密一些。十多年前我来这个院子上班，馆长开始给我安排的办公室就是鲁迅故居前面一排平房中的一间，门口正对着大家所说的百草园。百草园是一片四五百平方米的空地，除了荒乱的野草和一丛竹子，还种了不少高树，大概有两株香椿树、三株柿子树，然后就是一株年头很不少、大约有二三米高的木槿。刚来鲁博的那年夏天，馆长交给我一个任务，需要阅读大量的资料，我就每天坐在那棵木槿旁边的亭子里喝茶看书。小院里非常安静，尤其是每天傍晚天光开始黯淡的时候。除了一声声清脆的鸟鸣，偶然能够听到木槿花掉落在我身后的砖地上。

木槿花的花期很长，整个夏天，直到秋天，木槿都在没完没了地开花。一批花盛开着，更多的露出来一点红色的花蕾躲在枝叶后面预备着。

木槿惹人注意，一方面是因为它植株高大。它是花树，既是花，也是树。资料室门口的那株木槿估计栽植的时间还不长，也就看起来不是很高，但百草园的那株木槿却是很高大的，顶端的枝条甚至超过了旁边的亭子。当然，木槿花是很漂亮的花，紫色的花朵一朵一朵掩映在一大堆深绿色的枝叶上，明艳诱人。鲁迅小时候爱读的清代人陈淏子的植物学著作《花镜》中说木槿“叶繁密如桑而小。花形差小如蜀葵，朝荣夕损，远望可观”。这里说木槿“朝荣夕损，远望可观”，是说木槿花早晨开花，傍晚萎落，所以木槿又名“舜英”，是说它倏忽而落的意思。有人说鲁迅的《朝花夕拾》的“朝花”说的就是木槿。但我们平常并不容易认识到木槿的这个特点，因为我们并不会一整天凝视着同一朵花。

二、木槿花给人带来许多关于夏天的记忆。

鲁迅博物馆的展厅里陈列着一件110年前的木槿标本，这个标本是鲁迅1909年夏天在杭州浙江两级师范学堂当教员时采集制作的。标本的左下角有一个制作人填写的标签，说明标本的采集时间是己酉年七月，采集地点是西湖岳坟。实际上，鲁迅博物馆保存了两件鲁迅当年采集的植物标本，除了这件木槿，还有一件是马蓼。

鲁迅是1909年6月从日本留学回国的。在杭州的两级师范学堂当教员是他的第一份工作，教的课程是化学和生理学，另外还担任植物学教师铃木珪寿的课堂翻译。铃木珪寿是日本人，当时两级师范有八个日本教师。据当年两级师范的师生回忆，那时候，每到星期天，鲁迅就和铃木一起带领学生到西湖、葛岭等杭州城郊的山野采集植物标本。国家图书馆保存着一份鲁迅1910年3月采集植物标本的记录，包括采集的日期、地点和标本名称。标本名称有很多是日语，我能完全看懂的部分只有采集日期和地点，罗列出来是这样的：

三月一日，孤山，一种；

三月八日，钱塘门内，二种；门外，五种；

三月八日，栖霞岭，十种；三月十三日，孤山，八种；三月十四日，灵隐，十六种；三月十五日，师范学堂内，一种；三月十六日，吴山，一种；三月二十日，本学堂，一种；三月二十二日，孤山，四种；

三月二十七日，栖霞岭，十三种；三月二十八日，玉皇山，一种；三月二十九日，栖霞岭及葛岭孤山，十种。

三月总共采集七十三种。

从上面的记录可以看出，鲁迅在 1910 年 3 月采集植物标本的次数达到了十一次，他有时候连续几天出去，并不是只在星期天才出去。当然，并不是每次采集活动都去野外，有两次采集就是在两级师范学堂完成的。据说，鲁迅曾经打算写一本《西湖植物志》，可惜后来没有完成。

三、1924 年夏天，搬到西三条二十一号新居不久，应西北大学的邀请，鲁迅到西安做了一次短期讲学。鲁迅这次讲学的题目是“中国小说的历史的变迁”，分六讲，是他在北京大学等大学讲过的“中国小说史”的缩略。这次讲学活动，鲁迅 7 月 7 日离开北京，8 月 12 日回到北京。这是鲁迅从日本回国后第一次长时间的旅行。自从 1912 年 5 月来到北京这个古老的皇城以来，鲁迅一直埋首于古书和拓片之中，他已经很长时间没有漫游在山野之间了。

这是鲁迅第一次来西安，但西安对鲁迅来说并不陌生。在来西安之前，鲁迅打算写一部长篇小说《杨贵妃》，因此，他对唐朝的地理、人体、宫室、服饰、饮食、乐器等都有过详细的考证和研究。他这次到西安去，除了讲学，还想到实地体验一下小说发生的背景。但也许正因为鲁迅从书本上得到的知识太多了，当真正来到现场，直观原来想象中的唐朝大都时，对古代西安的各种预期和概念就会扑面而来。结果，想象的丰富美好与现实的空虚破败形成强烈的冲突，冲突的结果就是失望。

在回到北京两个多月后写的《说胡须》中，鲁迅说：

> 今年夏天游了一回长安，一个多月之后，胡里胡涂的回来了。知道的朋友便问我：“你以为那边怎样？”我这才栗然地回想长安，记得看见很多的白杨，很大的石榴树，道中喝了不少的黄河水。然而这些又有什么可谈呢？我于是说：“没有什么怎样。”

在回想西安之行的时候，鲁迅能想起来的只有“很多的白杨”和“很大的石榴树”，这是很值得注意的。实际上，鲁迅在西安的活动还是很丰富的。除了上课，鲁迅还游览了大雁塔、小雁塔和碑林，看了四五场易俗社的演戏，买了不少弩机之类的古董。虽然看起来忙忙碌碌，但真正让鲁迅产生一点惊奇情调的事物和时刻是很少的。这些特殊事物包括月亮和白色的木槿花。和这些特殊事物相遇的特殊时刻就是鲁迅把身心安顿下来的一瞬。月亮出现的时间是7月18日，这天的鲁迅日记中有：“夜往易俗社观演《大孝传》全本。月甚朗。”陪鲁迅一起去西安的孙伏园在他的《杨贵妃》中说到了他和鲁迅在西安看见的白色木槿花：

> 到了西安以后，我们发见了一种极平凡的植物，为数实在可观，几乎家家院子里都有的，便是白色的木槿花。木槿花本是极平凡的植物，但在别处只看见一株两株，而且是红色的居多，从未有像西安的木槿花那样白色的一片。

在孙伏园的另一篇文章《长安道上》里，他也说到了西安的木槿花：

> 凡北方所不能种植的树木花草，如丈把高的石榴树，一丈高的木槿花，白色的花与累赘的实，在西安到处皆是，而在北地是得未曾见的。

有不少人在文章中说，鲁迅在西安讲学时所住的院子里种着一棵木槿，鲁迅曾经长时间凝视着院子里的木槿花，并由此产生了写作《杨贵妃》的想法。

我至今也没有找到这个说法的根据所在。这个说法夸大了木槿花对鲁迅的影响。但鲁迅和孙伏园曾经看见过、谈论过西安的木槿花却是真实的。我想知道的只是，九十五年过去后，西安城里一丈高的白色的木槿花还“到处都是”否?

（选自《文汇报》2019年9月28日）

高邮有家“汪味馆”

苏　北

在高邮“汪味馆”吃饭，饭后每人送了一小瓶纯手工制作的“咸菜茨菰”。茨菰切得薄薄的，与咸菜同炒，带回来用它就粥，别有一番滋味。

汪曾祺在《故乡的食物》中写道：“一到下雪天，我们家就喝咸菜汤……咸菜汤里有时加了茨菰片，那就是咸菜茨菰汤。”汪先生19岁离开家乡，几十年没有吃到过家乡的茨菰，汪先生写作风格一贯平实，可是在这篇散文中，还是忍不住抒发了一下：我很想喝一碗咸菜茨菰汤。我想念家乡的雪。

如今这个在高邮极其寻常的食物，却因为汪曾祺的文字，成了一个“文化符号”，走出高邮，走进了许多读者心中。

在高邮，汪曾祺这只“活鱼”（汪先生曾说自己是只“活鱼”），被“烹制”成各种味道的“美食”：汪曾祺故居、汪曾祺纪念馆、汪曾祺书房……连酒店的大堂、房间，都摆放着汪曾祺的照片和书籍。在他的纪念馆，将汪曾祺的菜单列了一大块展板，分为淮扬和京味两大类，达60多个品种。因此开一家酒店，做“汪味菜谱”所列种种，也是顺理成章的事。

“汪味馆”的菜肴当然要体现“汪曾祺”特色。汪先生曾自诩“这道菜是本人首创，为任何菜谱所不载”，被他称之为“嚼之声动十里人”的“塞馅回锅油条”，肯定是少不了的。汪曾祺的拿手菜：杨花萝卜、朱砂豆腐、大煮干丝、干贝烧小萝卜等，当然也是不可少的。高邮湖的湖鲜，这里的“独门”食材：青虾、银鱼、螺蛳、虎头鲨、鲶鱼、麻鸭和高邮鸭蛋等，绝对是主打菜肴，比如，蒜苗烧鲶鱼、水晶虾仁、金丝鱼片和红烧昂刺鱼，则为汪味馆的“扛鼎”之作了。

沾高邮湖的光，湖鲜当为“汪味馆”的重头戏。但也还是有一些食材，也不是说有就有的。比如酸菜黑鱼片，这个菜其实并不稀罕，稀罕在黑鱼必须是高邮湖野生的，每条重都在七八斤以上。这样的黑鱼现在不多见了。这种鱼，多是“打”来的。有一类钓者，专门从事这个“专业”，用一只假青蛙，挂在钓钩上，在黑鱼经常出没的地方“打”。黑鱼都是有“地盘”的，而且是成双成对的。黑鱼很凶猛，它的“地盘”不允许别的鱼“染指”。“打”的人要会看水，在水草多的地方，要能分辨出哪一堆草是“草窝”——黑鱼的窝，再用假青蛙轻轻去“打”。黑鱼吃食是很猛的，它往往误以为真青蛙跳入草丛，上来一口把假饵吞食，一条极大的黑鱼便被钓上来了。不过现在野生黑鱼也并不好“打”了。有时一天也只能“打”一两条，也有空手而归的。因此，吃到这样的鱼，就显得尤为难得了。这样的野生黑鱼，味道自是不同。所谓美味，总是要食材至上。

比如红烧汪丫，也是要用野生的。一条大约都在二三两。野生的汪丫都很瘦，不像饲料喂的，都挺个大肚子。红烧汪丫在大火猛攻之后，一定要文火慢炖。中途不能断火，断火再热，鱼肉必老，吃汪丫吃的就是一个嫩，因此在上桌前，要一直小火保温。上桌之后，搛上一条，入口即化，鲜美无比，如果再用鱼汤拌饭，那简直是人间至味。在餐桌上，我就用汪丫“卤子”拌了两次饭。可以说，人间食事，没有比这更美妙的了。

高邮“汪味馆”吃了一回，感到汪曾祺已不仅是一个文学现象，他已走进我们的日常生活。“汪味馆”生意蒸蒸日上，就是一个范例。关于汪曾祺的趣闻逸事，也已成为文人茶余饭后的谈资。记得学者孙郁说过，可惜给汪曾祺的时间太少了，他 60 岁以后才得以真正地写作。否则他就是当代的苏东坡呀！

是不是苏东坡咱不敢说，但汪曾祺在离世后的这 20 余年，其影响力已远远超过生前，这是不争的事实。

[选自《人民日报》（海外版）2019 年 7 月 20 日]

宋人的晚风

刘　中

殉　美

“舞蝶迷香径，翩翩逐晚风。”宋徽宗赵佶的精美之作不计其数，要说最打动我的，就是《秾芳诗》中最后一句。这首诗书写在绢本手卷上，最能表现“瘦金体”的犀利挺拔、流丽飘逸。这种“瘦金体”是从初唐薛稷的风格中发展出来的，其笔触精美，在媚妍中有锐利刚健；结构严密，笔画互相扣接得极紧，欹侧错综又极生动绮巧，好像精工锤铸的金钗玉簪，又像一位冷峻如玉的香草美人。

自宋以降，罕见有人触碰“瘦金体”，并非此字体不入时人法眼，而是太清高另类，有人尝试临摹，但画虎不成反类犬，貌合神离。只能供着、爱着，住在象牙之塔，又如白玉兰一样栖居在高高的枝头。

台湾美学教授蒋勋说，用毛笔的时候，有一个东西叫锋，从小写字，父亲叫我们要藏锋，写到结尾的时候要收回来。老子说，锋就是锋芒，锋芒就是最容易断的地方，所以中国的人情哲学说，你要装傻，你最好不要冒尖，那个尖就是锋，可是宋徽宗就是出锋的，他所有的瘦金体，就是把别人不敢放出来的锋芒，全部锋芒毕露，我们果然看到了悲剧。

在以中庸为本的思想文化里，如果没有宋徽宗，大概也太圆滑了，我觉得宋徽宗是这个文化里，唯一让我看到年轻、热情而敢于走向悲剧的人，他是一个真正创造了美的帝王，他其实对自己的生命太清楚，他的那首诗后面说：“舞蝶迷香径，翩翩逐晚风。”意思是，在开满鲜花的小路上面，他已经迷了路，他知道已经到了终点，一个王朝最没落的时候，他的最后是一个殉美的态度，他几乎是用美做了自己的一个殉亡。

“玩物而丧志，纵欲而败度。”每次读到《宋史》对他的评价，总是让人有些扼腕叹息。徽宗这个被西方美术评论家喻为“开创中国美术史上写实主义先河”的皇帝，他对国家的管理，一反祖辈传下来的文治武功、杀伐争夺、阴谋手段，把江山社稷的安危寄托在唯美的祝福中。在充满了道教神仙思想的徽宗看来，描绘祥瑞之物的工笔花鸟画不但是艺术创作，而且是祈祷国家和民族福祉的独特形式，也是治理国家的一种手段。对此，他迷信至极。他要在大自然中发现那些预示国家运兆的祥禽瑞草，并把他们图绘下来，永世珍藏。徽宗在赐宴时，常常向群臣宣示新作，昭示国运降临，如政和五年，他向赴宴者展示《龙翔池鸂鶒图》，群臣“皆起立环观，无不仰圣文，睹奎画，赞叹乎天下之至神至精也”，足以震慑群臣。这些被精心描绘下来的祥瑞将会给他的统治带来信心，从中自我陶醉、乐而忘忧。如端门上空的白鹤、玲珑石上的瑞草、芙蓉枝头的锦鸡、杏花枝上的鹦鹉，使徽宗和臣子们沉浸在这些繁花似锦的“国运”幻境里，辉煌一世的大宋王朝慢慢走向衰落。

在迷离的眼神中，我们读到了他的诸多无奈。一个艺术修养与南唐后主李煜极其相似、甚至认为是其转世还身的皇帝，起初人家根本没想过要做皇帝，他只想做个真实的自己，一个幽居宫中、寄情山水、丹青涵泳的文艺青年，而历史却把这样一个毫无野心的人推上了金銮殿。似乎悲剧开始之前总要写下唯美的伏笔，然后无情地撕碎这种美。一场波澜不惊的宫闱争斗，他稀里糊涂地当了皇帝。他的善良品性、道家无为而治的信仰、文艺青年所特有的神经质，让他无力挽救一个从巅峰走向没落的大宋王朝。与历史上那些靠血腥暴力、翻云覆雨、耍权弄术的皇帝相比，他在治国理政方面的确非常幼稚。从小在宫廷里长大的他，不知民生之苦，不知生存之艰，不知人心险恶，乌托邦地空想着天下大同，把自己的追求当作大众的追求，把唯美唯善的向往当作天下苍生的向往，这种脱离实际的追求向往，生产力与生产关系的严重脱节，酿成了国家的彻底崩盘。但是，我们的历史上少了一个光耀千秋的明君，多了一个让世人景仰的艺术大家。他的飘逸绝尘、他的多愁善感，只可羡慕啊。我仿佛看见，宋朝的天空飘着淅淅沥沥的细雨，在繁花簇拥、舞蝶翩翩的亭台中，他手挥五弦，目送归鸿，任流水之潺潺、落花之飘飘、太古之悠悠，哪里来的千年江山，哪里来的万古流芳，只有此生，只是此时，只要此刻——任我徜徉的缥缈云端。

关于徽宗的个性特质，我努力致力于用西方美学、心理学来解读。因为，在中国的传统观念中，这种人无法得到同情，政治上的污点是最大的污点，跳进黄河也洗不清。我主要想从人性的角度探究他的疯狂，是什么原因使他那样为了艺术而搞得国破家亡。在尼采的《悲剧的诞生》中，他说，艺术之有害于艺术家。如果艺术强烈地吸住了一个人，就会引他去反顾艺术最繁荣的时代，艺术的教育作用是倒退的。艺术家愈来愈重视突然的亢奋，相信鬼神，把自然有灵化，厌恶科学，情绪变化无常，如同古人一样，渴望颠覆一切不利于艺术的环境，而且在这一点上如同孩子那样偏激不公。艺术家本来就已经是一种停滞的生灵，因为他停留在少年及儿童时代的游戏之中，现在他和他的同时代人之间终于发生剧烈的冲突，有一个悲惨的结局，就像根据古代传说——荷马和埃斯库罗斯那样终于在忧愁中活着和死去。

这些解释，仍无法完整地给一个为艺术而疯狂的理由。

也许唯美的东西，根本不需要解释。

荆棘鸟为了能唱出悦耳的声音，不惜以生命为代价，把自己扎死在荆棘上完成世间最美的绝唱。

疯狂的人，你的世界别人不懂。

黄州与忻州

寒食，又想起东坡。那一年，我从燕赵调到晋北，在那个上巳节，一遍遍读着林语堂先生的《苏东坡传》，写下：黄州与忻州，东坡与刘某，虽千年相隔，但心与神会，那时花开，恍若眼前。

从没想过牵强附会于千古名人，只是把他当作我的精神偶像，一位才华横溢、热爱生活的老乡罢了。每当有些失落，总不免想起他的词阕、他的书法。

《黄州寒食诗帖》，是东坡道人贬谪黄州第三年寒食节所发的人生之叹。字句苍凉多情，欲语无泪。

在黄州一个破陋的土屋里，身为团练副使的他黯然度过寒食，彼时已逾三年。正如任贤齐唱的"春天花会开，鸟儿自由自在"，可是啊，他的春天到了吗，这样草长莺飞、万花迷眼的日子为谁而来、为谁而开，亲，没有心情呐。天空灰暗，孤独如影随形，房前的海棠花开了，燕子已回来了，可连月阴雨，蒙蒙水云，此心无法释怀。

日子在灰暗的天空中流逝。不管发生了什么，日子还得继续。起床吧，老睡觉也不是事。弄点饭吃，洗了洗锅，也没什么好吃的，煮点咸菜。湿湿的芦苇塞进小土灶，几次都点不着，点着了，满屋子都是烟，熏得眼睛流泪。青烟穿过裂壁，和着碎雨飘上树梢，这是什么日子呀？啊，是寒食。江水东行，有鸟南飞，我的春天，何时到来？

忻州，一个人住在老房子里，空空如也，八面透风，一觉醒来，四周漆黑，大风刮得窗户砰砰响，又坏了一块玻璃。

披衣关窗，无奈年久已锈。

我的老房东心好，临走时把房子里的旧床、沙发、碗筷全留下，分文不收。

周末，太阳已高，该起床了，早过了开饭时间。用钢丝球蹭掉锅上厚厚的油污，点火煮方便面。几次点火，不着，还好，有气，用打火机点，着了，欣喜之极。砰砰砰，有人敲门，该走错门了吧，谁还会到我处串门。来人道，没错，就是找你，收煤气费。

蹬上鞋，出去走走，见一书店，问有黄庭坚的字帖没有，小女子几分姿色，但压根没听过这名字，说有庞中华的字帖，挺好的，给孩子买挺好。

想起了这里有位金代词人元好问。"问世间情为何物，直教生死相许。"这么多情浪漫的大才子，该是怎样一种风花雪月。忻州人拿他的名号“元遗山”为一条街道起名，除了一座接一座的现代建筑，古风词韵之境在何方？

在北方时间太长了，所有的青春，都付给了这一片天空。与东坡相比，我享受更多的阳光，北方冬日暖阳无私地照耀着我们时，又多了一分不舍和眷恋。

东坡笔下有琴、有书、有美食、有仙人，可他毕竟是个仕途中人，即使身贬黄州，不免“也拟哭途穷，死灰吹不起”，人生的际遇里，以出世之心对待入世，一生起起伏伏，颠沛流离，是治国平天下，还是为了亲爱的人，反反复复，亦真亦幻，不得而知，他的明月青天，他的大江东去，他的黄河之水，他的西湖西子，让人掉进去，如进一个酒缸，短暂的欢娱，忘却蝇营狗苟，一时不食人间烟火，忘记了皇帝的存在，浮游于云端，徜徉于江海……是梦，是幻，相忘于江湖。

东坡那样的人，都歇不得，何况我们。

如今念他的词也是一种奢侈：何时归去，做个闲人，对一张琴，一壶酒，一溪云。

（选自《黄河》2019 年第 1 期）

所有人在时光里走来走去

李　娟

重看一遍周星驰的《少林足球》。发现一个细节，阿梅向周星星告白的背景音乐是《索尔维格之歌》。

我第一次听这首歌，是出自自己的演奏。

那时候我十八岁，自学吹口琴，买了一本自学教材，整天呜啦呜啦地练。等到能吹顺溜教材上面所有的练习曲谱了，又开始寻找新的曲谱。

那时我在北疆一个闭塞的哈萨克乡村当裁缝，青春被倒扣在铁桶之中，却并不感到压抑。野蛮而汹涌的希望，在混沌中奋力奔突。

有一天我照着旧乐谱里的一段简谱，吹出了这首歌。

在乐谱里，紧挨着《索尔维格之歌》的下一首，是《重返苏莲托》。从此，我固执地认为这两首歌之间有坚固的联系。

前者是沉沦和被抛弃，后者是飞驰和抗拒被抛弃。我长到十八岁，感到生命中有大欠缺，又感到只需这两首歌，就能饱满地填补一切。我收获了两首歌，拥有了一切。随之又立刻感到欠缺更多，更更多。

我一遍又一遍地吹奏这两首曲子。那时，我好喜欢自己的十八岁。我觉得全世界唯有十八岁这个年龄最适合自己了。十八岁的时候，我想去好多地方，最后只见一个人就够了。

又过了十年，我才听到我口琴之外的《索尔维格之歌》的版本。那时，初听这首歌时的情绪仍稳稳当当顶在胸腔。二十八岁的我，好喜欢自己的二十八岁啊。强烈感觉，似是只有二十八岁最适合自己。二十八岁的我，想去好多好多地方，想见到很多很多人。

此时此刻的荧幕中，阿梅正极力掩饰人生的种种难堪。她用尽青春中最大的勇气，问出一个问题，然后得到拒绝。她感到绝望。可狼狈窘迫的人生啊，还是得继续下去。于是她笑了……作为背景音乐的《索尔维格之歌》若有若无，时断时续。人间悲喜明明灭灭。我找出口琴，吹了两下，很快顺着旧日感觉吹出了两段旋律。此时此刻，除了三十八岁，我对什么年龄都不满意。我真心喜欢我的三十八岁。此时此刻我哪儿也不想去了。但是，至少还想见三个人。

（选自《散文选刊》2019 年第 6 期）

集句或提灯

汗 漫

一、生涯在镜中

刘禹锡诗句："世上空惊故人少，集中唯觉祭文多。芳林新叶催陈叶，流水前波让后波。"

年轻时，熟诵后两句。人到中年，前两句醒目惊心。

"山围故国周遭在，潮打空城寂寞回。淮水东边旧时月，夜深还过女墙来。"

写南京，刘禹锡像在写一个人的中年：渐渐衰弱的身体如故国空城，周遭有无穷寂寞，拍打着鞋子、裤脚，月亮在夜深人静时翻过衣架而来……

刘禹锡的另一首诗，更著名："沉舟侧畔千帆过，病树前头万木春。今日听君歌一曲，暂凭杯酒长精神。"依然像写中年、晚年：一个人于沉舟病树旁回望万木千帆的青春期，请饮酒，须振拔。

近期读另一位唐朝诗人李益，名字陌生，像诗坛新人，绝对没刘禹锡那样醒目。其诗《立秋前一日览镜》，亦为中年意绪，标题直白如新诗。诗云："万事销身外，生涯在镜中。唯将两鬓雪，明日对秋风。"

"万事销身外"：万般世相在身外——身体是边界，边界内是一个人逐步萎缩的国土。"生涯在镜中"：在镜中、这一池秋水中，打捞青春与盛夏？"唯将两鬓雪，明日对秋风"：用两鬓白雪（即使用染发剂也压抑不住的两鬓白雪），迎接寒意的降临。

当代诗人张枣《镜中》的名句："想起一生中后悔的事，梅花便落满了南山。"从镜子这一角度来回顾往昔，那后悔的事情更加明晰。

好女子永远像新娘，好诗永远像新作，好诗人永远像新人，让尘世的每一年都是新年。

二、闲登小阁看新晴

“金针刺破桃花蕊，不敢高声暗锁眉。”古典言情小说有这样的艳句——低调的爱，充满了魅惑力。当下，互联网时代，博客、微博中虚拟、仿真的喘息声、叫床声，此起彼伏。

不知当代“金针”是否镀金。今天的“桃花”因含药的春风日夜绽放。

唐代杜甫，一个端正的人。“花径不曾缘客扫，蓬门今始为君开”，却让我想到女人的双腿通往阴暗处的花园。

清代阮元“交流四水抱城斜，散作千溪遍万家。深处种菱浅种稻，不深不浅种荷花”，让我想到男女在床榻上的交流与劳作……

这样的联想，是进入晚年的一种标志——想象力强于行动力，且总是指向青春、美。

年轻人的色情、有颜色的感情，是天真、自然、干净的。在中年、晚年，一个陈旧、疲倦、皱纹如同尘埃层层堆积的人，如何抵抗恐慌与纷乱？

南宋诗人陈与义提供了一种方法——

“忆昔午桥桥上饮，坐中多是豪英。长沟流月去无声。杏花疏影里，吹笛到天明。二十余年如一梦，此身虽在堪惊。闲登小阁看新晴。古今多少事，渔唱起三更。”（《临江仙·夜登小阁忆洛中旧游》）

在南方僧舍里，陈与义回忆北宋洛阳的生活——洛阳纸贵时代的生活，“谁家玉笛暗飞声，散入春风满洛城”（李白）。然后写自己的句子，平淡中隐含曾经的绚烂，从记忆，到语言。

一个人由绚烂少年到平淡中年，再到逼仄晚年，也在历经一次又一次的“南渡”——时间的金兵步步紧逼，人生渐渐失守、撤退、偏安。

读陈与义“闲登小阁看新晴”，很必要。没有小阁楼的人，乘电梯到楼顶去看一看满城灯火，很重要。

三、集句或提灯

思想家梁启超是集句高手。书生集句，美人插花。

梁启超一口气能集出几十副佳联，像美人一口气能插出几十个花篮：

“寒雁先还（宋·辛弃疾），为我南飞传我意（唐·韦庄）。江梅有约（宋·程观过），爱他风雪耐他寒（宋·朱希真）。

燕子来时（宋·王晋卿），更能消几番风雨（宋·辛弃疾）。夕阳无语（宋·张耒），最可惜一片江山（宋·姜夔）。”

……

梁启超线装版的身体内，有一个美好汉语不断重组整合而成的大花园。

美学家朱光潜读了读梁启超的集句，笑了，走到自家小庭院中散步。秋天里，地上积一层落叶。来访者欲清扫，被谢绝。朱光潜说：“我等了好久才存了这么多落叶，晚上在书房看书，就能听见雨落下来的声音，风卷起的声音。”朱光潜有一双好耳朵。他体贴、体认着周围的事物，用整个身体来爱这风雨尘世。

朱光潜对韩愈在一个月夜里听贾岛吟诗“鸟宿池边树，僧推月下门”，建议把“推”改为“敲”这一美谈，有异议：“推”固然鲁莽，但表明僧人散步归来须自推寺门；“敲”就显得寺里有人，没有“推”的孤冷，且敲门声也会“惊起宿鸟，打破沉寂，也似乎平添了搅扰”。

一个集联的人，三个在细节中推敲的人，都有着孩子般的天真，我喜欢。那些着眼大局、放眼未来的人，很可敬、可怕。当下，物质化的时代，没有雨打落叶、推敲门扉的声音可以听取。我阳台一角下水管内哗哗啦啦的声音，是声音中的废品，让耳朵成了垃圾箱。我假装自己居住在溪水边、瀑布边，但不敢拉开窗帘看见窗外的大街和楼宇。

一九五〇年，教师思想改造运动中，朱光潜没心情读梁启超的集句，也没有一个安静的院落来收藏秋意。在会场，看小女儿被组织安排走上主席台去批判自己的父亲，朱光潜微微笑着、谅解着。但一个非常喜欢他的女生上台点名批判老师的时候，他流泪了。一种美好的情感被摧毁了，像江河溃堤。

英国小说家麦克尤恩认为："构成道德的基础是想象力本身。想象力使我们能够设身处地理解他人。残酷的行为归根结底是想象力的失败。"五六十年代，革命化的极端政治年代，中国人的想象力普遍失败？

政治压力之下，朱光潜在《新观察》发表文章《澄清对于胡适的看法》。远在海外的胡适看到了，将文章粘贴在日记中并题注："这是一个会做文章的人。"朱光潜与胡适是多年共事的旧友，在一九四九年分道扬镳。胡适说："他为难，只能这样写，但的确写得好。"

在台湾，哲学家陈之藩也写了一篇关于胡适的散文《在春风里》，记载一事：陈向胡借了四百美元，之后马上归还。胡适说："之藩兄，你不应该急着还掉这四百美元。我借出的钱从不盼望收回，因为我知道我借出的钱总是一本万利，永远有利息在人间的。"说得真好，充满了想象力。这样的人、钱、想象力，真好。我目前的那一点钱，本金、利息在银行里萎靡不振，毫无想象力。

一个胡适，两种乃至更多种的表达，胡适都谅解、都爱。所以他有无限的利息在人间。

梁启超、朱光潜、韩愈、贾岛、陈之藩、胡适等美好的人，早早晚晚地离开尘世，成为古人了。美好的前贤，让后人们觉得这尘世尚可一恋。画家吴冠中说："光天化日，提灯觅人。"寻觅那些有想象力的人们，灯，在光天化日下亮着，像一种悲伤的仪式。

吴冠中还说过一句话："美是一种邪气。"当然，这邪气不是邪恶之气，而是诱惑力。美言、美声、美行、美人，的确都带一点邪气、诱惑力，像剑走偏锋才痛快犀利——那是一种胜利了的想象力。

吴冠中的画笔喜欢越轨、变形，充满可爱的邪气——他笔下，江南的庭院山水，适宜妖精们携带着美，出没游春。

（选自《散文选刊》2019 年第 3 期）

待物的心态

张宗子

逛跳蚤市场多年，容易激动的习惯始终改不掉。

遇到喜欢之物，不仅喜形于色，还像和店主争辩似的，拼命夸赞，又引经据典，娓娓道其来历；仿佛任何一枚开元小铜钱，都是李白把玩过的，何止是把玩，还是在胡姬当垆的店里，拿银子换酒找零头找回来的。

成了老朋友的邮币店老板，以前经常告诫我，永远摆出一副扑克脸，看中一样东西，不要径直拿起，先拿别的，挨个问价，看中的夹在中间。做不到这两点，只好当冤大头。

他告诫我是为我好，更因为我首先在他那里当了冤大头，而且当得太容易，连他都觉得不好意思。我买过他一枚先秦环钱，上头一个“蔺”字。蔺相如的蔺。书上说非常珍稀，标价一万，他只要我一百美元。事后忍不住问：为何卖这么便宜？他笑眯眯地讲：有个多年的供货人，在香港，古董生意做得很大，成集装箱地从内地进货，都是青铜器呀，瓷器呀，明式家具什么的，偶尔混进一盒子古钱，他完全不在意，也不懂，随便就卖了。“我得来便宜，差不多是人家白送的，加点钱卖出去，大家不是都高兴嘛。”我想，是这个理儿。

在潘家园，再遇到类似的事，就不觉得奇怪了。那时一枚北宋大铁母，市场价几千块，我买了一枚，只花六百。递出六张花纸头，顺口问两位农民一样憨厚的摊主：品相这么好的铁母，我以为至少三四千，你们才要六百。一位摊主从容答道：货卖识者，师傅一看这样子就是读书人，是真懂行的，我们就愿意卖给你这种人——少赚点不是事，哪儿都能补回来。我想，是这个理儿。

在德胜门小店，看见一枚直隶局的咸丰钱，个头超大。超大的，书上说是样钱。问价，才百把块钱。心里不踏实，问老板，一个热情的北京或河北小伙子：是样钱吧？把你的书借我查查。老板说，什么样钱不样钱，乡下收来的，喜欢就拿去，反正我也不懂。我想，乡下收的，肯定不假，他不懂，难怪卖这么便宜——捡漏喽。赶紧交钱走人。

人有了经验就变“坏”，这是一定的。二十年过去，扑克脸大概学会了，故意先挑不想买的东西问价也学会了。翻砂伪造的蔺字钱，绿胶绿漆改刻文字的北宋铁母，做了人工包浆的清钱，轻易不会打眼了。但最后我发现，眼力、经验、技巧，都是小节，人改变不了的，是性格和习惯。

收藏者看别人的东西眼光苛刻，因而锐利，看自己的东西宽容，因而迟钝。看别人的东西，专心找差错；看自己的东西，专心找优点。做鉴定，最好交换着看。我的毛病是，看谁的东西都是专心找优点。在市场上，发现了疑点，不是立刻罢手，而是千方百计找理由说服自己：东西没问题，是好东西。艺术品与人一样，身材、容貌、气质、修养、性情，各个不同，各有特点，你若喜欢，就只看到喜欢的部分，而且越看越喜欢。伪造的古董亦然，有仿造得好的地方，也有露馅的地方。古人说，一件器物，方方面面，一伪皆伪，处处过关尚且未必是真的，何况一处或多处露了马脚？然而在我眼里，看到斑驳华美的麒麟皮，优雅的麒麟角，纤秾合度的躯干，哪里想得起来看脚？即使看到了马脚，也会想，是穿了一双马皮的靴子吧！穿了马皮靴子的麒麟，当然还是麒麟。

我买东西纯为好玩，买的都是不值钱的民俗物件。一个麒麟送子的残缺小瓷罐，朋友说是清末民窑的，才花了八块钱，但我很爱惜。在书架上找书的时候，拿起来看一看，觉得如鲁迅先生所说，可以窥见一百多年前普通民众生活的场景。还有一尊五彩人物将军罐，中间一棵大松树，其下三男二女，左边，仕女在窗边交谈，右边，男士们站在庭院，一人手指天空，绛云里小舟一叶，舟中一人操兰桨，面前一小几，几上别无他物，只有一只酒壶。这是什么故事呢？不得而知。可见读书还是少。

在旧货市场初见这罐子，心想，那绿油油的颜色，不是典型的康熙吗。再看罐身和罐盖，瓷色古朴，遍布褐斑。不由分说，讨价搬回。搁架上看了几天，感觉不同了：釉的白色显得枯干，松针的绿过于浓厚，而人物的脸庞和衣服，有些僵，也有些粗，和八元的麒麟送子罐大同小异，那么，如果不是假的，顶多是清末仿的。

一件东西没到手的时候，隔江听雨，仰之弥高，想着怎么好，看上去就是那么好。一旦归为己有，最初的兴奋过去，以平常心视之。眼中本色毕现。粗是粗，精是精，艳俗的，艳不能掩其俗，朴素的，朴素中有华丽，绮靡的，要么绮靡到一塌糊涂，要么细看之下，绮靡中透着高逸。天性随和的人，对世上一切事物，因无提防之心，不可能永远睁大眼睛，自然免不了吃亏上当。但尘埃落定后的澄澈，另有一番妙味。在一种诱惑面前的失败，就成了这种诱惑的最好防疫针。

（选自《南方周末》2019 年 5 月 23 日）

沉默的河流

北　乔

一

一缕淡蓝色的烟先是弯曲而上，渐而慵懒地散开，呈弥漫状。这让我想起故乡的炊烟，村庄会因炊烟而显得格外宁静，这一刻，整个村庄都是辽阔而美好的。已经很多年看不到故乡的炊烟了，而且再也无法重逢。村庄还在，但不是我儿时的那个家园。不再有人用柴火做饭，炊烟随着岁月一同隐去。这淡蓝色的烟离我很近，高度也只刚过前额，可我还是把手搭在额前，做出眺望的姿势，想是要寻回那走进遥远之中炊烟的感觉。我以为他会咳嗽几声，哪怕只是一声，哪怕只是装作咳嗽。可是没有。这淡蓝色的色，让周围更加地安静，让这里的静止更甚。

他坐在墙根下，不，其实是蹲着。我爷爷当年就喜欢这样。靠墙、靠树，但凡可以倚着的，他就这样蹲着。无依无靠，他还是这样蹲着。聊天、晒太阳，这样蹲着。吃饭时，桌子、板凳，他不沾，夹些菜塞在碗里，到门外晒场中央蹲着。也没见他东张西望，吃得很专心。不坐不站，蹲着，似乎是我们最爱最常用的姿势。不知为什么，蹲着，让我们更舒服更自在。他不是我爷爷，尽管他蹲着的样子特别像，手中的水烟杆，也让我十分熟悉。他身后是高高的土墙，深红色，如同风干的血液。没有丝毫血腥的感觉，倒像我儿时家中的那些家具。这是怎样的一种深红？明亮潜在幽暗中，酱红与浅红的混合。我母亲有一只这样颜色的箱子，听她说，这是她唯一的嫁妆。这是一个松木做的箱子，原本的漆是大红色的，后来渐渐和母亲脸色一样了。

这土墙可没有人工染色，而是土地本身的颜色。只是在夕阳的渲染下，有些沧桑。老人并没有挨着墙蹲，而是与墙间闪出一条缝，保持最大限度的靠近。

此刻，这个叫红堡子的地方，天空晚霞静寂，地上的土墙如同晚霞的另一种形态，站在大地上表达一种永恒。四周高高的土墙，墙内的民房，大多也是这样的红，偶尔夹杂其中的铝合金和玻璃，倒像迷了路，显得十分茫然与孤单。登上高处，茫然的是我。这个近正方形的堡子，像一条古老的船停泊在现时的码头。转眼之间，我又觉得它是一条河，在静态的外表下，依然在潜行。

周围的村庄，房子有新有旧，有的醒着，有的在沉睡。它们就像一群人的面孔，代替低头走路的人们仰望天空。堡子是村庄的最高处，站在土墙上，感觉远处的山也在脚下。想当年，堡子是家，更是军事城堡。这是何等的威风，高高在上，雄观四方，真如一武将。而今，所有的荣耀都像尘埃一般落进历史深处，堡子在老去，寂寞倒如野草般疯长。

这是一段奇妙的路程。时光在这里聚集，又无序地穿行。我每一步都走得实实在在，但还是迷失于岁月的叠加之中。堡子的大门是明代的，四周高高的土墙是明代初期筑建的，那些散落于堡子里的高高低低的土墙，最早的也是明代的。最北面，也就是堡子最里面的老屋是清末的，其他的房子是近些年的。小小的堡子里，历史与现实交错，相互独立，又彼此依偎。我走几步，就跨越了数百年。抬头一望，目光瞬间就能抵近历史的深处。我变得小心翼翼，蹑手蹑脚，生怕吵醒那些未知的沉睡。

二

红堡子最早修建于明朝，因筑墙建房所用土为红色，故称红堡子。红土是就近取的，但因这堡子是明代开国皇帝朱元璋降旨筑建的，便有了特殊的意义。圣旨从遥远的南京而来，真可谓跨越万水千山才到了远在边塞的甘肃临潭县。对苍茫高原上的人们而言，江南水乡当是远方的远方，在生活的世界之外。领旨的刘贵、刘顺父子，非但不陌生，还尤为亲切。这道圣旨，皇恩浩荡之中，带有浓浓的故乡之气息。据相关资料记载，刘贵，明代昭信校尉管军百户，安徽省六安县人。青年时参加元末农民大起义，后归附朱元璋部转战安徽、山西、河南和甘肃等地，洪武十三年（1380），刘贵父子奉命调往洮西防御，进攻寺古多等地(今流顺沟口一带)。同年十一月，明太祖朱元璋降旨给刘贵在洮西“开占土地，尔招军守御”。

十多年的刀光剑影，十多年的背井离乡，最后落在高原之上的临潭，这是刘贵父子没想到的。不知道刘贵父子在听闻“圣旨到”的呼声时，是欣喜，还是忐忑不安？但接下圣旨的那一刻，手中的皇命重，心头的悲凉更重。

跪领圣旨，这一跪，就彻底告别了江淮风物，故乡永远丢在了遥远的地方。在别人眼里是莫大荣耀的圣旨，像一根绳拴住了刘氏父子，无法挣脱。当然，刘氏父子也是幸运的，好歹还是还在历史上留下了名。成千上万的江淮男儿在临潭落下了根，站在高高的土城墙上，爬上最高的山头，也看不到故乡的。他们没有圣旨，没有在历史上留下名字。唯一留下的是子子孙孙，和从故乡带来的风俗习惯，以及延续数百年，还将绵延的乡愁。他们总觉得自己像风筝，细线的一头连着故乡。

岁月可以摧毁一代代人，乡愁反而愈加坚韧。但凡遇上江淮人，尤其是江苏人来，临潭人总会说及他们的老家在应天府竹子巷（今江苏南京的蓝旗街），说不定还哼唱几句《茉莉花》。这几年，也有不少人去竹子巷寻祖。他们知道回不去，也知道那个口口相传的地方，不一定就是当年先祖生活的地方，且现在早已没有了当年的一丝痕迹。去，其实是到现场完善心中的想象。站在巷口，站在那传说中的地方，就是和生命的根接上了。这样的举动，物质性极弱，更多是心头的呼吸，是虚拟的，是生命里无法抹去的无形刻度。正是这样的虚拟，力量反而极其强大。因为，这融在血液，看不到，分辨不出，但心跳声中有。

圣旨是要供着的，但刘氏父子心中供着的是故乡。那里有熟悉的父老乡亲，有一起玩大的伙伴，有熟悉的小桥流水。在他们心里，这叫着“家”才合适。

不是“老家”，是“家”。红堡子，只是临时生活的地方。

故乡，多半是回不去的地方。家，是要回的。1393年5月，刘贵亡故。其子刘顺上奏朝廷，要求承袭其父以前的山西大同前卫前所守御之职。这应该是欲离开边塞的托词。真不知道这十三年，刘贵父子多少次梦回故乡，聊过多少次有关回乡的话题。无从猜测，也难以想象。然而，父亲刚过世，儿子刘顺急切上书，足见他在异乡的深愁，想念家乡的那份苦。临潭的海拔2800多米，又处于藏区，能回山西，虽离老家尚远，毕竟好得多。朱元璋不仅没同意，还把洮州卫城西南更名为“刘顺川”，算是安抚，也是让刘顺彻底断了离开的念头。

一个小小的昭信校尉，能让皇帝专为其下圣旨，而且刘氏家族先后五次领到三位皇帝的圣旨，并不多见，至少在临潭，就目前所现的史料记载，是唯一的。在明代时，临潭像红堡子这样的堡子有一百多座，为什么皇帝对红堡子的刘氏家族如此器重？原因一定是有的，只是我们目前尚不得而知。现在，到红堡子已经很难见到这五份圣旨的真容，两份遗失，三份原件被刘贵刘顺的后裔老刘私藏，制作粗糙的复制件放在同样粗糙的木质镜框里。这样的粗糙，更能显现历史的沧桑和难以辨析的本来面目。

至于这五份圣旨背后到底发生了什么样的故事，恐怕和许多历史的真相一样，永远无法知晓。那些真实发生过的往事，参与了无数生命的行走，并随着这些生命的消失而隐于岁月深处。

（选自《花城》2019年第5期）

空山一声松子落

潘　军

怀君属秋夜，散步咏凉天。

空山松子落，幽人应未眠。

——韦应物《秋夜寄丘二十二员外》

中唐诗人中，韦应物的五言绝句，一向为诗论家所推崇。明胡应麟在《诗薮》中说：“中唐五言绝，苏州最古，可继王、孟。”大学课堂上老师讲到唐诗五绝，势必会引用沈德潜的《说诗晬语》：“五言绝句，右丞之自然、太白之高妙、苏州之古淡，并入化境。”——看来韦苏州的“古淡”，历代诗论家的评价很一致。“古淡”这个词，字面上看起来就直白，也舒服，但解释起来又有些玄乎。在我这里也还是依字面而解，即古朴淡雅。韦应物这首五绝，落笔从容，言简意长。不求语言之华丽，却有结构之跌宕，让人读来韵味隽永。这古淡，让我想起倪云林的山水、八大山人的墨荷。

按王国维的划分，这首诗乃是“有我之境”。静夜听见几声落下的松子，便思念起远方的幽人，即是“以我观物，故物皆着我之色彩”。丘员外即丘丹，苏州嘉兴（今浙江嘉兴市南）人。初为诸暨令，后为尚书户部员外郎。贞元初，归隐临平山。丘丹也是中唐诗人，与韦应物是好友，二人时有唱和。如《和韦使君秋夜见寄》：

露滴梧叶鸣，秋风桂花发。

中有学仙侣，吹箫弄山月。

几年前我在京城寓所曾经画过一幅《霜林醉》，画上题句虽用了李白“人生得意须尽欢，莫使金樽空对月”，但取意却是韦应物的那首《淮上喜会梁州故人》——

江汉曾为客，相逢每醉还。
浮云一别后，流水十年间。
欢笑情如旧，萧疏鬓已斑。
何由不归去，淮上有秋山。

显然，这画中的人不是李白，也非韦应物，只是一个失意落魄且又满心欢喜的古时醉汉。身份不明或者没有身份。人这一生，何为得意？又何为失意？有时候界限是模糊的。一时的得意也许会换来终生的失意，现实中的艰难遭际，也可能赢得历史上的辉煌。我作这画，是因了那句“浮云一别后，流水十年间”，这种久别重逢的喜悦，是人生一大快意，与失意得意无关。韦应物这首五律，后两句，亦即末联，也作“何因北归去，淮上对秋山”，究竟哪是讹传，至今没有结论。但二者的意思大不一样，一是留，一是离。但无论怎么理解，都还是说着一次“喜会”，当然也是悲欣交集。于是不禁想起了 1961 年，吴宓南下广州探望病中的陈寅恪，那是这两位清华故人在这个世界上的最后一面。离别之际，陈寅恪似有预感，遂赋诗纪念——

问疾宁辞蜀道难，
相逢握手泪汍澜；
暮年一晤非容易，
应作生离死别看。

自我回到故乡，便有机会与往昔的小学、中学的同学相见，有的同学已经是长达四十多年未见，真可谓“欢笑情如旧，萧疏鬓已斑”。但同时又因此与一些朋友疏离了——以前驻京，除京城所在的朋友彼此走动外，还时常会有外地的朋友到访，相见也是十分惬意。如今突然间失去这些，难免会有所失落。

夏天的时候，我因一部戏的筹备，去大连看景。一个晚上，在滨海的一座酒吧和当地的同行闲聊，不知怎的就谈起了一位朋友，或许因为他是生于这块土地的缘故吧。他的年纪稍长于我，我们也曾是同行。不过，我说他是我的朋友，其实我们之间连一面之缘也没有，我只见过他的照片，平常朴素的面貌，带着稚气的微笑，让你觉得仁义慈爱。他必定不知道我的，而我这么多年来一直对他很牵挂。对这种关系，大家也并不觉得奇怪。我想，他也应该是他们的朋友。所谓千里神交，有如面对，虽素昧平生，却是咫尺天涯。

由大连回来半个月后，那天我在江南的池州，正与几位友人喝茶，忽然就从手机里看到了他离世的噩耗，不禁悲由心出！那一晚，手机里都在说着他的离去。我难过的是，竟不知上何处给他献上一束鲜花！可又一想，也为朋友感到骄傲。有的人生前轰轰烈烈，一旦归西，也就被人遗忘，忘得干干净净。这不是自然的法则，而是历史的法则。

1927 年王国维自沉于昆明湖，两年后，一些清华的师生捐款为其立碑，以寄托哀思，请陈寅恪先生撰写碑铭，于是便诞生了著名的《清华大学王观堂先生纪念碑铭》——

> ……士之读书治学，盖将以脱心志于俗谛之桎梏，真理因得以发扬。思想而不自由，毋宁死耳。斯古今仁圣所同殉之精义，夫岂庸鄙之敢望。先生以一死见其独立自由之意志，非所论于一人之恩怨、一姓之兴亡。呜呼！树兹石于讲舍，系哀思而不忘。表哲人之奇节，诉真宰之茫茫。来世不可知者也，先生之著述，或有时而不彰。先生之学说，或有时而可商。惟此独立之精神，自由之思想，历千万祀，与

天壤而同久，共三光而永光。

15 年前，在我第一次拜读陆键东所著《陈寅恪最后二十年》之后，我作了一幅陈寅恪先生像，并节录了这篇碑文，题于画上。

今夜，我只想听得空山一声松子落……

2017 年 12 月 8 日，于泊心堂

（选自《作家》2018 年第 12 期）

巫山，诗峡

牛　放

或许有人认为巫山长江三峡是中国文学的一道伤口，或者是中国贬官的一剂良药。

然而我却以为三峡壁立千仞的险峻并鳞次栉比峰回路转的意外，群山逶迤连绵不绝的浩瀚且云遮雾罩的幽深神秘，浪高水急的咆哮及高潮迭起的奔腾，再佐以碧波万顷的温顺构成的巨大反差，千姿百态地在193公里漫长狭窄的大峡谷中大江河上形成的浩大与渺小，乃至于深藏其中的诸多人文本身就是一座巨大的文学灵感宝库，这或许才是形成三峡文学的根源。

而众多的才华横溢的贬官们因为巫山长江三峡在中国大地上的特殊地理位置，无论是发配流放，还是上任回乡，都避不开这段路程，甚至到后来随着三峡声名的显赫，许多文人墨客纷纷慕名前往亲历这段水路，更重要的是他们有感而发留下了诸多传世的不朽篇章，为巫山长江三峡文学的最终形成添砖加瓦做出了贡献。

我多次从长江三峡经过，自然也就穿越了巫山。那都是在三峡大坝修筑之前，轮船在狭窄的长江上向下游行驶，我望着高高的山峰，自己连同乘坐的游船从峡底缓缓而行，心被严重挤压，古诗却一首接着一首跳出来。乘船穿越三峡的过程就是从古诗中穿过三峡的过程，就是从古人的古诗里再次游历三峡的过程，然而更多的时候感受的是古诗的美妙，而三峡本身仿佛也在古诗中。

大巫山是山，当浩浩长江从大巫山中间穿过之后，大巫山又成了三峡，大巫山也好，三峡也罢，都不是仅仅只指山，或者仅仅只指长江。历代文人墨客，用文学之笔，在激情中融入奇思妙想为我们又重新塑造了一座大巫山，有长江穿过的大巫山。

战国时，屈原出生于秭归三闾乡乐平里。他的故乡在三峡里面，属大巫山范围。屈原是楚国的皇亲国戚，是楚王庭的三闾大夫，这似乎不太重要，重要的是他是大巫山的儿子。他的《离骚》《九歌》《天问》，这些优秀诗篇不仅永传后世，还成了中国文学史上楚辞的开山鼻祖，也成了引领中国诗歌创作方向的祖师爷。《楚辞》是巫文化的结晶，屈原将他的才华赋予他那个不能复制的诸侯王霸天下的大争时代，其作品呈现出前所未有的大气象，他把巫文学、巫艺术变成笔下的中国文学而推到了一个绚丽的极致。

另一个早期书写大巫山的作家是战国时的楚人宋玉。宋玉虽不是巫山人，但他对巫山的情感却非常深厚，他的代表作《高唐赋》和《神女赋》成为中国最早了解大巫山文化的一扇窗口，宋玉也因此成为了大巫山的代表性作家。两个赋是典型的巫文化杰作，与中原儒家文化形成鲜明对比，对后世影响深远而持久。

二赋之后出现了成语“巫山云雨”，这个成语因为它在儒家文化背景下的不良名声而在汉语语境里蒙羞。其实我们对这个成语的理解是一个错觉，是对楚文化的误会，再加上用中原儒家文化的思想加以解读，使这个成语的美好荡然无存，还雪上加霜地加以歪曲，使之很不光彩。其实，巫山云雨放在楚文化的背景中，其美妙与神性就自然而然地显现出来了。所以，“巫山云雨”这个成语是从中原儒家文化的角度对楚文化带着几分轻贱的误读，遮蔽了它的美好而让我们长期处于远离真相的状态还沾沾自喜，这就如我们对待巫山文化的错觉情形一样，同出一炉。

俗话说“自古文人多入蜀”，那时的长江三峡叫川江，著名的纤夫曲叫《川江号子》。从唐代开始，孟浩然、王维、高适、李白、杜甫、白居易、刘禹锡、司马光、欧阳修、苏轼、陆游、杨慎……大量文化名人前赴后继，摩肩接踵地拥入三峡，或为官，或小住，或过路，有心无心，三峡成了中国文化人必到之地。而只要过了三峡，必定有诗歌问世。这就是三峡为什么成了“诗峡”的缘由。

杜甫一生漂泊，流寓三峡期间，辗转夔州，隐居两年之久，写出了437首诗，占杜甫现存诗歌的三分之一。从这个层面说三峡造就了半个杜甫，一点也不为过。他的“无边落木萧萧下，不尽长江滚滚来”（《登高》）等都表现了现实主义诗歌文豪的现实注意力和诗史落墨本性。

李白，家在四川江油青莲，当时唐朝首都在陕西长安，按说走阴平古道越秦岭经汉中入长安更近更方便，但浪漫的李白对大巫山，对三峡却情有独钟，三次过路都走三峡。他乘一叶轻舟，颠簸于风口浪尖，本是险象环生，这位青莲居士却惬意得很。第一次过三峡，他年仅25岁，胸怀大志，意气风发，“山随平野尽，江入大荒流”，好大的气度。

清代诗人张问陶1792年经三峡进北京，仅在三峡里面就写了三十多首，可谓目睹三峡惊喜非凡，才思滚滚如滔滔长江奔流不息。

书写大巫山，书写大三峡的诗人何止千万，诗篇文章更是浩如烟海。众多文人墨客千百年来并不是写山水，写峡江自然风光之壮美，而是将自己的人生际遇与大巫山、大峡谷、大江流融为一体，借景抒情，托物言志，得江山之助，展鬼斧之才，为我们留下了璀璨、瑰丽、富集的三峡诗库，造就了诗歌三峡，文学三峡。

三峡文化，大巫山文化不仅仅是文学，更是长江文化的摇篮，是巫文化的发祥地，是荆楚文化、巴蜀文化、中原文化的交会融合之所。

（选自《散文百家》2019年第8期）

去北关吃饸饹

刘爱玲

腊月二十五，年前北关的最后一个集。

我小时候母亲在时，这个集是无论如何不能错过的，这个集也是一年里人最多最热闹的一个集。庄稼人攒了一年的宝贝都拿了出来，指望在这最后的一个集市上换点钱好回家过节。聪明人平常板得很硬的价钱，二十五的集正午一过，就赶紧降下来，见钱就甩，不然就有空来一趟的危险。因此，二十五集上能拾到便宜的好货，是那些年的我们之中不成文的共识。

而我今年是与这个集不期然相遇的。

早上去老区，买了必需的东西，还有儿子的一件被罩没买。说起来怪我，不像个母亲的样子，在网上买了几次，回来尺寸都不对，太大，只能我自己用。家里大被罩泛滥，怕再买回一个不能用的，决定到实体店看一看。被罩这东西，以前到处都是，现在却是不得要领。于是凭着记忆，去体育桥的那家，进店，也只是些剩货，勉强买了件，并不合心意。这时候已经十二点多了，肚子早唱开了空城计，想找之前这一片吃饭的大排档，也拆了，一地的残砖碎瓦。

忽然就想去北关吃饸饹。北关饸饹如同陈炉饸饹一样，是铜川的名吃，声名远播，自从我搬离老区以后就再没吃过。每次到老区上班，都想去吃一次，却总没去。一个是忙，另一个是远，得倒车，还得步行，我又不方便，其实根本的一个原因是嫌麻烦。今天儿子开车，一脚油门的事，去北关吃饸饹就成为一件再简单不过的事。

十几年没去过北关集了，有事也只是路过一下，没有特别注意。真的往北关走，窗外的景色是陌生的，得回想一下，这是哪里，那又是哪里。渐渐地，路边有了摆地摊的，先是看见一捆翠绿的芹菜，被几双手翻检之后放到了台秤上；又是一片大葱摆在农用车前，电喇叭喊着“一块五了、一块五了”！又一堆包得瓷丁丁的圆白菜，剥得只剩了光洁的菜心……车子开始走不动。就这样，时隔十几年后，不经意地与铜川最大的北关腊月二十五的年集相遇了。

可这里不是北关，是南关，到北关还有足足一站地，难道北关集放到南关来了吗？怀着这样的疑惑，车子在马路上蜗行，走一步，停两步，有一段，街道两边停满了车子，仿佛是对过往车辆的夹道欢迎。行人不断走到马路上来，又要横穿马路，更增加了行进的困难。南关桥头上，远远望去，似乎一根肋骨上附着了无数只蚂蚁，千万颗人头在攒动。再往前，让人感慨最多的是铜川师范不在了，这个铜川的黄埔军校曾一度是一代人梦寐以求的地方，现在已经烟消云散。

车到北关，看见那家老字号的饸饹店了，却根本找不到停车位。忽然发现，来北关带车是个错误，尤其在农历腊月二十五的年集！

走上北关老街，这里才是北关集会最古老的正集。在街口看见一片卖春联的，红彤彤的春联挂满了半条街道。有一家老板搬了长条桌子，上面放着裁好的春联纸，笔墨纸砚齐备，顾客要什么现场开写，不怕你不满意。其他的路边店铺全在门前摆了钢丝铁床，密密麻麻的摊子上物品应有尽有。不消说糖果瓜子、各种能想到的菜蔬水果、锅碗瓢盆、活鸡活鱼，各种卤味散发着阵阵香气。

走过一家门前，忽然意识到这是父亲一位难友的家。父亲遭难病倒的那一年，他曾来看过父亲，说话谨小慎微，那是那个时代过来人的特点。我还替父亲找过他一次，是个破旧的铺板门，记得他曾向当时不足十岁的我解释过“平反”一词的含义，在我眼里他是个内敛的人。现在那里却是一间超市。

再往前走不几步，那年母亲给我买旧衣裳的地方，摆着一排鸡笼，里边清一色的大红公鸡，硕大的鸡冠，两只红翎子吊在下巴上，像两颗滴水红宝石。里边的一只公鸡拍打着翅膀兀自昂首打鸣，全然不顾街上熙熙攘攘的人群，不顾它的生命随时有终止的危险。而那年，这里的树间拉着铁丝，铁丝上有别人穿剩的打着补丁的旧棉衣，三两块钱一件，供人选择。

过去牲口集市的地方没见牲口了，现在是一排小吃店。记得母亲曾在那里抓过猪崽，那些胖乎乎的长嘴毛脸小黑猪，承载过我家一年的希望。记忆特别深刻的是，我还在那里出售过我亲手喂养的四只小猫咪。那四只漂亮的猫崽一生下来我就给它们取了名字。老大雪白，身体壮实，叫北极熊，最先被人挑走。老二额头有一黑点，就叫黑点，其实它一点也不黑，通体白绒，只脑门上一个圆点，像谁点的一样，平添一股调皮。老三叫花花，是只三花猫，名副其实的美女。老四是只黑猫，毛里有掺杂的黄色碎点，不规则，像幅抽象画。最有特点的是，它脸上有一道明显的黄毛，把它的脸生生分成了两半，我叫它花脸。

那是六月的一天，太阳白花花地照着，花脸一直没人要，到了中午，它早上喝猫妈的那一肚子奶早变成了尿水，撒在了它脚下的土地上。它又渴又饿，不停地喵喵直叫，叫得我心都碎了，真想带它回家找妈妈。这四只猫咪走，每一只我都流了泪，反复叮咛买主要对猫咪好，它们也都去了寻常百姓家，担负着粮食卫士捕捉老鼠的重任。不像我现在养的黑豆，除过猫粮鱼干猫罐头，对我扔给它的肉连看也不看一眼。猫生如人生，那四只小猫在它们刚满一个月时就离开了我，并彼此分别，一转身成天涯，永世不能相见。

两摞草绳捆着的小黑碗放在马路牙子下，不注意就闪过去了，但它们却一下子抓住了我的目光。这些黑碗，是地道的陈炉瓷！现在流行的是细瓷碗，这种黑瓷粗碗似乎已经很久都不烧制了。而在过去，它们才是过年蒸蒸碗的主力军。一想起那些小黑碗里的八宝饭、条子肉、小酥肉，年的味道就扑面而来。

忽然一阵饸饹酸汤的鲜香滚滚而来，迎着那香味，一排店铺映入眼帘。饸饹、肉夹馍、手抓饼……应有尽有。门前的几张桌子上，人们吃得满头大汗，身后还站着等候座位的食客。向老板报了大小碗，我们自然也加入到了等待的人群中。空气里，那不绝如缕的香味，一次次撩拨着我的嗅觉，进而挑动味蕾，喝上一口口清水，只盼老板做快点，能让我们快点吃上这北关一绝的美味。

终于碗端上来，红的是辣子，绿的是韭菜，挑一筷子饸饹，筋道、透亮，再喝一口汤，酸得够劲，辣得过瘾，粮食的淳朴滋味在舌尖上回味无穷。吃了饸饹回家，顺道又给儿子再买了件又漂亮质量又好的被罩，这个春节暂时就将无憾了。

（选自《散文选刊》2019 年第 3 期）

但问饮茶人

海南，海南

周晓枫

一

江河湖海。

四个字，水汽饱满，气象万千。它们是大地的血管和神经，而这动人的景象，几乎在世界的每个角度都得到复制——从一片脉络清晰的树叶，到每个人复杂精密的身体。

我在这四个字后面，都加上了一个同样的字：南。江南、河南、湖南、海南，都通。看，它们不仅可以共享偏旁，还可以共享方向。

我想象那个最初的地域起名者，多么希望想把水流存入土壤。版图辽阔，国土无垠，因为下面有着滋养根系的浩大水系。

海南：最南的地方，最美的地方。因为江河湖海，都在它的怀抱里。

二

海。

一个简单的发音，一个纯粹的名词，万般滋味。

海面上的空气，通透得有了玻璃的质感，好得吹弹即破。只有至为单纯，才能养育万物。

我们在沙滩上漫步，低头捡拾。海裹着沙砾，裹着破碎的珊瑚和贝壳。每次潮涌，我们都听到海浪里有什么相互碰撞的声音，像摇动储物罐里的分币……海是多么丰饶的财富，它所遗弃的依然是我们心头的至宝。

海是一个庞大的整体。但它有着那么多的浪，我不知道，海是否像瓷器一样有着无数的裂纹。海南种植著名的橡胶树，高大，笔直，却遍布日复一日、循环无尽的刀伤……我也不知道：浪，是否就是大海的割痕？

当暮色四合，星团将如鱼群汹涌，一如珊瑚像天上的星宿密布而闪耀。

我想起刘恒老师颇具禅意的题赠：“海冷天涯暖，云轻胜水深。”

三

到处是椰子，树冠有如巨羽。

看久了椰树在风中的摇晃你会感觉晕眩，甚至会产生轻微的幻觉……它们和植物界曾经的霸主蕨类一样来自远古，之所以枝叶摇动，是因为翼龙的翅膀即将掠过。

椰衣、椰壳、椰肉和椰液。椰子，甘甜的清澈椰浆和香醇的奶白椰肉，每每让我垂涎。被食客丢弃的椰壳亦用途多多，海南有许多工艺品为椰壳所制，包括酒店的床椅等也以椰壳做装饰物，很有风格和风情。

我见过采椰者穿着好像电工脚上的那种套勾，灵巧地爬上光滑的树干，摘下新鲜的青椰。这么高难的动作，我永远不可能掌握。我猜想自己的办法：驾驶维修路灯的车辆，我被上升的梯阶运送到高处，然后，我一次取下够打满整局的保龄球大小的椰子。

大快朵颐。

四

呀诺达，是中国唯一地处北纬 18 度的真正热带雨林。在峡谷中穿行，溪泉和瀑布声中夹杂着鸟鸣……我们就像走进一张旋律动听的五线谱里。

学习认识植物。

五月茶，原来这就是海南人爱喝的老爸茶。

在台湾叫水竹的，在海南被叫作风车草。

铁西瓜，不能吃，成熟后会毫无征兆地散弹式爆炸开来，对栖息在枝条上的飞鸟来说，算得上一部惊悚的灾难片。

桄榔。人也是不能吃它的果实，果子狸倒喜欢食用，这是神明专门留给动物的口粮。

鱼尾葵，叶形和上面不规则的蚀刻，逼真地象形鱼尾，并且结出穗状的分枝花序——奇怪的是，花序渐进的几个阶段看起来迥异：有的像把拂尘，有的密生佛焰苞，有的结满老算盘的珠粒……难以想象它们属同种植物，并且同时生长在一株鱼尾葵上。像昆虫，今天的自己不认识昨天的自己，也不知道明天的自己将酝酿怎样的奇迹。

鹧鸪麻的叶子是不是特别好吃？还是说，它特别柔弱、特别缺乏抵抗力？因为我见到的鹧鸪麻，树叶都被密集地啮蚀，有些只靠叶脉相连，所以逆光中每张都像工艺剪纸那么精湛……光线就那样细细地筛漏，树叶就那样接受金色的刺绣。

箭毒木。不过，我更习惯它在武侠小说中的用名：见血封喉，世上最毒的树。用它的毒汁涂在箭头射猎野兽，据说，受伤的动物上坡跑七步、下坡跑八步、平路跑九步就必死无疑，当地人称的“七上八下九不活”。恶名远播，听起来令人生畏，树的样子却平淡无奇。就像老老实实的用作庭院或园林观赏的树木一样——除了，灰色树皮上有些并不显眼的泡沫状凸起。我注意到树干上，有许多象形的眼睛。

怎样的勇敢者最早取材箭毒木？见血封喉的树皮经过处理，可制褥毯和衣服。猎人穿上这种特制的裤子进入丛林，驱蛇驱蚊，连野兽都不敢一试齿锋。

毒物，以安静而智慧的方式，杀伐无赦。上帝造物的用意何在？鲁钝如我，猜不出谜底。不过我想，至少，让人在惊恐里保持敬意。命运有时并不发出警告，所以我们无法持续挥霍自己的骄傲。

五

沉香，被誉为“植物里的钻石”。

动物里的牛黄和龙涎香，植物里的琥珀和沉香……这些奇迹般的宝物，无不因受伤或患病所致。

雷劈。火烧。刀割。虫咬。要面对多少灾难，才能凝结出珍贵的沉香；一个人要克服多少伤痛，才能让自己的品德释放出若隐若现的芬芳？

我对沉香不了解，谈什么都是附庸风雅，近于牛嚼牡丹。还是别让自己浊重的气息，影响到那高雅的香品吧。倒是可以说些与沉香的关系若即若离的题外话。

一是我在售卖沉香的店铺里，见过一个少年。瘦，却毫不羸弱，只见星眸皓齿，难得见到瘦得那么山清水秀的人。仙风道骨，多是形容中老年人的风范，可那少年，仿佛已经开始时光里的酝酿。我不知道，是不是沉稳的香气日复一日地熏陶，才让少年心定神闲、梦稳心安，一如星空下独行的僧侣？

二是有幸进入一位收藏家的私宅，品茗品香。茶为普洱，而那若有若无的轻盈又具体的香气，正是来自沉香。为我们斟茶燃香的姑娘，并不多言，偶尔开口，声音柔婉。她的颧骨位置，有些可爱的小雀斑，就像有只蝴蝶停落在她的鼻翼，铺开翅膀上点状的印痕。我也不知道，她怎样度过她的少女时光。是否曾经受挫？受挫，又是否让她的性格里增加了与众不同的魅力？

假设把视野放得宏阔一些，我们会发现，在中国文化的历史背景中，海南，长久地，被作为流放之地。也许正因此，海南才得以保持它的纯粹与独特。想想，历朝历代，那么多被贬的文人，那么多易感而受伤的灵魂……就是这些意外和不幸，让海南，在中国的版图上，得以成为一个沉香般的省份。

六

她的脸，让人看到往昔和即将逝去的一切。

藤针，在她脸上刺绣永不褪去的青色图案。疼痛，受伤，然后从中生长独特而神秘的花纹。作为一名黎族女性，她十几岁开始文面……那是很久以前。是的，她曾拥有一张能够征服整个世界的脸，有如星宿围绕着她精美的五官运行。

我见到她的时候，她已有七十多岁了，但头上的乌发依旧别得住一支粗骨簪。她居住在黎族村寨特有的船形屋里，在一生的风浪中，她见过太多的生、太多的死，她脸上褐色的皱纹远比青色的花纹要多和深——她自己的故事，就这么被时间深处看不见芒刺的藤针纹刻。唯一不变，是她手中古老的织机……明艳绚丽的黎锦，如云出岫。

作为中国最早的棉纺织品，黎锦的历史已超过三千年。虽然黎族有丰富多彩的口头民间文学，但他们没有文字。想说的，都织在黎锦里；或者说，这些鲜艳的人形纹、动物纹、植物纹和几何纹，就是黎族写在织物上、并且镶嵌云母、贝壳和银片……有色有声的文字。鸟与兽。雷与电。萌芽与繁茂。狩猎与丰收。欢愉与吉祥。灵感与诗意。荣誉与恩情。自然与神明。这世上微小与伟大的一切，无不在一经一纬的编织中，得到具体而温暖的呈现。

我凝望着这位沉湎于劳作的黎族奶奶。她的脸阡陌纵横、沧桑历尽，她枯瘦的手上，血管凸起就像榕树的气根，然而，她编织的黎锦，灿若云霞。因为织就在黑色的底布上，图案就显得越发鲜艳。三千年啊，一毫一厘地编，一寸一尺地纺……慢慢地，织机下的黑布就像岁月中的夜晚那么浩大；而如此美锦，就像绽放于夜空的华丽焰火。

海南的黎族女性服饰美丽，尤其是织在黑布上的黎锦。就像把日常的礼花披拂在身，她们，永远拥有内心的节日。

[选自“中篇小说选刊”（微信公众号）2019 年]

从星天牛到木槿树

陆　梅

那只天牛竖起两个触角被我撞见。现在我知道，它叫星天牛，因为星天牛的身体是带有光泽的黑色底加上白色斑点，还有一种左右侧各有一条黄色纵带的是黄星天牛，小时候我们只管叫天牛。好比蜻蜓和蝴蝶，我们也只取其色，混叫成黑蜻蜓、蓝蜻蜓，白蝴蝶、黄蝴蝶、彩蝴蝶……不求甚解多年，到今天才恍然大悟——啊，那只眼睛鼓得像水蓝色玻璃弹珠、尾端处一抹黑的白刃蜻蜓，就是俗称的麦秆蜻蜓呀！我小时候常见，只管叫蓝蜻蜓——原来它的身体会变色，开始是黄褐色，慢慢出现黑色斑纹，老熟后变作黑色，上面布有好似撒了盐的白色粉末……这么说确和麦秆像，刚从田里割下的麦秆金灿灿的，麦穗打下后，一堆堆空麦秆被弃在场地上来不及收起，若是经风里吹雨里打，麦秆就会慢慢发黑，再露水侵太阳晒，麦秆上就附有着了盐一样的白色粉末。管蓝蜻蜓叫麦秆蜻蜓，真是传神。

现在，这只星天牛将军般踞坐在木槿树篱上。我要手伸过去，一抓一个准。我爱盯着它看。它也笃定得很，没想飞的样子。六只脚扣在荆条上，头上一对触须一节一节，弯成好看的细马鞭，我数着马鞭究竟有几节，一节代表一岁，就跟我们数树的年轮一样。这只天牛看来是大将军了，触须足有身体的两三倍长，很像多年后我在舞台上看到的穆桂英，五十三岁又挂帅出征，蟒衣凤冠台上一亮相，身后的翎子一抖擞，真真飒爽英姿。大将军的这两根触须就跟穆桂英凤冠上的翎子一样，我忍不住要去拨弄它。我刚一拨弄，它便吱吱地叫，很快又恢复了平静，它竟然不怕我去捉它。

当真我就捉了它，放在手心里，一阵麻酥酥的刺痒，感觉怪怪，像是瞧一个天外来客（铠甲勇士？）。我又把它放回到树篱上，它抖抖身子，嗤一下飞走了。其实它飞不远，一个腾空跃起，又在哪截树篱上趴着了。我家乡的天牛都爱木槿树。如今天牛是寻不到了，就连木槿树也难觅。

在乡村，木槿树是一种很常见的灌木，常被用作树篱，隔开菜园子和村人行走的小径、田埂。绕菜园子一周，一排排枝叶茂盛得很，母亲嫌它长得太快挡了阳光，就将面南的一排剪成短篱笆。木槿树开花时，到处是嗡嗡嗡的蜜蜂，我们家的木槿花深紫浅粉亮白次第登场，花瓣厚实，大朵大朵喇叭一样铺张——我们就叫它喇叭花，花瓣底部一轮深红颇醒目，底部正中的金黄花柱特别遭蜜蜂和蝴蝶，蚂蚁飞虫也爱往里面钻。倘或经手一碰，花柱上的花粉唰啦啦掉一手。

我不怎么喜欢木槿花。总觉它木乎乎、脏兮兮，塑料假花一样少灵气。好在它开得快，谢得也快，噗一下掉头落地，不容分说的断然。也是要经历了很多世事磨炼后我才有所悟：大自然里每一株植物长成什么样原是都有定数的，偶然或必然，都是它的命运。

就说木槿花，为什么这般“招蜂引蝶”？因为它不香。没有香味的花为吸引蜜蜂蝴蝶来传粉，就开得特别艳，花蕊部分更是明度非常高的金黄色。小时候穿了鲜艳衣服，特别是嫩黄橘金的外套去山里春游，就特别地遭虫子，虫子们都不管不顾地扑将过来，连蝴蝶也会翩然飞落肩头想采蜜呢。可是换作颜色淡一点的花，比如栀子、含笑、瑞香、梨花、杏花……它们却又很香，那香味同样是为“招蜂引蝶”。可见，自然界自有一套生存哲学。你看一朵花开在那里，不好动也不能喊，可它自有活下去的精彩与智慧，把它理解成植物生长的本能也对，可我宁愿相信这是花和叶通晓生命之道的缘故。就跟我们人类一样，再普通的花草，也是要经历四时荣枯，花开有时、花谢有时，它既扮演了最无情的时间判官，也启示着我们在自然的流转中获得平静与安慰。在一朵花那里，你所能得到的不比人类的少。

再说木槿叶，小时候我们用它来洗头。初夏午后，我搬出长条凳子，热水瓶和搪瓷脸盆搁在场地上。我和姐姐采来大把的木槿叶，揉碎了的叶子淌出黏黏的绿汁液，滤去碎叶，这些黏液就是天然皂液。我知道很多地方用皂角树的叶子煮成汁水来洗头，算得上民间偏方了——可我更诧异的是第一个发明用木槿树叶子来洗发的，发现这个“偏方”的人真该得一个“奇思妙想奖”。记得小时候拿揉搓出来的木槿皂液洗发，头发干了后特别地蓬松乌亮。

由星天牛说到木槿叶并非无轨电车，如今谁还会想着用木槿叶来洗头。

（选自《散文选刊》2019 年第 4 期）

人为鸟巢

吴克敬

人的好心鸟不知。

眼见挂得到处都是的人为鸟巢，而不见鸟儿居住的那一份良苦用心，我不能自禁地要为人的可爱而慨叹了。

不知从什么时候开始，也不知是哪一个人突发善心，来为自由自在的鸟儿人为地在树梢上，或者崖壁上悬置鸟巢。我不知道，想来别人也不知道，但我们只要从自己蜗居的房舍里走出来，随便到哪里去，可能都会看到人为鸟巢。这些日子，我出门晨练，看见小区门口的大路西侧，总是有人攀着高梯，往高大的行道树梢上，绑扎人为鸟巢。我问他们，人为鸟巢是你们的个人举动，还是组织的安排？绑扎人为鸟巢的人，无不神秘地让我猜，好像他们是在学雷锋，做了好事不愿意留名似的。所以我就懒得问了。

但我看着他们绑扎在行道树上的人为鸟巢，感觉太没创意，太难看。

回想我看见过的人为鸟巢，在欧洲的奥地利，还有德国、芬兰，爱鸟人士在树梢上、崖壁上人为地悬置鸟巢，制作就讲究一些，五花八门，全是形态各异的板式小房，让人看了，以为他们把自己居住的楼宇，按比例缩小到鸟巢一般大，照葫芦画瓢地板裁出来，用钉子钉好，涂上油漆，小心地挂在鸟儿出没的地方。再就是台湾，还有四川、贵州、云南等地，我因为去过，也见到了大量悬置在树梢和崖壁上的人为鸟巢。说实话，我在这些地方看到的人为鸟巢，大都不怎么样，不如我在欧洲大陆看到的，极具艺术范儿。这里的人为鸟巢，真是太平庸了。不过也有好的，我在贵州的大山深处，具体地说，就是在贞丰和司南那两块地方，我看到的人为鸟巢，不仅具有艺术范儿，还有很强的地方文化味儿。

这里的人为鸟巢，充分地应用民间工艺，充分地采用当地材料，或毛竹，或茅草，手工编织，形象十分原始古朴，真的如是鸟巢了呢！可是我认真看了，如此人为的鸟巢，依然不见鸟儿光顾。

我们大陆的人为鸟巢，不见鸟儿光顾，中国台湾、欧洲的人为鸟巢呢？我也注意观察过，同样不见鸟儿光顾。这让我一次一次地，要为这些空悬在树梢和崖壁上的人为鸟巢而悲哀了，我悲哀干了这些活的人咸吃萝卜淡操心，做事不是缺心眼儿，就是根本没长心眼儿。

鸟儿不傻，鸟儿有它自己的生活趣味，它们才不会栖居人为的鸟巢哩！因为鸟儿，可说都是了不起的建筑大师，它们从祖宗那儿继承基因，都不缺少筑巢的本领。倒是我们人，在自己的建筑才华有所局限时，打开自己的眼界，虚心向鸟儿学习，照搬鸟儿筑巢的样式，来为人类设计建筑。在这方面，我们国人眼光独特，把在2008年北京举办的奥运会的主场馆，建设成了一个鸟巢的样子。

既是鸟巢的样子，命名也就简单，不像我们许多城市居民区，狗吃青草学洋（羊），起一个异国他乡的名讳，这不比我们宏伟盛大的奥运会主场馆，自然地叫了鸟巢。

鸟巢的落成，在北京已逾十载，是北京市享有盛誉的标志性建筑。外国人来中国旅游，到了北京，参观了故宫博物院，下一站，选择的也许就是鸟巢了。国人也一样，到了北京，哪能不去鸟巢看看呢？我就多次去鸟巢，把自己不是鸟儿却胜似鸟儿似的，要飞进鸟巢里去，走一走，转一转……我有一帧自己喜欢的照片，就是以鸟巢为背景而拍摄的。

我还有几帧喜欢的照片，也是以鸟巢为背景拍摄的。只是此鸟巢非彼鸟巢，而是真正的鸟儿在树杈上，在灌木丛里垒筑的。

几年前，我受邀到秦岭抱龙峪，参观国人研发的大功率火箭发动机测试。我们被安排在与火箭发动机测试台相对的半坡上。就在我们站立的地方，我看到一个小小的鸟巢，拳头般大小，精妙地架在一丛带着针刺的灌木丛里。看得见小小的鸟巢中，有四只更是小小的鸟蛋，整齐地排列在里面……当时我就想了，是我们的到来，惊扰了鸟儿，让鸟儿逃离了它的鸟巢。到我们离开后，鸟儿还是会回来的。果不其然，在我们看罢火箭发动机测试后，离开那里没几步，一只花彩的小鸟，就急不可待地飞回了它的鸟巢。

我把我看到的这一现象，命题为一篇《袖珍鸟巢》的小文章，在《西安晚报》刊发出来。让火箭发动机研制单位的专家看到了，给我打电话，说他们试验场周围的山后面有许多这样的小小鸟巢。

我为此颇为欣慰，把自己与那小小鸟巢的合影，洗出来送给了专家。

朋友在白鹿原上依山赋形，建设一处名叫四季健康小镇的住宅区，邀我上原给他们以文化指导。在那里，我看见了许多高大的树，树梢上或多或少，都有鸟儿垒筑的窝巢，最典型的一棵树上，层层叠叠，仿佛我们人类居住的多层建筑一样，竟有五层之多！我发现垒筑在树梢上的鸟巢，不断有鸟儿飞来飞去，所以十分开心。我目视那树梢上的鸟巢，让朋友给我照了相。我为此给朋友说，你们四季健康小镇，能与鸟儿和谐共处，大概就是你们最为让人着迷的文化底蕴哩。

从白鹿原上下来，再看我们住宅小区外行道树上的人为鸟巢，我就有话要说了。那白色塑料板做成的人为鸟巢，悬置在树梢上，吸引不了鸟儿栖居事小，污染了天空事就大了。

可不是吗？行道树上挂扯着不少飞升上去的塑料袋子，我们称之为空中垃圾。人为鸟巢也一样，只是人为徒添了更多的空中垃圾而已。

（选自《朔方》2019 年第 8 期）

不要去寻找彩虹

傅 菲

"你看看，南浦溪上有彩虹，还是双彩虹呢。很少见。"第一天来到院子里，行李还没放下来，接我的人，指指东边，喜滋滋地对我说。我站在门口的含笑树下，出神地看彩虹。我一下车，便看到它了。在两个山坳之间，像两座七彩拱桥。烈日之下，阵雨是过山雨，在半空中，亮晶晶。路面没浇透，过山雨结束了。地面一层层的蒸汽，翻上来，热浪扑面。

彩虹，很多年都没见过了。

收拾了行李，安顿了下来。我在院子四处走走。我要熟悉这里每一棵树的年龄，每一种植物的名称，每一件手工器物的来历。我写了一份清单：大圆匾三块，洋铲铁锹各两把，两齿锄宽嘴锄各一把，大铁锤一个，小铁锤两个，板车一辆，簸箕两担，筲箕竹筛各一个，吊锅一个，小火炉三个，棕绳十米，老虎钳两把，三寸铁钉一寸铁钉各一斤，斧头一把，鱼篓一个，圆篮扁篮提篮背篮各一个，硬木炭五十斤，石灰一百斤，活性炭二十斤。伙房老张在旁看着我写，说：你写的字，我一半都不认识。我说：这是我的错，要不我读你听一遍？老张说：我才读了一年半的书，妈妈过世了，成了睁眼瞎。不好意思，明天和你一起上街采购吧。我说。

饭后散步，我沿溪边走。老张看我一个人去溪边，说：溪边草盛蛇多，我和你一起去吧。我说：什么时间带你家人来，我认识认识，请他们吃一餐饭。老张说，哦，我老婆就是站在门口那个，穿红裙子的。我哦了一声。其实我没在意门口的人，我低头走路，心里一直想着晌午的彩虹。我问：这里经常有彩虹吗？我捏一根烟在指间转来转去，也不点火。老张看看我，一时不知道怎么回答——他有些惊讶，眼神有些怪异。

我有一个小本子，记录植物，记录一天意趣。在本子上简单写几行字，或画几个只有自己看得懂的符号，在需要的时候，可以帮助我记忆。出门时，本子揣在裤兜里。从四十岁开始，我记忆力严重衰退，尤其记人，无论是面相还是名字，我都要见了三次才对得上，为此得罪很多人。第二次来的客人，我请吃饭，饭局结束了还想不起客人叫什么名字。看过的书，也这样。《百喻经》看了三遍，扔下书，一个故事也记不住。在某些方面，记忆力不但没有衰退，反而更强。如，在某一个地方，有一棵特别的树，瞄一眼，再也不会忘记。如，在某一个地方，有一个马蜂窝，想忘记也忘记不了。如，某一个眼神，人忘记了，眼神却沉在心里。

彩虹，再也没忘记。低矮的山梁，长满了灌木，有一棵板栗树却高大婆娑。彩虹跨过了山梁，跨过了南浦溪，板栗树像一把撑开的雨伞。从构图上说，它们构成了自然的美学关系。

每次下太阳雨，我便站在三楼天台上，眼睛忙碌地搜索，看看哪儿是不是又出现彩虹了。山中多阵雨，大暑后，几乎每天晌午都有。沙沙沙，没响几声，又没了。可一次也没看到彩虹。

彩虹。时间最美的光与色。虹是气象中的一种光学现象。当太阳光照射到空气中的水滴时，光线被折射及反射，在天空上形成拱形的七彩光谱。半圆状拱形。拱形廊桥，我们叫彩虹桥。婺源清华镇彩虹桥，是徽文化绝品。散文家鲁晓敏研究古桥梁十余年，走遍中国大地。他对我说，清华镇彩虹桥是古桥梁的瑰宝。20 世纪 80 年代，有一部根据古龙小说改编的电影，叫《圆月弯刀》。主演汪明荃、尔冬升、岳华。我至少看过十遍。三少爷有一名招，叫“弯刀夺彩虹”。对于一个剑客来说，当然只有弯刀夺走彩虹了。色彩艳丽的彩虹，不如刀光犀利绚美。

霓。霓是什么？见了也不知道，更何况没见过呢？双彩虹，一般一明一暗。明的叫虹，暗的叫霓，也叫副虹。水滴内经过一次反射，光色形成彩虹（主虹），进行了两次反射，有了第二道彩虹，即霓。霓的颜色排列次序跟主虹是相反的，是紫靛蓝绿黄橙红（按波长排列）。由于反射会损失光量，因此霓的光亮度较弱。彩虹是全圆的，没有起点也没有终点。太阳与地球的垂直角度，和观察者的角度，决定了彩虹在视觉中呈现的长度。视觉中的彩虹，只是彩虹的一部分，另一部分在地平线以下。

入秋之后，雨不落一滴。我给远方的朋友写信：

……

近来，我有些沮丧，还没深入荣华山腹地。露已经白了。我收集了各种树皮，用麻绳穿洞，挂在房间了，风吹，会慢慢转动，看起来像古代的磬（虽然没有声音）。上次，我对你说过，去找一个彩虹经常出现的地方，好好观察一下彩虹。可惜不能如愿。彩虹可能出现在任何地方，也可能不出现在任何地方。看见彩虹，需要奇遇。你几次说，要来看我，哪怕离我再远，你也会来。这可能仅仅是愿望了。或许，我们都不会有再见面的机会。有这样的愿望，已经很美好了。

哦，我寄给你的酱收到了？那是我自己做的。第一次做，不过味道很好。山区产豆，山民自己留豆种的。我种了两块地辣椒，霜降后，我寄剁椒给你。

你的诗集，我一直带在身边。反反复复看。

……

看自己写的信，微微笑了。把信点上火，信纸慢慢卷起来，灰落在烟灰缸里。我把一卷白玉兰的干燥花，装在信封里，留了几个字：假如雪花也能邮寄该多好。请快递员在夕阳西下前寄走。

渐渐，我彻底忘了自然界中，还有彩虹。似乎，我热衷做的事情太多。其中之一，是观鸟。我买来很多有关鸟的书，反反复复阅读。可记不住，上了山，也辨识不出鸟。但这些不妨碍我观鸟的热情。辨认得出，和辨认不出，于我而言，没有实质意义。看筑窝看鸟育雏，看鸟立枝头，听鸟鸣于涧，都是愉快的事。没有不美的鸟，只有更美的鸟；没有不悦耳的鸟鸣，只有更悦耳的鸟鸣。我也对应着书，在网上听鸟叫。听多了，走进山里，听到熟悉的鸟叫声，我也能知晓一二。我特别佩服美国作家约翰·巴勒斯，他是个博物学家，听鸟声，他便能判断是什么鸟。他是世界上，写鸟声最动人的作家。他戴一顶圆太阳帽，手上始终不离双筒望远镜，四季走在森林里。他钓鱼，打猎，赤手搏斗熊，强悍无比。他笔下的鸟声又那么柔软，像他心上人喜悦的啜泣。

有一次观鸟，回来得很晚。我在北山脚下村舍吃晚饭。秋月盈盈。凉爽的夜，晚露在悄悄凝结。有一条机耕道，从南浦溪通往小镇。我和同伴步行回来。圆月生辉，山色明净。宽阔的南浦溪静静地流淌。溪上，有一道半圆形的白光跨过。同伴有些惊惧，说：这是不是灵光啊？我停下了脚步，说，我们多有福，这是晚上出现的彩虹，叫晚虹，低光线下，看起来是全白的。

路上，我有些兴奋。之前，我也没见过晚虹。来深山半年，觉得一切的辛劳都值得。大自然就是这样，出其不意的时候，会展现出奇异之处。大自然有很多魔法术，变幻出珍贵的景象，只有深入其中的人，获得大自然赏赐。

彩虹，许是最美的自然现象。它绚丽，转瞬即逝。但闪逝之物虽至美，却会留给人很多伤感。如露珠，如白霜，如彩虹。多么像人间的爱情。

（选自《山西文学》2019 年第 4 期）

苍穹驿站

苏沧桑

从莫干山到下渚湖，渡我们的是一片花海。花海静默而盛大，将来自天南海北的五个人渡到了下渚湖岸边。

我对船夫说：“往没有人的地方开，越安静越好。”几双眼睛齐齐望向春水兄拎着的萨克斯琴盒，像望向一个静默而盛大的秘密。

这是戊戌年寒露之后、霜降之前的德清，一条木船载着五个人，渐渐遁入下渚湖的最深处。

白鹭停在墩岛上，感觉午后两点的下渚湖像喝醉了酒——太阳目光迷离，吐露着一串串光与影的呓语。芦花松着筋骨，随风晃荡，船也摊着手脚，任意东西。湖水被船头轻轻划开，它睁开眼看看，瞬间又合上。浮在水上的一个个墩岛也醉了，怕热似的不时将脖子从水里露出来，墩岛上的水杉、银杏、金钱松、鹅掌楸、三尖杉、红豆杉、木姜子、木兰、紫荆、厚朴、楠树是墩岛的长发，湖水将它们的倒影拉得很细很长，烟雨般飘逸。

只有白鹭是清醒的。它记得这片被誉为“中国最美湿地”的水域，有六百多个墩岛，一千多条港汊，八百多种动植物，一百六十多种鸟。当白鹭振翅高飞，潜伏在墩岛上的一百六十多种鸟也腾空而起，在天空扎出无数双眼睛，到了夜里，星光漫天，白鹭相信，那是千万只鸟的眼睛。而有月亮的时候，月色如雪，芦花如雪，万物如雪般安静，但白鹭听到了歌声，那是千万只鸟的合鸣。

白鹭停在一秆芦苇上，正对着船头，看见那个叫“春水”的中年男人取出了萨克斯，吹出了第一个音，第二个音……

像一只金色的鸟，轻轻落入湖面，溅起了一簇簇金光。缠绵悱恻时，它盘旋低回；高亢嘹亮时，它凌空飞跃，在迷宫般的芦苇荡中穿行，寻觅，捕捉。

是一支游走的箭，靶心是下渚湖每一个生灵的心。湖水最先中箭，泛起了点点泪光。风接着中箭，停住了脚步。芦花们也纷纷中箭，垂首静立。白鹤、鸳鸯、翠鸟、野鸭、沙鸥、水雉、鸬鹚、红嘴黑水鸡等，不知道藏在哪里偷听，一声不响。一条鱼跃出水面，不知道是抗议还是鼓掌，又有一条鱼跃出来，说，谁啊谁啊，我看看。鱼从来没有听过萨克斯，下渚湖所有的生灵包括青蛙、泥鳅、螺蛳和虾，都从未听过如此美妙的声音，“深沉而平静，轻柔而忧伤，好像回声中的回声”。

船停在下渚湖的某个深处时，船上的人们沉醉在一曲《春风》里丝毫未觉。乘着音乐的翅膀，她们也变成了鸟，翱翔在想象中的下渚湖的春天里。一望无际的湖面上，涌动着亿万朵油菜花，开满油菜花的墩岛，像一个个水上的太阳，蜂蝶在一个个太阳之间振动翅膀，放飞一个个透明的梦境。然后，她们穿过一条水巷，掠过水巷两旁幽深的香樟林，飞上朱鹮岛，用目光抚摸朱鹮稀世的羽毛。她们像朱鹮一样眯着眼，栖息在音符里，像鸟一样栖息在下渚湖的深秋里。

《鸿雁》响起时，有人走上船头，和着音乐翩翩起舞。跳的是刚学的蒙古舞，老记不住动作，自己把自己给乐翻了。其他人一边笑一边用手机拍。春水自顾自吹萨克斯，一曲终了，说了一句：跳得蛮好。

五个人的萨克斯音乐会早有预谋，轻歌曼舞却是一时兴起。“问紫娟，妹妹的诗稿今何在啊？似翩翩蝴蝶火中化。”这是她们最爱的越剧。“一送里格红军，介支个下了山，秋雨里格绵绵，介支个秋风寒。”这是她们喜欢的老歌。清婉的音韵，像一场不期而遇的丝雨，拂过江南的水面，落入江南时间的深处。

两百多年前，洪昇游览下渚湖时，留下了一首诗：“地裂防风国，天开下渚湖。三山浮水树，千巷划菰芦。埏埴居人业，渔樵隐士图。烟波横小艇，一片月明孤。”他不会想到，两百多年后，五个与他一样爱写字的人，在湖水深处某个最僻静的角落，歌舞笙箫，得大自在，暂别了俗世日常，甚至暂别了文学。一条船和一整个天空一起倒映在湖里，船便仿佛孤悬在浩渺苍穹，如时空之外的一个驿站，欢声笑语从驿站里溢出来，天地笼罩着一种微凉的幸福。

傍晚时分，“滴答——答——滴答——答——”《回家》的前六个音鱼贯而出，跃过船头，贴着水面，穿过层层波光，攀上一大片芦花，轻轻咬住了玫瑰色的夕阳。夕阳一愣，犹豫了一下，似不忍坠落，万物蒙在一层毛茸茸的暮光里，像蒙上了一层雪，霎时，下渚湖仿佛穿越到了冬天，湖水深处某一间竹楼内，一双手正将红泥小火炉、绿蚁新焙酒端上桌，而门外，响起了风雪夜归人的脚步声，沙沙，沙沙。

萨克斯最后一缕余音和烘豆茶的热气，一起消逝在傍晚五点的下渚湖时，我的眼前浮现了一片闪耀着金色光芒的水稻田。传说，上古时期的治水英雄防风氏带领部落在此开垦荒莽，种植水稻，造福先民，使得吴越一带靠狩猎采集为生的氏族部落慕名而来。他们站在太湖边的一座高山上，问一位老猎人防风氏部落在哪里。老猎人说，那一大片闪耀着金色光芒的水稻田，就是防风氏部落。之后，防风氏毫无保留地向他们传授了治水和种稻经验，福泽万民，下渚湖畔也因此有了“三道茶”遗风：“相传防风受禹命治水，劳苦莫名。里人以橙子皮、野芝麻沏茶为其祛湿气，并进烘青豆作茶点。防风偶将豆倾入茶汤并食之，尔后神力大增，治水功成。”（《防风神茶记》）青绿色的烘豆、金色的橘子皮沾着细白的盐粒，滚水一冲，清香四溢，鲜咸可口，不仅是茶，还是饱腹暖心的食物，也是“人有德行、如水至清”的德清的待客之道。

上岸时，我回头看他们。彼时，他们四个人都背着光，而我看到的却是一道道金色光芒。这些与我并无半点血缘关系的人，一起在文学路上走了几十年的人，在我烦躁时，困顿时，如防风氏般毫无保留，亦如阳光之于水稻田，一直在。

时间来到戊戌年小寒。临安山坳里一个小客栈，天寒地冻，夜深人静，整栋楼只有我和一位师姐，要继续第二天的采访任务。我们将所有的被褥搬到一起，一个靠在床上一个靠在榻上，在同一盏灯下“抱团取暖”。午夜时分，大雨倾盆，将屋顶的瓦片砸得哗啦啦响，我突然有一个感觉——此时，灯光是我们的驿站，我和她是彼此的驿站。

驿站，食宿、换马、交换信息、补充能量的地方，八百里加急日夜奔赴的那个点，穷途末路上一个亮灯的窗口。家太远，驿站刚刚好，即使风雪交加，沿途总能找到。家人太亲，驿站刚刚好，不忍与父母言说的苦痛酸辣，都可以留给驿站。可以是一盏灯，一碗酒，一壶茶，一个火炉，一床棉被，一本书，一盘棋，一句话。也可以是文学，是音乐。也可以是散落在德清莫干山的一千家民宿，比如匍匐在竹林中的那一家“后坞生活”，它们栖息全世界的客人，也栖息把美好生活搬进大山的民宿主人自己。也可以是微信朋友圈里仅自己可见的照片和一段话，那是给未来的自己预留的驿站。

老子说，天地不仁，以万物为刍狗。意为天地无私无情，对人对狗对万物都一视同仁。而我觉得天地亦有情有意，使万物互为驿站，人与人就是彼此的驿站。漫漫人生路，并非一条线，而是一个苍穹，每一个方位都是方向，每一步都可能是深渊。一个人就是一颗星，茕茕孑立、踽踽独行。好在无尽的苍穹之中，总有一些星球星座星系，让累到极点的你靠一靠，歇一口气，再提一口气，继续前行。而继续前行，就意味着继续失散，于是，留下来的那份记忆，就成为一个驿站。多年以后，同游下渚湖的五个人也终将失散，而湖上的萨克斯声，会是我们永远的驿站。

时间来到戊戌年大寒。我在曙光中独自醒来，看到父亲深夜发在苏家微信群里怀念二伯的一段话。远在云南的二伯，前日猝然离世，是他们兄妹七人中第一个走的。年事已高，路途遥远，生亦难以相见，死亦无法告别，他们从此失联。不知道多年以后，浩渺苍穹中的哪一个点，是他们重逢的驿站？我在晨光里泪流满面时，小猫银河跃上床沿，轻轻吻了吻我的泪，又定定看了我几秒，将头窝进了我的手心。此时，它是我的驿站。

这一天，谢谢下渚湖。这一年，谢谢他们都在。这一生，谢谢你们来过。

（选自《浙江散文》2019 年第 1 期）

春尽立夏至

陈　峰

蚯蚓佝着头从泥土里钻出来，青蛙在水田里跳来跳去，蚕豆花开在豆秆上，豌豆则一夜一个杈，转眼豆蔻不再。豆蔻不再的豌豆爬上餐桌，成了一道零食，这正合了我们的意，干脆整碗挪过来，筷子也不用，直接用手捏住荚尖，淡口吃。

时间，是什么，眼睛看不清，手也捏不住。前几天那豌豆还能带壳一起吃，滴着青，嫩出水来，可现在呢，嚼起来都有渣了。

是立夏到了。

立夏就像一声哨子，叫一声，插秧，叫一声，种番薯，叫一声，种芝麻，叫一声，种络麻。

好在，立夏到了，再忙碌的父母也会抽出时间，认真准备。准备什么？准备过立夏节。

据说，吃田螺，眼睛会大而明亮。乡人喜欢用田螺来形容一个人的眼睛，大概这就是出处了。吃软菜的说法有好几种，有健康长寿、皮肤光滑、不生痱子之说，也有耳朵听力好之说。软菜在家乡有一个传说，这传说自然是从彩英阿婆口中传出来。据说南宋在金兵入侵中原的时候，康王赵构为了逃避金兵，落难到此。追兵很快赶到，康王只得落荒而逃，经过一片菜园，把蔬菜踏得面目全非。是夜，下了一场春雨，第二天，被踏过的蔬菜竟又亭亭玉立，恢复原样。于是，民间就把这种蔬菜称为“君踏菜”，意思是君王踩踏过的蔬菜，寓意有强大的生命力。彩英阿婆也说不清楚，为什么后来被叫成软菜。吃野山笋，有健脚劲之说。这个季节，山里多笋，拗来，剥出，用刀背敲扁，不用刀切，免得沾染刀腥气。整株笋用来油焖或用咸菜烤，细细长长的笋就像人的大长腿，吃了当然健步如飞。

阿红缠着彩英阿婆问，既然有软菜，是不是也有硬菜，那硬菜是什么？阿婆被问急了，就说，硬菜就是骨头，狗才吃硬菜。阿红说如果有骨头啃，宁愿做狗。立夏的主角是茶叶蛋，“立夏吃只蛋，石板会踏烂”“立夏吃只蛋，气力大一万”“立夏吃只蛋，热天不疰夏”，吃蛋的好处如此多，所以，母亲不敢马虎。头夜，把茶叶与蛋一起请进锅，煮沸后，焐着，焐一夜，焐成蛋壳咖啡色，香味诱人。母亲大方地请我们多吃几个，“立夏不吃蛋，上坎跌下坎”，哪个父母愿意让自己的孩子从上坎跌到下坎。彩英阿婆真是孩子的福星，这些话说得真是好。不过，茶叶蛋多吃了，肚子胀气，会打嗝，打出来的嗝有一股子难闻的异味，那好，得去消消食，饱着肚子，东家西家串串门，再回到家，肚子已经瘪了。

母亲不会织蛋套，可蛋要挂在脖子上，蛋套是必须的，所以只好请彩英阿婆帮忙。我拿着刚摘的蚕豆送给彩英阿婆，阿婆额外还编了五彩的立夏绳，套在手腕上，好看得很。

立夏那天，家家户户还会焖一锅“倭豆饭”，倭豆就是蚕豆，把蚕豆跟糯米饭一起焖，放几片咸肉，熟了揭锅，豆的糯香、米的软香和肉的咸香，满满一鼻子，香味停在房间，久久不散，恨不能把香味也吞进肚里。

班级的拄蛋比赛，不用约定。那天早早到校，书包还没放妥，就忙开了。平时，女生跟男生是有三八线的，这时，顾不得了。

但凡到了吃的节日，家家户户一派祥和，家禽和动物也都一团和气，那一天，农人会给牛喝鸡蛋酒，也给牛过立夏节，补补身子。牛嗜酒，喝了酒，乖巧听话，不耍牛脾气。母亲说我也是如此，吃了，嘴巴就甜，不吃，翘得老高，可以挂油瓶。

阿红母亲有一次煮了一锅糯米饭，邀请我去吃，白碗盛着黑饭。第一次吃这种饭，新奇得不得了，感觉特别香，原来叫乌米饭。把乌饭树叶搓成汁水，用汁水泡糯米，取出滤干，蒸熟。

谁都知道，“千补万补，不如立夏一补”。补了这么多，自然要称称体重。人们在屋梁挂起一杆大木秤，秤钩悬一根凳子，大家轮流坐到凳子上面，秤人。司秤人一面打秤花，一面讲着吉利话。称老人说“秤花八十七，活到一百一”；称小孩说“秤花一打二十三，小顽（小孩）读书考状元”。司秤人一面还报斤数“重了”或者“轻了”，去年的体重都在他心里呢。有时称成人，成人双手拉住秤钩，两足悬空称重。称孩童时，孩童坐在箩筐内称重。自家的父母边上站着，指挥，别动别动，不要笑不要笑，司秤人从里往外打秤花，从小数到大数。当然这称体重也寄托了长辈希望小辈健健壮壮的美好期望。

立夏还有一场压轴戏——穿耳洞。耳濡目染几年后，我们终于也等来了这一天，好几个同龄的女孩排着队要彩英阿婆穿耳洞。阿婆把耳垂摸得又红又热，边摸边问，阿囡痛不痛？阿囡痛不痛？一枚穿了五色彩线的缝衣针，烫红针尖，突然穿耳而过，还没来得及喊出声，阿婆已经把蛋塞进嘴里，喊也不是，吃也不是。穿过耳的彩线挂在耳垂，迅速打结，穿好左耳穿右耳，都穿完了，那个蛋还没吃完。

阿红来我家，约我去摘“阿公公”，“阿公公”是乳名，就像我也有乳名。“阿公公”的学名叫蓬蘽，属于悬钩子家族。立夏后，是“阿公公”的旺季，田头地角总能见到它的身影。摘来，用细草茎串起来，红红的，圆圆的，非常好看，挂在脖子上，摘一颗，吃一颗。

小贩挑着毛茸茸的小鹅小鸭，进村叫卖，小鹅小鸭站在大扁圆竹篮里，好奇地四处张望。主妇们围上去，挑肥拣瘦，讨价还价，买回家，细心地养起来。

满地跑跳的小公鸡已经长成半大小子，身上的羽衣一天比一天鲜亮。这个时候，系着蓝布围裙的阉鸡匠上门了，只一开口，主妇们就已迎出去，熟络得亲戚一般，互相问候，说着客套话。阉后的公鸡一门心思长肉，主妇们这才安心，过年待客祭祖全靠它了。

黄昏给村庄涂上了一层金粉，各家的炊烟在半空中点头致意，鸡呀鸭呀归巢了，夕阳落在身上，我和阿红像是换了身新衣服。低头一看，脚上的凉鞋，脚趾已经出头了，快去告诉母亲，该给我买新鞋了。

（选自《文学港》2018 年第 12 期）

但问饮茶人

殷小竺

壶 事

混迹茶界之初喜欢茶器甚于喝茶，这事似乎有点本末倒置。其实也不足为怪。茶器之美很直观，由器易入茶。

紫砂壶乃泡茶利器。“一壶重不数两，价重每一二十金，能使土与黄金争价”。彼时最喜欢的一款壶型为“倒把儿西施”。倒把儿西施壶因壶柄为“倒耳”状而得名，又因壶身光滑、圆润、性感，坊间也称西施乳壶。对于茶壶，明人主张“宜小不宜大。大则香气涣散，久浸味苦温度不持”，这一点我是赞同的。况喝茶这件事，除了满足生理之需，也不排除欲避喧嚣尘世，得一己逍遥。于是，在北京马连道茶城，一把小巧倒把儿西施壶入了我的眼。壶身小巧、圆润，红泥紫砂制成，更喜人的是壶把儿上被壶主饰以一个用红绳编结的墨绿色玉坠儿，显得小壶甚是可爱。寻价，壶主说少一千元拿不走。又说，壶是自己的师傅所赠，不出手。如此纠结，倒是卖还是不卖？想想，那壶定是主人心爱之物，否则店家不会有钱不赚，买了倒成了夺人所爱。

刚喝茶的时候，喜欢壶像喜欢上了一个人般情迷其中不能自拔。于是，数次辗转奔波去陶都宜兴购壶。彼时的宜兴未通火车，要先抵无锡，再驱出租车五十公里。费尽周章，大大小小各式各款的壶背回家，迫不及待将群壶一一摆列桌上，满心欢喜。摸摸看看，端详细品，仿佛伊们是自己亲生的小宝宝。喝茶讲究味之鲜之纯，一茶一壶，所谓“一壶不事二茶”。心里盘算：红茶清爽甘润、清香浓郁、健暖胃脾，平日里喝得最多，理应配以那把至爱倒把儿西施壶；

普洱茶香厚味醇、内敛含蓄，与那把简约敦厚的仿古如意壶最为契合……好马配好鞍，相信茶与壶们应互不辜负。

紫砂壶需要“养”。养后的紫砂壶会散发一种自然内敛的光泽，油润可爱，逸雅神妙，趣味横生，可成人手宝物。所谓“摩挲宝爱，不啻掌珠，用之既久，外类紫玉，内如碧云，真奇物也”。养壶通常的方法是“涤拭”，即泡茶时用热茶水往壶身上浇浇淋淋，之后再用干布擦摩擦摩。我喜用“涤法”养壶。每每从远方归来，裹挟着寒风入室，开门头件事即是稳稳坐定，烧上一壶滚烫的热水。当一壶热水全部浇上蒙了尘的茶壶时，只见股股热气团结氤氲、升腾缭绕，疲惫感烟消云散的同时，整个房间随着茶壶的沸腾都有了动静，瞬间就活了过来。

往往，茶还未喝，那些烧开了用来泡茶的山泉水一部分浇了茶壶。有时，为急于得到一款自己养就的紫砂壶，常常把正在喝的茶水很多供养给了茶壶。这般养壶，到底是壶侍茶还是茶侍壶？毕竟，器为茶生。如此待壶不但有显主仆不分，简直有些暴殄天物。

人有时真的是过于急迫了。正如苏东坡所言“乳瓯十分满，人世真局促”。紫砂壶从矿土神奇变身“紫玉金砂”，除了要完成亿年的深居蛰伏、窑里的高温煅烧，之后，还要完成与茶与人日复一日的肌肤之亲。如此，紫砂壶才能修成“亚光”，才能修得一种气定神闲、含蓄内敛、意蕴深厚的气质。

远方的婆婆家中有一把小巧紫泥小壶。此壶壶型“方中有圆，圆中有方”，通身传递一股乾坤灵气，我称之为“乾坤壶”。春节回家，发现该壶已被婆婆养得温润如玉，光可鉴人，异常漂亮。婆婆是极节俭的人，婆婆养壶断然不会如我般用矿泉水甚至是茶水浇淋。婆婆的养壶法是“拭”。用她的话说就是，闲着没事时拿干茶巾用力擦摩。久了，壶就养成了。

壶是家里先生送给婆婆的。紫砂壶泡茶好喝，儿送壶之心可鉴。如今这茶壶成了婆婆每日必用的一个物件。老年人睡眠不佳，婆婆平日里饮茶次数并不多，更不必说用小巧紫砂壶细泡慢饮功夫茶了。婆婆说她所谓喝茶，大多时候是在擦摩茶壶。睹物思人，我总觉得婆婆擦摩茶壶的同时，更多的是在思念远方的儿子。于是，养壶这件事在此，仅仅是母亲的一个念想儿。

但问饮茶人，茶之味何味儿

（一）

“不苦不涩不是茶”。茶为何苦涩？茶中有呈苦味的咖啡碱、呈辛辣花苦味的茶皂素、苦感强烈的花青素（当 150 毫升茶汤含有 15 毫克花青素时，茶汤即呈明显的苦味）；“涩”指的是口腔中细嫩组织的收敛表现，是一种口感，来自占茶叶干重 25% 至 30% 的茶多酚。

幼小的时候生病，妈妈先是把药研成粉末，放入汤匙中，然后再用糖水搅拌，哄骗着孩子说“药是甜的”。待药到了嗓子眼儿，粘在那里，怎么也咽不下去。习茶后才明白，滋味是通过人的味觉器官来鉴定的。舌的部位不同，对滋味的感觉则异，如舌中、舌尖、舌两侧分别对鲜味、甜味、酸味最敏感，而舌根则对苦味最为敏感；人的味觉也是有记忆的，就像吃苦药时，总想起小时候，想起妈妈。

苦涩是茶的主体风味儿。然而，苦涩过后即是甜滑，好茶还会有“回甘”。茶中有茶多酚氧化后产生的茶黄素茶红素、单糖和双糖等可溶性物质，这些物质使茶苦中有甜，或先苦后甜。茶滋味的不同呈现，总令饮茶人品茶的同时也品人生。茶之味恰如人生况味，常常是甘苦交加。

茶叶中相当数量的茶氨酸则使茶汤鲜爽无比，维生素 C 和无机盐等物质，使茶汤呈现奇异的果酸味、咸味等。多种呈味物质含量的不同和相互配比，形成了各种茶千差万别的滋味，浓淡、强弱、鲜爽、甘滑、醇和、苦涩、青涩、平淡、粗异等。

茶汤五味杂陈，其中也不乏异杂味，如水味儿、青味、青腥味、霉味儿等。大多是制茶时败了手艺，或是贮存不当所致。茶的世界如人的世界，我喻这些异杂味如生命中遇到的一些小人，有点人味儿，更多时没有人味儿。

（二）

茶味不是固定不变的。随着时间的推移，茶味有的会转化，如烟熏味儿，其陈化后会产生其他茶香味儿。普洱茶的味道也会变化。普洱茶经长期贮存，氧化后，口感会更柔和，滋味则更甘甜。

茶味也是一件很主观、很私人的事，因人而异。陆羽说“嚼味嗅香，非别也”，指的是大多时候，同一泡茶，由于个人口味不同，会呈现不同的味道。如一款高焙火的武夷岩茶，喝惯它的人觉得其有诱人的炭香，喝不惯的人则觉得那是一种难以入口的焦味。再如，有的茶，有人喝着觉得寡淡、索然无味，有人“觉有一种太和之气，弥沦于齿颊之间，此无味之味，乃至味也”。明朝有个喝茶的高人叫冯开之，喜欢喝茶清谈。一次正聊在兴头上，喝了一口茶童忘了放茶的白水，竟道“茶味醇正”，倒也有些意味深远。

同一个人在不同时间不同地点喝同一款茶，味感也会不同。李清照有词“春到长门春草青，江梅些子破，未开匀。碧云笼碾玉成尘，留晓梦，惊破一瓯春”。是说团茶已碾，思绪却如乱麻，不知飘往何处；茶还在，那个与己相知相爱的人却不在。茶味儿寡白，如当下人生际遇，全无兴味。

同一款茶不同的人冲泡，味道也会不同，盖因冲泡手法不同。有人说喝茶能喝出制茶人制茶时的心情，很有可能，因为茶中或藏有静气，或藏有燥气；但有人说，喝某人冲泡的茶喝出了其刚刚离了婚，这事就未免有些玄妙，离奇兼不靠谱。

茶的味道最终由水冲泡出来，那么水质好坏、水温高低、茶水比例、浸泡时间等与水相关的所有也是影响茶滋味的重要因素。水为茶之母，魏晋人杜育用一首诗“惟兹初成，沫沉华浮，焕如积雪，晔若春敷”，再现了水与茶的最初的美好相遇。

（三）

滋味是决定一款茶“品质”如何的重要因素，而决定一款茶滋味的是茶的品种、生长环境、季节、树龄以及制茶工艺等。其中制作工艺是决定一款茶最终呈现什么滋味的决定性因素。换句话说，品种、生长环境、季节、树龄等使茶可能成为某种茶，但制作工艺则决定它最终是什么茶。就像一个人，其生长环境和遗传基因可能会影响其成才，但最终决定其是否成才的关键是其所受的教育。

即便如此，仍然不可置否的是，特殊的地域条件某种程度上决定一款茶特有的滋味，就如基因，复制不得。

2017年底，我前往云南西双版纳勐海县，专为寻找那股神奇的“勐海味儿”。勐海，傣语意为勇敢者居住的地方。人说，天佑勐海。那里山叠嶂、水纵横、雾蒙蒙，集众多名山名茶于一身。南糯山、勐宋、贺开、布朗山、巴达等澜沧江以南五大古茶山，老班章、新班章、老曼娥、贺松、曼糯、帕真、帕沙、班盆、章朗、那卡、滑竹梁子等古茶园，使勐海成为名副其实的中国普洱茶第一县、茶的老家。

在贺开古茶园，清晨，薄雾轻漫，阳光穿透层层茶树，在林间投射出万道光芒。漫步古茶园，宛若进入一个梦幻的世界。仰望一株株饱经风霜的古老茶树，感觉时空仿佛停滞。不禁感慨：岁月沉浮，“濯足急流，抽足再入，已非前水”；风霜雨雪，芳华终将蚀尽。我们每个人作为个体，在历史的大茶树下都凸显寡淡和渺小！苍山依旧，此时，唯一不变的，可能也只有勐海普洱茶那浓香厚重、回甘悠远的“勐海味儿”了。

茶水相见，如一个人终于等到了另一个人

（一）

茶无常形。遇水之前，茶是干茶，外形可用下列诸多感官审评术语描述：

挺直、弯曲、平伏、紧结、紧直、紧实、肥壮、壮实、粗实、粗松、松扁、扁直、肥直、圆浑、短钝、短碎、松碎、爆点、破口等。遇水之后，茶是茶汤："惟兹初成，沫沉华浮，焕如积雪，晔若春敷。"（魏晋杜育《荈赋》）意为：茶水初遇，茶沫下沉，精华上浮，茶汤亮如积雪，其光泽如春天的花木般欣欣向荣。

邀茶入杯，茶水相遇。寡白之水变身茶汤，有了色泽、香气和滋味。清澈、鲜艳、黄亮、橙红、深红等的汤色，鲜爽、醇正、焦糖香、板栗香、甜香、毫香、松烟香等的香气，醇厚、甘醇、鲜醇等的滋味；也有黄暗、青暗、混浊等的汤色，沉闷沌浊、不爽、焦、粗、陈之气，淡薄、粗糙、滞钝、苦、涩等滋味。

茶，亦有了归宿。原本草木之身、柴薪之命，从此，变身柴米油盐酱醋茶、琴棋书画诗酒茶，从山间走入人间。茶与水邂逅，茶之生命开始绽放绚烂。

有一款茶叫君山银针，黄茶类，冲泡时可观其遇水之后心花怒放的形态之美。初泡，茶叶横浮水面，芽尖挺直向上，蒂头下垂。少顷，茶芽吸水缓缓降落，竖立杯底如刀枪林立。如此，忽升忽降可达三次。茶水共舞如雀舌含珠，万里书天似春笋出土。由此，君山银针也被称为观赏茶。

古人极尽美词描摹茶与水的相遇相融之美："欲知花乳清冷味，须是眠云卧石人""今宵更有湘江月，照出菲菲满碗花""投铛涌作沫，著碗聚生花""今朝寂寞山堂里，独对炎晖看雪花"……元稹也有一首宝塔诗《茶》，其中一句："铫煎黄蕊色，碗转曲尘花。"

杯中茶幻作了水中花，皆因古人有着浪漫的情怀。

（二）

茶与水的关系，古人说得再明了不过。明代张源说："茶者水之神，水者茶之体，非真水莫显其神，非精茶曷窥其体。……真源无味，真水无香。"其中"真源无味，真水无香"，道出了好水的价值不在于自身，而在于其能助发茶性到极致。

明人许次纾也说过：无水不可论茶。杭州有著名的“龙井茶、虎跑水”，作为杭州人的清人袁枚，在《随园食单》开篇并不先言其家乡大名鼎鼎的龙井茶，劈头第一句竟是“欲治好茶，先藏好水”，就好像在说“己所不欲，勿施于人”这个真理。明代苏州人张大复在《梅花草堂笔谈》中也说过：“茶性必发于水，八分之茶遇十分之水，茶亦十分矣；八分之水试十分之茶，茶只八分耳。”

每每烧水泡茶，拎起装有自来水的烧水壶，就想起上述古人们说过的话。茶神陆羽在《茶经》里也说，泡茶之水“山水上，江水中，井水下”。山水，就是山泉水，自然之水，明人高濂称其为“灵水”。“灵，神也，天一生水而精明不淆，故上天自降之泽，实灵水也。”

科学试验已证明，泡茶之水，泉水第一，深井水第二，蒸馏水第三，经人工净化的湖水和江河水，即我们平常使用的自来水最差。

可是，大多时候，作为一个城里人，不得不天天饮用泛着氯气味道的自来水。购买桶装纯净水或矿泉水，又担心黑心水站做假，把自来水直接灌进桶内；市场上的瓶装矿泉水，经多个渠道转运，喝进口中至少几天以后，水已是陈水；为家中的自来水安装净化装置，结果水烧开后，水面常见异样物质漂浮。厂家说，那是水中一种物质的结晶，非有害物质。恰好看到电视节目上一个专家在讲水：结晶物质对人健康不但无害，甚至有益。可是，喝着有“刺嗓子”之感，总觉不悦。

身居钢筋水泥丛林中，一个喜茶人泡茶时无法任由自己择水，也是一大憾事。

（三）

2017年11月份，我从甘肃返京，转道河南游云台山。在泉瀑峡、潭瀑峡，看到从沟壁和谷底涌出多股清泉。泉水曲曲弯弯，潺潺流淌，溪下形态各异奇石铺就的自然溪床，尽收眼底。秀山可餐，净水可啜。于是，双手掬起一捧，大胆喝下一口。

泉水甘洌无比。尝到好水即想到泡茶，想起一个个喝茶读书写字的美好日子。几日来舟车辗转，一路风尘浩荡，虽心不疲但身已累，不禁盼着早归。

水是清净的，心却有点惴惴。游云台山，一天都在担心泉水不洁致肠胃受苦。毕竟水处山中，又逢一个夏天，蛇虫之类毒物难免蓄积其中。当今，各种污染问题普遍存在，无法相信哪里还有净水。

一天过去，肠中无有“动静”。窃喜。当晚回宾馆，迫不及待倒出从山上带下来的一瓶泉水入壶烧煮。再取出年初从武夷山寻得的金骏眉，邀茶入杯，静待“灵水”。“灵水”入杯，茶水发出“嘤嘤”之声，如一个人终于等到了另一个人。精茶真水，似乎天造地设。几杯下肚，一日的登山疲惫感顿消。就连身处何地，亦忘。

想起多年未想起的台湾诗人席慕蓉了。她有一句话：“为这，我已在佛前求了五百年，求他让我们结一段尘缘……”佛说：“前世的五百次回眸才换来今生的擦肩而过。”

茶不得水，作何相貌？从此，茶与水共，百世传香，永不辜负。

（选自《散文选刊》2019年第1期）

花见花离

苏　西

那蔷薇啊，只开了一个早晨

立夏的早晨，出门办事，回家的路上遇到溪边的野蔷薇。

如此蓬勃热烈，盛大的夏天真正地来了。

五月是蔷薇的季节，它们不受人编排，亦无须园丁指点，开在山间。每当此季，总是哼响起一首老歌：“一朵美丽的蔷薇带着刺，拒绝所有攀缘的手势，一个春天才浪漫一次。”蔷薇花的女子，有的就是这样的骄傲和美丽吧？谁会去追究一朵蔷薇的往事呢？当季节过去，开过无悔，落也无悔，热烈过就是一生。

我的许多五月，也是蔷薇的五月。我能够记得的，不过是一场场关于蔷薇的花事。

2006年的五月，在上海。临时起意跑去桐乡。出租车司机说这里是碗大的桐乡市。下午坐公共汽车，去石门镇的丰子恺故居缘缘堂。小镇一个游客也没有，运河在这里拐了个弯，居民们沿河摆摊做小生意，我吃着臭豆腐和烧饼，眯眼看着运河岸上开满了蔷薇花。小街上有许多古旧的店，人们淳朴而友好。路遇的两个小朋友带我去缘缘堂。空无一人的缘缘堂，丰子恺的书房走廊里有个小佛堂。赵朴初有诗“世界缘缘无有尽”，但丰子恺自己写的“欢浓之时愁亦重”更与人世亲近。

初夏的江南，到处有蔷薇的花香。夜色初起的时候，对着小桥流水，突然想起从前读书笔记里记下的卡内蒂的一句话：“他希望拥有一些时刻，它们燃烧得像一支火柴那么长。”我一个人不告而别，独自跑到小镇来，也没能躲避什么，躲得过上海日光倾城，也躲不过蔷薇花的暗示。2008 年的深秋，在海拔 4200 米的理塘的黑暗街道上，空气冷而干燥，有些什么，在高原的星空下向我汹涌袭来，我无力防备。是因为属于那年春天运河边上的蔷薇花的思念，悄然蔓延。虽然我那个时候不过以为，那只是生命中的某一段旅程，我一早便懂得接受分离的命运。但我的忧伤是因为明白在爱上的瞬间，便是永远的失去。在西行的路途中，我眼见荒芜的史前遗迹，经过地壳的剧烈变动，就那样过了一世又一世，便明白这世间永无永恒的可能，但这似乎又是另一种意义的永恒。

还有一年五月的第一天，开了很久的车，去另一座城的乡间。穿过隧道，穿过重重绵延的高山。下车的时候，要走刚刚开出来的黄泥土路。路上还遗留有牛粪，以及昨日一场暴雨带来的泥泞。朋友未来的度假山庄举办溯溪登山活动，人很多，野炊烧烤，仿佛童年时候去郊游。我眼前浮现出家乡小山城的记忆，想起那些春秋佳日，山杜鹃和野百合的样子。十几年的光阴，流逝的速度就如此刻我指间的阳光。树木蓊郁，在阳光下闪烁着油绿的光。我看见了晚春残余的杜鹃。我看见了路边的金樱已经结出了青色的果。我看见野草莓在灌木丛中悄悄成熟。粉色的野蔷薇开成一片，浓郁的青草香弥漫在山野间，那的确是属于夏日的香气。有谁能与我一同闻见，这山间原始清澈的气味?

出行的前一晚，去听马勒的《大地之歌》。《大地之歌》是根据德国人汉斯·贝特格翻译的中国古诗集《中国之笛》写成的，里面有李白、孟浩然、王维的诗。这一年，马勒辞去维也纳宫廷歌剧院指挥的席位，他四岁的爱女夭折，又发现自己患有心脏病，因此心情烦闷。他在阿尔卑斯山下的小村庄里读到《中国之笛》，心有同感，遂写成《大地之歌》。第三乐章《青春》，男高音独唱，唱的是一群青春少年坐在亭子里，观看美景，饮酒吟诗。音乐听似轻快，却有着挥之不去的忧郁，是鲁迅所写："我早先岂不知我的青春已经逝去了？但以为身外的青春固在：星，月光，僵坠的蝴蝶，暗中的花，猫头鹰的不祥之言，杜鹃的啼血，笑的渺茫，爱的翔舞……虽然是悲凉缥缈的青春罢，然而究竟是青春。"最后一个乐章《告别》，马勒自己写了一部分歌词。一支长笛和一把小提琴带出的低回幽怨，真是催人心肝。

2012 年的五月，在武夷山的闽越王城遗址，空阔无人的山野间单瓣蔷薇将谢，回望旧时王城只剩土堆，忽生人生如远客之感。不过因为空气极干净，真切地闻到野蔷薇的香气弥漫。周瘦鹃写单瓣的野蔷薇最香，可以浸酒窨茶。周的文中还提到中国药店有售野蔷薇露，饮之清火辟暑。“唐代柳宗元得韩愈所寄诗，先以蔷薇露洗了手，方始开读。”这可真是知音的最高待遇了。

蔷薇令我忘言，却又翻涌起我已经淡忘的青春。那个时候的我曾经写：“想起一些事，我的青春，脑子里忽然闪过巴尔扎克的一句诗——‘那蔷薇，就像所有的蔷薇，只开了一个早晨。’”

“都过去了，花也隐了，梦也醒了，前路如何？便摘也何曾戴？”

花隐梦醒，然而究竟是青春，哪怕只开过一个早晨。

木槿花凋

与繁花相见，与草木同喜。

离开办公室的时候，日头仍然厉害。走到附近市场买东西，突然想坐路过湖边的一路公车回家。我喜欢这路车，一路都行驶在风景里，并且除非上下班，没有太多乘客。在湖边看到一棵矮小的木槿，暮色里已经蜷起了花朵。想起“花凋”这个词，张爱玲一篇小说的名字。木槿朝开暮落，只有一天的花期。李时珍在《本草纲目》中把木槿注释为“朝升暮落花”，这是姚伯声将它归之于“时客”的原因？

李渔的《闲情偶寄》写木槿，“木槿朝开而暮落，其为生也良苦，与其易落，何如弗开？造物生此，亦可谓不惮烦矣”。这仿佛说的是《花凋》里的女主角，是一个二十一岁便死去的女子，一个在最美好的花季中凋零的女子，那是“最美满的悲哀”，她的墓碑上刻着——“无限的爱，无限的依依，无限的惋惜……回忆上的一朵花，永生的玫瑰。”李渔为木槿的命运感叹，说看花如看人，无一日不落之花，也无一百年不死之人。可他更为人的命运感叹，因为花之落是必然可测的，人之生死却时常是突然的。所以日本的柳宗民说："槿花一朝梦，这句话用来形容世事无常。"木槿在中国曾有别名"朝菌"，"时一寓目，尘念顿空矣"，因此在日本的平安时代，木槿与牵牛花一样被归为"朝颜花"。

木槿是哀伤的花，李渔不喜。我每次看到那些花，也都会想起曹植把他早夭的两个女儿比作木槿，短暂一生，真是悲伤。曹植的大女儿金瓠出生一百九十天就夭折时，他写《金瓠哀辞》以示哀痛："天长地久，人生几时？先后无觉，从尔有期。"不久后，他的小女儿行女亦早夭，曹植写了《行女哀辞》——

感前哀之未阕，复新殃之重来！方朝华而晚敷，比晨露而先晞。

感逝者之不追，怅情忽而失度。天盖高而无阶，怀此恨其谁诉！

读到曹植的哀伤之曲时，想起了何其芳的一首诗《花环（放在一个小坟上）》——

有珍珠似的少女的泪，

常流着没有名字的悲伤。

你有美丽得使你忧愁的日子，

你有更美丽的夭亡。

不知道何其芳这首诗背后的故事，但也是对一个早夭的美丽少女的悼念吧？

木槿是夏日最美的篱笆，它并不难养，二三月间发芽的时候，剪下枝条，扦插于土中，很容易成活，想要种个篱笆墙，顺手紧插不留空隙便可。《救荒本草》里记："《本草》云，木槿如小葵，花淡红色，五叶成一花，朝开暮敛，花与枝两用，湖南北人家多种植为篱障，亦有千叶者，人家园圃多栽种。"其实不光是湖南北人家，我小时候在闽东北乡间，也看到人家的篱笆多是木槿。我外婆夏日经常去院墙篱笆边摘一把花，拿米汤煮木槿花——米汤是乡间柴火灶蒸米饭前捞米的白色米汤，米的糯香和花的清香交融，只需加一点盐甚至盐都不加，一碗滑滑的汤是缺乏胃口的夏季的讨喜轻食。我总能喝上三两碗。

（选自《文学报》2019 年 4 月 18 日）

每一朵雪花都认真飘落

余君才

雪是什么时候开始下起来的，我已经记不清了。母亲在半夜里翻身，在沉寂的夜里忍不住大声咳嗽。大半夜的，风轻轻推开虚掩的窗户，屋子里越发清冷，母亲帮我盖好棉被，又走回了自己的屋子，然后传来一阵轻微的咳嗽声。窗外的天空低垂，风更加凛冽起来，我静静地躺在夜里，毫无睡意，看着窗外的事物。窗外的天空慢慢地变亮，我感觉雪就要落下来了。

我不知道是什么时候又睡过去了，母亲起身的时候，我也不知道。雪要落下来了，母亲想起了山野上的那一块麦地。麦苗青青，但疏于人力，麦垄里的杂草还没有来得及铲掉。母亲拿起锄头，走向了那块月光下的麦地，她对山野里那些迎风招摇的麦子无比珍视。她要赶在雪花落下来之前将那块麦地的杂草除掉。不然大雪落下来，麦子连同杂草埋在下面，土地的营养全被杂草给吸走了，冬雪之后的麦子就会面黄肌瘦。

那时候雪还没有来，雪还在风雨之后。母亲在那块月光下的麦地里除草，母亲头上包着一块暗红色的头巾，身上穿着那件厚厚的棉袄，棉袄有些破旧了，里面的棉花露了出来，乍一看像是飘落在棉袄上尚未融化的雪花。但雪还没有落下来，天空越来越明亮了，母亲心里越来越急，她挥舞着手中的锄头，在月光之下，努力地除草，雪就要落下来了。

母亲回到家的时候，雪已经越下越大。那时候，我透过房间的窗户看见母亲扛着锄头从大雪纷纷的小路上走回来，她的脸颊已经被冻得通红。母亲用皲裂的手轻轻掸去落在身上的雪花，将锄头靠在屋前的墙角，然后经过庭院走进屋子里，母亲的身后，大雪将夜晚映得发亮。

窗外的雪越下越紧，每一片雪花都在天空中飞舞。仿佛一个盛大的节日，雪花纷纷扬扬，在大地上尽情狂欢。那一年的雪可真大啊，它是我记忆中最大的一场大雪。雪落在大地上，发出簌簌的声响，一会儿工夫大地就变成雪白的一片。那一年的庄稼也大丰收，母亲说："瑞雪兆丰年，多亏那场雪啊！"但我总是觉得所有的收获都是母亲劳动得来的，我永远忘不了那场雪，忘不了透过房间窗户看见母亲扛着锄头从大雪纷纷的小路上劳作回家的画面。

后来，长大了些，在书里读过很多下雪的场景。"风雪山神庙"里那一场越下越紧的大雪令人惊心动魄，林冲的人生又将何去何从。读到《红楼梦》里"好一似食尽鸟投林，落了片白茫茫大地真干净"，让人想到漫天大雪、万物归一的世界，难免有些悲伤。读过唐代诗人刘长卿的诗："日暮苍山远，天寒白屋贫。柴门闻犬吠，风雪夜归人。"风雪中归来的人会是谁呢？我们一遍遍读，又一次次地猜测。那个风雪中归来的人一定经历了风雪的洗礼，但这个画面让我想得更多的是在风雪夜里劳作归来的母亲。

在走南闯北的岁月里，我见过无数次落雪。我见过在空中旋转升腾、尽情狂舞的朔方的雪，也见过妩媚婉约、涂着胭脂的江南的雪。我见过一个在风雪中，推着三轮车急着赶路的收废品的老人，雪落在他破旧的衣服上，他继续赶路前行。我还见过一个在大雪纷纷的夜里，推着手推车等在火车站帮人拖行李赚钱为老伴看病的老人。我甚至看见过一个在大雪纷飞的夜里无家可归的流浪汉瑟瑟发抖的战栗……

他们和我的母亲一样，都太普通了。他们在每一片雪花之下，过着自己平凡的生活，经历自己的人生。一切都是那么稀松平常，他们好像从来都没有被人们发现过。

但，每一片雪花都认真飘落。它滋润万物，落在山间、湖泊、田野、城市的街道……仿佛每一片雪落下时，都会有什么故事发生。在每一片雪花下面，人们都过着自己的生活，有的轻衣简从，有的辎重前行，有的乞讨人生，有的辛苦劳作，有的在百叶窗下享受一杯热咖啡的温暖，有的在大雪弥漫的街道上认真地讨着自己的生活……

应该说，自然的万物都有着自己的生存定律。大地上的人们，都经历着自己落雪的人生。人生如落雪，又如树花同发，随风而坠的人生，虽贵贱殊途，但都可以改变自己的命数，最为可贵的是，我们可以选择不同的方式飘落。

每一朵飘落的雪花都有属于自己的命运，每一朵雪花下面都有着人们不同的生活，每一种生活都值得被歌颂，每一位认真生活的人都是掌握自己命运的人，一如那个在风雪夜里劳作归来的我的母亲。

（选自《散文选刊》2019 年第 1 期）

南 湾

刘汉斌

我在散文中多次写到的南湾，其实只是北方荒寒山村里一个普普通通的山湾。

山湾不大，却收纳了我整整二十年的成长史。成长中最大的愿望就是期待着南湾的土地能为我多产出一些粮食来，让我能吃饱。花费了大力气播种的麦子，越是寄托了我的殷切希望，它们就越是长得弱不禁风、半死不活。而我费尽心思要根除的杂草，一不留神遗落在土壤里的杂草种子、根、茎，伺机从裸露的地皮上钻出来，密密麻麻地立在土地上，低矮的麦子被野草夹裹着，杂草丰茂，而麦子却稀稀落落。一进入七月，看着绿茵茵的麦田我就心急如焚，青绿的草压住了熟了的麦子，根本无法下镰，我就赤裸着双手一根一根地拔。从一滩草里躬身拔麦子的日子里，感觉天气越来越溽热，而心境却越来越冰凉。

二十岁之后，我的脾气渐渐大了，野草高过了麦子的七月，胸中的气早淹过了心；好端端的土地只长草，不长庄稼，恨得人牙直痒痒，朝高高的田埂上踢一脚，踢得地里的土冒烟尘，土地上依然蒿草旺盛，麦子依然羸弱不堪，而只有我抱了自己的脚，疼得龇牙咧嘴。我决定把贫瘠的土地留给荒芜，任凭杂草恣意生长，我再也不回头看了，让土地在荒草的生息轮回里自行修复。我心甘情愿是南湾的土地上一棵经命运之手嫁接移植的植物。

一气之下，离开了南湾。真的离开了，却发现自己根本忘不了它，也不能忘。无论走到哪里，睁眼全是新奇与陌生，而梦境里全是南湾，走不出去，也不愿走出去。离开的日子越久，就越是对它迷恋。可是，我回不去了，我是一个被南湾除了名的人。在南湾，我成了一个没有南湾户籍的人，被故乡除了名的人，毕竟当初是我非要离开的，还有何颜面再回到那里呢?

我唯一能做到的，就是隔一段时间一个人回到南湾的土地上走一走，看一看。先前耕种过并以此为生的土地，被杂草覆盖着，我在南湾的过往只残存于老一辈乡亲的记忆里，南湾的土地上已找不到我生活过的任何踪迹。满地跑的娃娃们，面庞陌生，怯生生的眼神里全是对一个外人的警觉和好奇。

总有那么一天，我会像忘记这个世界一样忘记了南湾，我迫切需要用文字记录下它，哪怕是只记述一下植物改变过的事物，也算是对故土最虔诚的一次回望。南湾从此就一直在我的身后，给予我贫瘠中的巨大富足。无论我走得多远，只要一转身，就能回到南湾。无论什么时候，只要我回到南湾，植物们特别的芬芳，令我禁不住随口喊出它们的名字。

也许是念及自己的过往，我开始疯狂地热衷于对南湾过往的追究。据老人说，南湾的形成缘于一次毁灭性的地震或者说是地震让它受到了毁灭性的重创。至今依然可以清晰地看到，自南而北的一道山梁依然屹立，从东西两侧垮塌的山体，形成虚土，被父老乡亲们形象地称为“鸡码梁”，山如刀脊，又似被剔除了肉的鸡胸骨。

地震过后，南湾的土地似乎被注入了某种魔咒，寸草不生。地皮就像是从山体内翻出来的半截肠子，白花花地晾了几十年。南湾的前世断然成了一个谜。东山距离西山正好三里地，全是虚土，虚土与被掩埋了的生灵，构成了塬，经年的山洪从塬中间切开，形成山洪沟，沟壑纵深。

南湾的山梁锋刃朝天，受了伤却依然是山，能看得见的伤痕，被一茬又一茬的植物覆盖着，只要你不去细看究竟，它的伤就在那里，你却不知道。

山洪沟就像一把钥匙，横在塬上，南湾就是一把插着钥匙的锁，在时光中日渐生出斑斑锈迹。

青葱的土地上突兀着的一道道埂，是贫瘠的土地呈现给我的巨大富足。一条小路贯通南北，穿越整个南湾，山湾朝天打开，像一本被打开的大书。我一出生就患有饥肠咕噜的怪病，我一直没有找到根治这种病的良方，土地上产出的所有粮食和一些野菜，只能一次接一次地缓解着我的病情，却根本无法根治，只要有一顿饭吃不上，我就头晕眼花、肠胃痉挛。

闲适的时光，莫过于背搭着手，在田野里闲逛。重新走一走，看一看，总有那么一些熟悉的景象或者气味，会猛然打开隐藏于心的那些记忆，重新审视我熟悉的乡野，便有惊喜。田野是一本大书，每一种植物和动物都是镶嵌在段落里的一个闪闪发光的词，在田野的语境里呈现出生命的原色。借助一本药典，重温那些曾与我在同一片土地上生长的植物，我不说话，只聆听。铺陈于大地上的每一种植物，都曾构筑着我的记忆，是生命中不可或缺的一段时光。

先前站在路边绿着的野草，草叶上布满了灰尘，抬头看高处的树，树叶上也是蒙着厚厚的灰尘。在一个地方站得久了就容易落满灰尘，于是我抬脚匆匆离开。

马兰的叶子肥大，生在向阳的坡地上，吸引我的不是马兰宽厚的叶片，而是从叶隙里探出来的纤细的节节草。第一眼看到这种草，就莫名喜欢它，感觉那一节一节实心小枝组合的节节草就是一件天然的工艺品，精致极了，令人愉悦。在乡野里与节节草相遇，是一件令人愉快的事情，这是一种看一眼，就会使人感到身心舒爽的草。

秋日里的黄芩，在大地上花繁枝茂，淡蓝色的花序点缀于青葱的秧苗间，闻不到一丝花香，它就像是一个默默无闻的人，带着些许娇羞，沐浴着秋日的斜阳。秋日里，许多草本植物都争先恐后地成熟，只有黄芩却不紧不慢地开着花儿，仿佛时间对开花的黄芩是无效的，有花盛开，就尽管地开，漫不经心地绿着、盛开着。黄芩是普通的草，却有着优雅的姿态，它就是一个精神的贵族，优雅的姿态使它从百草中突兀出来。我试图用熟知的黄芪去理解黄芩，而只有在秋日里见到了黄芩，我才深知自己的武断和无知。每一种植物都是独特的，通过一种熟知的植物去猜想另外一种名称接近的植物是犯下的一个大错。

一转身，一面坡的荞麦花开了，那浅粉色的花海里，有我初恋时的记忆，在我最需要爱情的时候，我在荞麦的花季里恋爱了，恋爱的感觉就像是一地的荞麦花儿猛然间开了。荞麦花儿一开，就见满头华发的丑儿坐在荞麦地头上拿着半截木梳子梳头。他说，在荞麦开花的时候梳头会遏制白发，我不以为然，他便不理我。我的心里太甜，甜得烧心，我迫不及待地需要找一个人倾倒我内心的甜蜜，算作分享。我说我恋爱了，丑儿头也不回，也不回应我，这让我感到与木讷的人交流只会让人扫兴，但我不能取笑他，取笑一个心里有阴影的人是不道德的。可是再也看不到丑儿了，他一定是跟着年轻人去了别处，或许迷失了方向，或许只是有意避开这个美丽的地方独自活着。

落叶期的白杨树，像一只脱毛的鸡，甚是狼狈。它们仿佛正在经历着一场入骨的疼痛，风一来，大把大把的树叶从枝头洒落，到最后只剩下光秃秃的枝丫承受生命之冬。

在深秋的南湾漫步，空气中有一种草木在秋日里散发出来的气息，这种气息把人的思绪引向季节深处。不远处是一片皑皑的白，那白色正在逼近，水滴在这个白色逼近的清晨凝固，深秋的尾巴已经伸进了冬日的寒意之中。

野草的茎叶全都萎蔫了，可是它们都为自己结下了一个美好的未来。冬天一来，绿色尽失，目光所及，全是土的颜色，呼吸间是冰冷的粉尘，被我吸入又呼出，除了让我感到寒冷之外，我的 37℃的体温，根本无法让这个寒冷的冬天热起来，这是我的渺小之处。我觉得，夏日的草木，用生气压住了土，而到了冬天，草木休眠，我却无法让悬浮的土回到土地。在冬天的田野里行走，越走越冷，越冷就越感到自己的弱小。

习惯了盆景的精致、灵巧、扭曲，并以此为美，便一时适应不了田野中粗枝蔓丫的芜杂，总有一种按着自己的想法使其重新生长的冲动。我时常受到视觉的欺骗，总以为土地的蛮荒就应该是寸草不生，只有不生不育的土地在季节里攒动，而事实上，土地的荒芜恰恰是因为草木的繁茂。

站在南湾的腹地仰望，天低云厚，山是天空的支架，当我觉得离天空很近的时候，我离世界其实很远。田野是一本大书，荒芜的山村直逼我的灵魂，断埂残垣，荒草坟冢，将我的记忆驱散。有生以来第一次在我最熟悉的土地上感到恐慌和不安，慌乱之中伸手抓住的，是我深深扎进南湾的根。

（选自《散文选刊》2019 年第 2 期）

鱼游向哪里

复　达

假如我是渔民，就会抱定一个愿望，每一水出洋，期望鱼虾满仓。

这样的愿望自然实在。我的渔民兄弟，尤其渔老大，当一脚踏向船，少则十来个小时，多则二十多个或者更多时辰，披风斩浪，驶向洋地，忍受船上海里枯燥孤寂的生活，为的不就是实现收获的愿望？向往的便是这一水运气好一些，最好来个“大网头”，那是一张张几十米至几百米长的网袋，被膨胀得沉甸甸的收获情景。

靠海吃海，海给予他们生计，赋予他们力量、意志和豪爽的个性，也带给他们殷殷的期望。他们的这一生注定了离不开海，就像云朵飘浮在天空，像船只在海里航行。

老辈渔民说，那时春夏之交，家门前的岱衢洋上，天暗夜静时，成群的大黄鱼发出“咕咕”的叫声，这些到岱衢洋来放卵产籽的大黄鱼，像是前来赴一场约定，接踵而至，排山倒海，那简直就是奇观。一个庞大的群落，轰轰隆隆涌来，沙质地，泥质地，或者悬崖下的水域。那是每年必到的水域，那般熟悉，那样亲切，一串串微粒般的鱼子从小圆点似的排卵口喷涌而出，渐而形成幻影似的烟雾。如此年年，从不错过那个时节。渔船渔民自然也不会错过这个时节，浙江的渔船自不用说，上海、江苏、福建等地成千上万的渔船如脱缰万马，也纷纷涌进岱衢洋，一网网捕捞，一船船金光闪闪。东沙，这个岱衢洋边上小小弹丸地，因为大黄鱼销售紧俏，自清末民国起始，便以渔而兴，成为集收购、加工、销售的一个渔业集镇，一条横街，店铺林立，人群熙攘。“横街鱼市”这一“蓬莱十景”之胜景，一直持续至20世纪70年代末期。

而舟山北部的嵊泗渔场，每年则有两大鱼类在此聚集。春汛时，乌贼，就是我们常说的墨鱼，拥簇在礁石边孵卵，这些椭圆状的乌贼黛灰外表，白玉般的肚子胀得鼓圆，密密麻麻簇拥一起，像是戏海，又似欢聚。冬汛之时，带鱼则如潮般涌向嵊泗，银亮的光，一波一波笼罩着一艘艘满载的船只。

海里的鱼，似乎捕捞不尽似的。即使这个渔场萎缩，还有那个渔场。近海渔场渔获不多，还有远海，更远的海。

海里的鱼怎么有那么多？

不久前的一天，在席桌上吃到一盘干蒸鲳鱼籽。褐色，硬邦，咬开，里面的小籽细如针眼，密密匝匝挤压得如真空包装。这一盘十几根的鱼子，又是多少尾鲳鱼？真不敢再想下去，我吃不下这鱼子，尽管那鱼子已从鲳鱼肚子里取了出来，晒干炮制成了佳肴。

席桌上一位做水产的朋友，专程观察过三文鱼产子的情景。三文鱼产子多在海水与淡水交汇处，淡水又必是清澈的溪水。产子季节，三文鱼鱼群从海边一往无前地冲向溪水，循着溪水往山坑上涌动，直至体衰力尽，纷纷倒在溪坑中。鱼子就在这样的悲情中放生，溪水又将它们带回海中。

“千网万网，只能候着一网。”何时？鱼群越来越少了。

近海已不再是鱼们恣意游弋的场所，比如家门前的海，再往大处说即是东海，“东海无鱼”。

鱼游向了哪里？

东海的鱼是真真切切地少了。

每逢伏季休渔，各渔港停泊着长队渔船，像是在养精蓄锐，蓄势待发。只要开捕时间一到，便冲向大海。

钢板船只越来越大，网眼却更加细密，机器马力甚至超过规定核发的马力指标，马力大，航速便大大提高，航行时间也就大幅缩短。

渔老大操控罗盘，又紧盯驾驶台上的仪器，浩荡的海面，搜寻着渔群。

鱼还是有的。鱼哪会没有？鱼群总会在海中飞扬，群舞的影子总在波涛涌动间一幕幕地呈现。只是，离我们越来越远。

昨晚，我做了一个梦。梦到鱼群又再一次游回到家门口海中的情景，我看得真切：大黄鱼、小黄鱼、马面鱼、鳗鱼、鳓鱼、马鲛鱼、鲳鱼、鲐鱼、乌贼，不一而足，红旗猎猎招展，数百艘渔船，网网鲜活的鱼儿欢腾着跳上舱板……

（选自《在岛上》北京日报出版社 2018 年 1 月）

槭树下的街

于德北

昨天热，本不想出门。但之前约了一个孩子，要一起去书店，然后吃东西。提前从家里出发，步行穿过两片绿地，一片绿地上的月季伸枝展叶，另一片绿地上的牡丹却竞相开放，点染着欲热还凉的初夏时光。

从老“吉大”的正门出去，上同志街，心里突然一亮。

怎么就把它忘了？！

那是整整一街的槭树啊，初春剪了头，现在如同巨大的蘑菇，分立在街道的两旁。初发黄，继而绿，深秋红，冬天就变成黑褐色了，枝条稀疏，风吹不动。我们小的时候，不知道这树的名字，因它的果实像蜻蜓的翅膀，又似片片飞刀，所以，我们统一称它们“飞刀树”，采下树上的飞刀，奔跑到情报所的楼顶，趴在围垛上，一片一片地投下去，看它们飞旋，如同直升机的螺旋桨。那是最开心的时刻，玩到高兴处，竟都忘记了危险，顺着铁梯，爬到更高的地方，让手中的飞刀漫天飞舞。

没有音乐的午后，心里却在“咚咚咚”地打鼓。

春天了，飞刀树的主干上还会分泌出黏黏的糖水，颜色有些暗红，湿湿一块，阳光直射下来，糖水闪闪发亮。这种糖水我们都喝过，或者更准确地说，都舔过，有点像止咳糖浆，咽下去，嗓子痒痒的，如同贴了一层薄膜。

年龄长大一点，对这种树的关注多了一点，知道它的学名叫糖枫。

等上了初中，求知欲更大了，去图书馆查资料，一条条记在卡片上：

① 糖槭树是多年生落叶乔木，“糖枫”是它的中文学名。槭树科，槭树属，高

可达三四十米。

② 加拿大槭树最多，所以，它的国旗上印有槭树的叶子。加拿大被称为“枫树之国”，不仅因为槭叶红，更因为槭树是该国的国花。

③ 糖槭是世界上三大糖科木本植物之一。

④ 长春市种植的糖槭树是复叶槭，又称白蜡槭。

有了这些知识，再看到糖槭树，心境就不一样，像新朋友第二次见面，因为增加了一些了解，彼此显得亲近一些。

同志街的槭树，和建设街、红旗街、平泉路等街路一样，老糖槭保留至今，大概有半个世纪以上的历史了。长春的槭树生长得慢，至今未见有三十米以上的，一般都在十几、二十几米，且因为经常被园林工人修剪树头，所以，株株矮胖，精壮异常。

站在解放大路与同志街的交会口，看来往的汽车奔流不停。是下午，行人少，槭树显得格外炫目，街边的店铺个个无精打采，更让槭树多出一分精神，隐约记得席慕蓉写过一篇散文，叫《槭树下的家》，具体文字已经模糊了，但清婉的意境还存于脑海——台湾作家，尤其是女作家，席慕蓉也好，三毛也好，张晓风也好，林文月也好，皆有这样本领。男作家中杨牧、覃子豪、汪笨湖等，亦有这样的本领。

槭树下的家。

多么温馨的惦念啊！

顶着日头去书店，见了那孩子，正在看油画。我去文学区选书，概有席慕蓉的一部新诗集、梁实秋的三部旧作、路遥散文一册，是《早晨从中午开始》，还有德富芦花的《自然与人生》。

去吧台结账，便和那孩子去红磨坊喝东西，她要了一杯西瓜汁，我则点了一杯苏打水。自由地闲谈，问及她的恋爱和学习，极其浅淡地问答，双方相处十分平和。突然这孩子和我说起她的家乡，说起她的摄影，说她在家乡的山里见到了一棵高大的树，叶子密密地散向周围，看似不与同类争光。她问同行的人，有长辈告诉她，这是一棵槭树，而且有一个奇怪的名字，叫拧劲儿槭。

这又是为什么？

毕竟是孩子，再深的追问也答不上来。

于是，我隔着窗帘向街口那边望去，恰见半边槭树的影子被楼角分割，时隐时现地在我眼前伫停或流逝。

像一个虚幻的影子。

我告诉孩子，我要写一写糖槭树。

她说："那可不要忘记加拿大。"

我笑了。

她不管我的表情，继续说："每年的三四月份，加拿大人都要过传统节日——枫糖节。各个农场被粉饰一新，喜庆气氛空前。一些农场保留着印第安人的采集糖树液和制作枫糖的器具，采用古老的方法，为观众展示枫糖的制作过程。"

她说："一定很甜呢。"

我依然在笑。

黄昏将至，我和那孩子分手，依然选择步行回家，我特意绕道桂林路、牡丹街、新疆街、义和路、惠民路、立信街……我在纵横交错的街路间寻觅糖槭树的影子，我想把我少年时失去的记忆找回来。

在九十中学门口，我摘下一片槭树叶，尽力吮吸它叶脉中的气息，男孩儿沉默着奔跑的声响，女孩儿飘散在空中的黑发，老师板书时的粉笔落屑，桌椅相互挤压的吱呀呻吟……在这个下午，时光倒转，景致回溯，槭树下的街街道道交相穿越，像白昼的闪电和泛青的天空合而为一。

我喜爱长春这座城市，也喜欢那些有槭树的街。

槭树下的街，有历史的深邃，有长者的宽容，它们像一张密实的网，不让长春的美好有所遗落……

诚如兰波的赞美——这是牧神的礼物！

“他逃走了——就像一只松鼠——/他的笑还在每片树叶上颤动，/一只灰雀飞来惊扰了/树林中正在沉思的金色的吻。”

牧神啊，我希望你住在槭树的顶上。

（选自《海燕》2019年第2期）

秋千依旧的黄昏（外一篇）

宋长征

荡秋千：《白狗秋千架》提及一段无望的爱情，莫大爷曲里拐弯无非是想拉大不同命运之间的距离。古代秋千，以兽皮制成，多设于富家、皇宫；吾村秋千简单，两棵树，一根绳，亦承载云端旧事。一人坐，一人悠之，飘浮尘上。

我们村的秋千结构简单，一棵枣树，一棵歪脖子柳树，一边拴上一根绳，绳上系上一块窄窄的木板，就能荡起无边的笑声。秋千不是属于某一个人的，这其中暗含着朴素的乡村秩序，谁来得早些谁就先玩上一会儿，后来的分享先到者的快乐，也不会强势插队。

我对秋千的迷恋来自悠然跃起的刹那，村庄地处平原，不见莽林山野，更难见浩荡之水。好歹老河滩上有一弯瘦瘦的小河，日夜不倦，仿若村庄的血脉。四坏哥人高马大，所以悠起秋千来能达到别人难以企及的高度。高一些就高过低矮的河堤了，目光穿过杞柳丛，看见一条在春天蛰醒的青花蛇，在对着一朵野花吐信子。再高一些就看见村外的麦田了，麦浪起伏，能看见布谷作为楔子的麦收场景。若是再高一点点，就闪进云端了，怕抑制不住的惊呼打扰了某位过路的仙子，看我们村的秋千实在好，盘算如何在村子里永住。

秋千的来历直接与人类的发展史密切相关，上古时代的先人行走在浓密的山林，以手代脚，在树枝间荡来荡去，过着一份原始而单纯的生活。至于后来以绳索悬挂于木架，下面拴系踏板的秋千，春秋时期在我国北方就有了。《艺文类聚》载：“北方山戎，寒食日用秋千为戏。”秋千最初的写法应为“鞦韆”，当时拴秋千的绳索为结实起见，通常以兽皮制成，所以秋千两字的繁写均以革作为偏旁。

寒食近，我母亲做好了祭祀祖先的供品，叮嘱我不要偷嘴，并以三狗叔为例做进一步告诫。我母亲说，有一年寒食节三狗叔实在耐不住馋虫的勾引，吃了一块炸焦鱼，第二天脸肿得像个小笆斗，三狗娘一猜就知道是吃了先人尚未享用的供品，多烧了几炷香，求先人开恩放过尚不懂人事的子孙，三狗叔脸上的肿才渐渐消了。我想这是哪门子先人，不就是一块炸焦鱼么，未免太过小气。不过想归想，还是不敢越雷池半步，悻悻去了老河滩，在荡来荡去的秋千上看云。

秋千传到汉代时，尚为宫中之戏，作千秋，为祝寿之辞，后倒读为秋千。马致远《汉宫秋》，说的是汉代女神王昭君的故事。汉元帝后宫寂寞，派毛延寿到民间选美，昭君美貌但不肯贿赂于毛星探，被毛延寿在美人图上点了破绽，即便入了宫也是独处冷宫，只能一个人在冷宫里荡一架传奇的秋千。秋千不会知道下面的结局，东窗事发，毛延寿逃至匈奴，将昭君画像献给呼韩单于，让他向汉王索要昭君为妻。

昭君和番，这样的故事未免太过狗血，但昭君不舍故国在黑龙江里投水而死，还是能彰显出一些民族大义。“过宫墙，绕回廊；绕回廊，近椒房；近椒房，月昏黄；月昏黄，夜生凉。”只剩下一架空荡荡的秋千，在黄昏的冷风里寂寞摇荡。

我读《金瓶梅词话》，里面竟然说到，荡秋千一方面可“摆疥”——医治疾病，另一方面可以“释闺闷”。第二十五回写吴月娘、孟玉楼、潘金莲、李瓶儿在花园里荡秋千的场景，并据说出自唐伯虎的《秋千诗》：“二女娇娥美少年，绿杨影里戏秋千。两双玉腕挽复挽，四只金莲颠倒颠。……”这时的秋千未免情色，但治疗青春抑郁症的疗效显而易见。

我们村的秋千没那么复杂，既无汉宫的传奇与冷艳，也非兰陵笑笑生承载市井俚俗的器皿。一俟春月，药香的艾草钻出地面，燕子低飞，枣树与歪脖子柳树上就结满了童年欢快的笑声。

我有一个可怜的梦想，就是在垂暮之年还能在村庄里居住。背景不要太绚丽，一间老屋，一轮鸡蛋饼子似的夕阳，一个黄昏，以及一架摇荡的秋千，春风依旧。

七夕有梦

乞巧节：有巧无巧皆可讨，需在七夕之夜，乡村女娃若干，包素馅水饺，放硬币尚可，怕饺子里放上一枚花针，咬不巧扎嘴。我看女生吃饭，细嚼慢咽，想是乞巧节为针所怕。秦汉乞巧，置蜘蛛于木盒结网，以网线疏密为准，巧者密，乃寄予天意。

那天星光很好，老祖母一把把我揽进怀里。在童年，老祖母仿佛是我永远的依靠，是一只温暖的摇篮，摇啊摇，恍惚摇进一个璀璨的梦里。

老祖母做了一个长长的铺垫，说很早很早以前有一个放牛郎，嫂子对他不好，丢给他几个窝窝头，说去老河滩放牛，原本九头牛，偏偏要回来的时候变成十头。我就问，有可能母牛下小牛呢？老祖母就笑，说故事的重点不在这里，牛郎赶着牛走了，在老河滩上放牛的牛郎很伤心，怎么才能让九头牛变成十头牛呢，这确实是一个天大的问题。

乞巧节，也就是农历七月初七，是女孩儿的节日。我不成，缠着三姐好大一阵子，也没能缠出个结果，就以和杨长顺叠飞机为名，跑进杨长顺家里。杨长顺有五个姐姐，一个比一个大一岁，所以很多女孩都喜欢到她们家里玩耍，学女红，交流只属于女孩儿的心事。小仓房里亮着灯，插上了门闩。看样子我们只能作为偷窥者出现，看乡村女孩如何度过一个神奇的节日。

老祖母在继续讲，秋蝉在树上鸣，我揉了揉惺忪的眼睛，问老祖母，牛郎带那几个窝窝头能撑几天啊，等不到第十头牛怕就饿晕了。老祖母仍然不理，说这一天牛郎为难得又在老河滩上哭，忽然听见不远处传来一声牛叫，抬头一看，真的多出了一头牛。接下来的故事更为精彩，但我不想侮辱读者的智商，在中国古代传说故事里，大多数都是大团圆的结局，唯独牛郎和织女不算，王母娘娘的一只金钗在天上一划拉，就出来一条宽阔的银河，说好了，只许一年一度，剩下的时间迢迢相望。

这契合柏拉图对爱情的描述，当心灵摒绝肉体而向往着真理的时候，这时的思想才是最好的。而当灵魂被肉体的罪恶所感染时，人们追求真理的愿望就不会得到满足。所以从老牛出现的那一刻起，就注定这将是一段刻骨铭心的爱情。洗澡，偷衣，没想到一头沉默的老牛也能担当媒人的重任，将一位如花似玉的姑娘嫁给了一个苦水里泡大的苦孩子。

老祖母的故事讲完，很长一段时间我还沉浸在如梦如幻的段落之中。我家也有一头牛，我也会偶尔牵着那头老牛在老河滩上。风，穿过青青的芦苇，吹起柔柔的水波，我想，什么时候自己也能邂逅一段旷世情缘，在某位女孩路经此地时，向她表述无尽的爱恋。

小仓房的门很紧，但关不住女孩子们的笑声，她们终于在某个时刻按捺不住心中的狂喜，似乎每个人都咬到了藏在饺子中的硬币或绣花针。夜幕降临时，我就看见三姐端着一盆剁好的茄子，来到杨长顺家。物质贫乏的年代，她们有她们对七夕的表达方式，捏一锅素馅水饺，在里面包上几枚硬币，谁咬到，就算乞到了巧，这个人必是心灵手巧，将来也一定能嫁上一个如意郎君。

早在秦汉，乞巧就已经出现。当时，女子们将红色的小蜘蛛放在首饰盒等器物中，让其结网，等第二天打开时，观察结网的疏密来判断女子的巧拙。这样的方式未免有些随机，一只在暗黑中隐藏的小蜘蛛决定了一个女子的快乐或失落。这个夜晚对她来说无疑是漫长的，双手在胸前紧握，祈求那只红色的蜘蛛辛勤织网，如此，才能在打开盒子时展露纯真的笑容。

我当自己是一个被时间抹去青春的人，只留下一个孤单的影子在空旷的老河滩上。年少时的那头牛还在，老祖母讲述的故事仍旧在继续，青青的芦苇荡还在，风吹起，在轻柔的水波中出现一个美丽的剪影。长长的发，一如竹林般静谧，明净的眼眸，藏着几许深情。或者，伸出一双白皙的手，巧笑倩兮，迷醉了今生。

——可谁知道，这是不是一场杨柳岸晓风残月的梦？

（选自《安徽文学》2019 年第 2 期）

我生活在美丽的古都

陆　波

2019年8月下旬，早晚凉爽，天空深邃，北京四平八稳的秋天快要来了，这是当下的北京，大都市的繁华与璀璨并未遮挡西山的身影，蓝天空辽寂远，似乎连接着过去的时空。

人们寻常说起老北京，似乎就是老舍笔下的民国北平，譬如，他沉溺不能自拔的对北平的秋天的爱，他写道："天堂是什么样子，我不晓得，但是从我的生活经验去判断，北平之秋便是天堂。"因为气候是好的，佳果实蔬，在很小的居所也有院子和树木，在空旷的地方也离着买卖街不远。这是一座亲切而自然的古城，透着一种中规中矩的宁静，温厚淳朴的礼数，总之，是北方佳人，安静有礼，落落大方，在灰色的古老色调里轮转岁月。

这只是我们把目光放在百年之内所见。在这座古城2000年的历史长河中，不过是一段浅浅的水流。

北京，史上的燕蓟之地，相对于有着广阔腹地的文化中原，这里长期被视为苦寒之地，民风彪悍，汉文化影响力逐渐衰减的最北部边沿。用汉武帝的感叹就是："生子应置于齐鲁之地，以感化其礼义；放在燕赵之地，果生争权之心。"（《史记·三王世家》）这是他厌恶他的第三子——燕王刘旦时的感言，认为燕赵之地，尚未被礼义感化。而它的群山之后，便是黄尘蔽日，金戈铁马游牧民族的壮丽高原，长久以来，这里是农业文明与游牧文明交流交易的集合之地，彼此浸濡的融合之所，故而"燕赵多有慷慨悲歌之事"。燕国太子丹好养侠客，赵惠文王好养剑客，古风如此，崇尚行侠仗义，视死如归，义薄云天。史上各朝君王多有在此地设藩封王，加之乱世的割据势力，历数历代燕王，真正是出现了众多狠角色。最狠的首推朱棣，以藩地起兵，发动靖难之役，血洗半个中国，夺取江山大位。此外刘守光、罗艺、耶律洪基、慕容皝、慕容儁、真金等，这些割据为王或者分封为王的各路燕王，在这片土地上也是各领风骚，这真是英雄的战场，碧空白云，刀光剑影。

直到明朝迁都北京，经历明清民国至今天的共和国，这一我称之为文明交集的锋线地带，作为完善而稳固的都城，才少有兵火燹灾，也因此固化了它独立于世的国都文化。不论风光旖旎的皇家园林，气势恢宏的帝国宫殿，还是散落于街头巷尾抑或深山茂林的寺院庙宇，更有灰砖灰瓦的错落有致的胡同民居，所有纳于人的场所，无时无刻，绵延不绝，都是人的热情的生活、创造、劳作，生老病死的轮回。在这个古都，它的土地是层层叠叠生命的积淀，它们是安静的美好之物——作为生命遗迹的见证，值得当下之人去探寻。

虽然被大历史震撼着激动着，但帝王将相的宏大叙述从来都是历史学家的正统学问，他们用考据用史料，用前人的记述，来书写历史，解读这座古都的前世今生，而于我，正是要绕开他们的法门，从历史浪花迸溅的琐屑里探寻旧物里的春秋，发现这些旮旯缝隙里同样具有的动人故事。

自 2014 年以来，我的工作就是探察古都北京被隐藏的隐秘角落，并且出版了《北京的隐秘角落》一书，探寻遗物的前世今生，得到众多读者的谬爱。今年夏天我的第二本书《寻迹北京问年华》付梓出版，依旧是继续着记录探索活动得来的成果。

五年来，我时不常出现在某个僻静的街巷或者安谧的庙宇，努力捡拾和查勘岁月的痕迹。总有源源不断的发现和灵感袭来，总有千丝万缕的线索撩拨我的好奇心，一方断碑，一段残垣，其背后却是讲不完的前朝往事。

《寻迹北京问年华》的第一篇：双榆树——纳兰性德的诗意人生，便是在一个偶然的机会，在人民大学校园里发现几块古墓石像生，接连引发的对于纳兰家族墓地及后人情况的考察。由此一点，引发我对仅有 30 个春秋生命的清初诗人纳兰性德的京城活动轨迹的追寻，无论是什刹海北岸的王府，皂甲屯的祖茔，已经消逝的所谓草房“桑榆树”，以及畅春园西侧的“自怡园”。这些物理的点勾连起一位才情非凡的诗人的生命轨迹，也描绘了一个显赫家族的变迁。虽然生命之短暂如朝露，但那些震撼心灵的，抚慰疗伤的诗句就是在这片天地间奔涌而出，令后人怜惜慨叹。

还有一篇关于“公主坟”的文章。在京城，以公主坟命名的地名据我所知不下十处，多为清朝公主，但也有明朝公主，如永乐帝朱棣长女永安公主朱玉英安葬房山，现地名为“公主坟村”。当然最著名的是“羊坊店公主坟”，它地处市区，以交通枢纽著称。我从大量的民国老照片里得知，这里曾经是一处游览之地，宝顶高耸，墓园宏大，很多外国人常到此郊游。他们或依或靠，或干脆攀爬上那些保存完好的墓地文物之上，拍照留念作为异域风情展示给世界。而众多的北京人都知道公主坟之著名，但往往不明就里，难免生出许多传说，说是汉人公主孔四贞墓还不算离奇，因为琼瑶电视剧《还珠格格》热播，盛传这里是小燕子原型——乾隆皇帝第十女固伦和孝公主墓，更有好事者还在附近放置了一尊“还珠格格”雕像。其实，这里埋葬的两位公主的后人还生活在这座城市。她们是谁？她们曾有怎样的人生故事，这些离我们并不遥远，只需稍加留意探寻，便可还原出这两位嘉庆皇帝女儿的身份经历。

如同纳兰性德，两位公主的阳寿也只有三旬，他们都是生若晨星，而死若长河——生命无法抵抗漫长的死亡，而无论谁的生死，无疑都是茫茫宇宙中一道闪电，迸发着那些曾经鲜活无比的生命光焰，令人好奇也令人感叹。

所以，跨越时间长度或者生命长度的古迹考察，往往给人以时空交错的凝固感，给今人与古人建立某种相通的线索，让我发现撩开这种时空隔绝的帷幕后，便是毫不违和的古今相同的活泼趣味。

这座城市，虽然人们会赞颂它的现代都会风采，它的日新月异大气象，但环抱于它的山水天地总是永恒。民风，从彪悍到温淳祥和；地域，从苦寒到富丽，这其间的转换变化并未改变这片土地的活力的精髓，它的一砖一瓦，山川湖泊都隐藏着大量历史细节的密码，令我乐此不疲地探勘且收获前辈的智慧。

这座古都，不仅有美丽四季，辉煌古建，更有堆积深厚的人文底蕴，随时可见我们与岁月积淀中的某种微妙关联。在它的土地上行走，天高地远，韵味无穷。我对它的感受与老舍先生有共鸣：“我真爱北平。这个爱几乎是要说而说不出的。”

（选自《北京日报》2019 年 8 月 30 日）

一片白杨林（外一篇）

雍 措

天知道，这片白杨林是什么时候，长在这里，跟做梦一样。

昨晚，凹村的风恶魔一样，在村庄的头上一个劲儿嚎叫，刮走了凹村后面一大片枯黄的桃树叶，刮来了一些莫名其妙的情愫。

我决定出去走走，寻一些自己也不清楚的东西回去。

天亮之后，我顺着风的脚印，来到这里。

没有人告诉过我，这里什么时候，开荒种上了一片白杨林。我惊喜之中又有些生气，为啥村人把我当作外人，不告诉我这一切？

白杨林整齐地排列在坡地里，碗那么粗，虽然冬天萧瑟，但是也掩不住它们娇嫩的皮肤。树，不算很高，枝丫已经迫不及待地伸在空中，或许昨夜的大风，彻底清理了树枝上挂着的秋叶，整片白杨林的枝丫上，竟然没留下一片叶子。

进入白杨林，需要翻越拦着的树枝墙。

整片山坡，我没有地方可去，只想在这片白杨林，静静地坐一坐。不需要凳子，只想在这里坐一坐，想一些过往的人和事。

翻越树枝墙时，我笨拙狼狈，前脚抬上去，后脚提不起来。袖子里插进了细树枝，头发被一些枝丫往后拽着，使不上劲儿。我疼痛得想哭，我不知道，从小生长在凹村的自己，什么时候跟城里人一样，变得娇里娇气，心里嘲讽着自己：你除了在城市里待了十几年，哪点是城市人？心，还是根？这些都不对，无论待多久，别人都会问，你是哪里人？我的脸生来就是一张凹村人的脸，这点永远无法改变。

既然改不了我是凹村人，我就得像真正的凹村人一样生活、劳动、思考、翻越这堵树枝墙。

拔掉头上的树枝，抽回插进袖口里的枝丫，我重新起步，这一步像凹村人一样，跨得很大，枝丫在我脚下发出断裂的声音，这一刻，我强它弱，一个纵身跳了过去，像从城市跨进农村，落地的那一刹那，我感觉脚底踏实，心也踏实。

冬天的阳光虚情假意地铺洒在白杨林里，我用手抚摸着一棵棵白杨树，它的冰凉，通过我的掌心传递到身上。缩回手掌，我打着冷战，把衣服裹得更紧了些。

天，只有蓝色。白杨树的枝伸向空中，像要抓着什么，却又显得迟疑。

厚厚的树叶铺盖在大地上，偶尔裸露出来的地面也染成了叶子的颜色。叶片奇形怪状，卷着的、露眼的、黑点的、残缺的，横七竖八地躺在那里，蹚过昨夜的那场大风，蹚进晒着阳光的时间里，默不作声。

它们互相挨挤着，有的背朝着天空，有的脸向着地面。看着天空，听着地面，叶子，你在想些什么呢？

我想到了患绝症的彭错，一个倒数着过日子的人；我想到罗布，一个用手抓荆棘也不怕疼的人；我想到卓玛，唯一一个凹村嫁到美国的人；拉姆、英珠、达娃……

我已经好久没有想这么多了，一想却尽是凹村的事儿。在白杨林的时间里，我离凹村很近，似乎从未离开过这里。

我想选择一条没有叶子铺盖的地面，好让我的双脚安心地踏在地面，不去毁坏一地的秋叶，但在这里，我无路可寻。

一阵微风，掀起几片落叶，叶子在风中翻腾两下，又落回了另外的叶堆里。

再走进去，低矮的树桩出现了，越来越多，有的是新伐的，有的已经腐朽。一圈一圈深褐色的年轮出现在新伐的树桩上，年轮数到第四圈时，戛然而止。腐朽的树桩，有的连根拔起，有的根还抓着地面，抓着地面的根上长出了一片片翠绿的青苔。

阳光，洒进林子，伸在空中的枝丫把木桩和一地的落叶，切割得零零散散。

枝丫是阳光下的画家。

午后，包括树桩在内，一切都是金灿灿的。我从金灿灿的颜色中，寻找到几株伸着脑袋的小草，绿生长在这里，给周边的金黄增添了不少活力。几只蚂蚁穿梭在叶子中，触动了落叶，动着的叶子似乎活了过来。枝头飞来几只麻雀，朝我叽喳几声，又飞走了。

这片白杨林，安静得只剩下我的脚步声，像行走在另外的一个世界里。

我躺在树林里，叶子是我的床，枝丫和蓝天是我的被子。

时间从我的梦里经过，我睡过了头，一阵冷风唤醒了我。

夜来了，我该离去，回到凹村我的屋里，阿妈热锅热菜地等着我的归来。

我要回去了，白杨林。

树桩立在那儿，一地的落叶覆盖着大地，我发现的小草伸着长脖子为我送行。

我还要翻越那堵树枝修砌的墙壁，但我再也不怕，因为我会像凹村人一样大步跨过去。

我真的做到了勇敢地翻越，才发现，那修砌墙壁的树枝都是用新鲜的白杨树枝做成的。

修砌墙壁的树枝、落叶、腐朽的树桩，冬天里的白杨林，它们生在这片土地，死在这片土地，活着和死去，都有相同的东西陪伴它们，我突然觉得它们是世界上最幸福的。

根生长的地方，就是一辈子的家。

我的家在凹村，家里有阿妈守候在门口，等待着我吃晚饭。

夜，铺天盖地地来了，我哼着阿妈小时候教我的歌谣，走在回家的路上。

“玉米秆子长哟，也比不上凹村的时间长哟，时间长哟，绣花的帕子更长哟……”

我要给名声写封信

很早就想写封信。信不会太长，我不想让看见我信的人，觉得我是一个啰唆的人。

我一生简单，如果在一封信上毁了自己，我想那是一件损人不利己的事。我很看重名声，我想和名声交个朋友。

但名声是谁呢？我不知道。

我想过名声的样子，高矮胖瘦都在我脑子里过了一遍。她（他）说话的声音粗中带细，细中带柔，柔中又带沙哑。她（他）经常站在山坡上看凹村，凹村的一切都逃不过她（他）的眼。名声是不会老的，她（他）的记性很好，只要记住了，就永远不会忘记。

凹村人不怕老虎进村，不怕大雪吃掉庄稼，甚至不怕死。可他们最怕的是名声坏。一个坏名声的人就是一个罪人。

“名声是不会死的，它这辈子拖着你，下辈子拖着你，下下辈子还可以拖着你。只要坏名声黏上你，你的子子孙孙都会受到坏名声的影响。名声是件天大的事情，比你活着更重要。”朵噶老人坐在一块烂木头上，把话说得很重。他嘴里的口水沫从掉了两颗牙的缝里跑了出来。

“你看，然乌家的乌嘎想去牧场给凹村放马，村委会怎么都不同意，那是因为乌嘎的父亲染上了偷东西的坏名声，别人不放心乌嘎。为啥拉拉卓家的水磨房都快烂空了，也没人到她家去磨面，是因为有一次拉拉卓趁别人不注意，偷了一碗面。为啥岗拉那年修臧房偷了木匠家一根老木条，凹村以后的老木条丢了，都怀疑是岗拉呢？”朵噶摇摇头，不想说下去了。

我听说过一些关于名声的事情。

公社时期，凹村书记召集大家到社里开会。凹村人喜欢开会，虽然他们不太懂书记在上面说些什么。不过村长早就招呼过：“书记说话，大家别跟木头一样坐在那里，要响应。该点头就点头，该回答‘哦’就回答‘哦’，实在不懂，就看我怎么做。”那次是开一次很严肃的会，会场很安静，具体怎么个严肃法，凹村人回忆说，那天村长很安静，下面的凹村人也很安静。他们早就学会了村长坐在最前面，他点头，下面的人才点头，他回答“哦”，下面的人才跟着回答“哦”。蚊子飞过的声音都能听见。正是因为太安静，卓玛放的屁才显得特别响亮。卓玛的屁是绕着弯、细声细气地从裤裆里传出来的。后来有人说，卓玛那天放的屁，和她唱的山歌差不多，很好听。书记停下正在讲的话，问下面的人：“谁在哼歌？”卓玛把头低得快埋进了土里。没有人回答。村长站起来气愤地问：“回答书记的话？”卓玛起身冲出开会的人群，回家吊死了。凹村人说：“一个屁毁掉了卓玛的名声。如果卓玛不死，她也活不好。还是死了干净。”

村东头，尼玛家祖上也有一个死在名声上的人。谁提到那人，尼玛就跟谁红脸：那人不是我们家的人，她不配是我们家的人。尼玛家祖上的那人叫英朱，英朱死在一片玉米林里。英朱长得漂亮，人人都想娶她。到该嫁人的年龄，英朱却挑选了凹村最老实的人做老公。很多人想不通英朱的做法，但人人都羡慕老实巴交的英朱老公有福气。英朱的老公一辈子一副懦弱的样子，经常受人欺负。有人看中了他老公的懦弱，对英朱打起了歪主意。那天英朱去玉米林查看昨晚大风吹倒了的玉米，多吉一直跟在身后。到林子里，多吉直接抱着英朱，要了她。这件事情被在地里割猪草的凹村人发现，讲了出来。多吉的老婆来找英朱算账，英朱说出经过，多吉老婆不听，臭骂一顿不说，把英朱家弄得一团糟。走时，她还告诉英朱，为了洗刷掉霉运，她会让他老公在她家玉米林里放鞭炮。夜晚，多吉果真拿着一串鞭炮到英朱家玉米林里放了起来。鞭炮声响在凹村里，所有的人家都走出门看那片玉米林。英朱老公气得卧床不起，只从被窝里给英朱说：“是你害了我们家，我们家的名声全被你坏掉了。你还不死，难道你有脸活在这里吗？”那晚，听鞭炮响的凹村人，看见英朱从他们身边跑过，直接跳进山脚的大渡河。

说了这么多有关名声的事情，那么名声到底在哪里呢？我想见见名声，和名声摆摆龙门阵。

我走了凹村的很多地方，包括我最怕的那个小神子洞，也没有看着名声。

我想，人人都怕小神子洞，名声应该就躲在这里。这里不会有人打搅她（他）。

我在洞里待了一晚，没见着名声，没见着小神子。这让我伤心。

我又想，既然名声在凹村无处不在，又能把凹村所有东西看在眼里，那么她（他）一定是待在高处，俯看着凹村的一切。

我爬到凹村最高的山顶，坐在风中、雨中、阳光中等名声，我还是没有见到名声。

于是，我想到了写信。我的信可以不长，也没必要长。我说不出太长的话。那写些什么呢？我想想，要不就画一只乌鸦站在枯树上俯瞰凹村。

我不知道为什么想画乌鸦给名声，可能我觉得凹村人怕乌鸦，乌鸦和凹村永远保持着一段距离。这不是很像名声吗？

想好之后，我开始画画。

我画画的速度很快，一会儿就画好了几幅。我想几幅还不够，我决定每天画几幅站在树桩上的乌鸦寄给名声。我想名声能看懂我心里想说的话。

名声会因为我给她（他）画的乌鸦而感激我吗？

毕竟只有我真正搭理了名声。

（选自《散文选刊》2019 年第 3 期）

雪

辛　牧

多年前，我一次次斜倚在天井外院墙边那棵生长得极慢的楸树上，滋生着离开家乡的念头。

这一夜，几次躺下又爬起来。我跪在土炕上，对着窗口数星星。猛然，隐约中像有什么在飘。我向窗棂靠近一些，仔细地向窗外看，下雪了。

看不清雪花的样子，模糊中，梦幻般的影子在飘舞，柔和里蕴含着不容抗拒的力量，缓缓而执着地寻找着自己的归宿。

家乡的雪，说来就来。特别是进入了腊月，不知道在哪天便大雪纷飞。

晨曦初露的早晨，一开门，风卷着雪花猛扑进来，禁不住打起寒噤。父亲总是从墙根儿摸起扫帚在天井里打扫，一边扫，雪一边下，母亲就说："你是闲得难受还是咋地？等不下了再扫还不行？"父亲便白她一句："下一天不停咋办？"雪天里，爷爷的屋子里不断人，村上好些上了年纪的人过来喝茶聊天，一坐就是一天，有时连午饭都顾不得吃。炉子中续着煤块，煤块投入炉膛，盖上铁壶，火苗便猛烈地向烟囱里蹿动，咕隆隆的响声，将烟囱震得颤动起来。光吉爷和我爷为了闯关东时东家的儿子娶了谁家女子争得面红耳赤，我常担心，光吉爷会一脚踢翻炉旁的茶几，年轻时，他在东家干过这类事，多亏爷爷斡旋，才没有被打发走。相隔半里路的邻村照林大爷是爷爷最不喜欢的茶客，但却几乎每个雪天里都来，一坐下便续说曾经踢过日本鬼子一脚，那一段故事说了多少次，尽管爷爷和光吉爷都不信，照林大爷每次照说不误，而且每次都绘声绘色。

从村庄到我们初级中学是一条崎岖不平的土路，土路旁是一条宽窄深浅不一的河沟，雨季偶尔有水，大多时间干涸！一夜的风雪，一片白色皑皑。我们一群孩子踏雪走在上学路上！首先路过的是曾经就读过的北山小学。那一排被雪覆盖了的旧房子，像一垛垛柴草，横在天际下，喜欢表现的学伍捡来一根槐树枝，学着耍枪，大家蹦蹦跳跳地舞扎着，很快跑到了与河沟毗邻的土路上，忘乎所以间，我一脚踏空，跌入路边的河沟里，挣扎一番才发现，自己竟然毫发无损，只是灌了一脖子雪，我有点失落，觉得自己的脚或者腿上受点伤才好，那样才具有一点点悲壮。几个同伴连拖加拽，把我拉了上来，我们继续沿着雪路向学校走去。

最开心的是雪天赶上星期天，跟在打猎的大人身后向牛山奔去。村上的路大伯穿一件陈旧的军大衣，衣袖上明晃晃的，棉帽子的两个帽耳一高一低耷拉着。有时，他和他家的狗出门老远了，路大娘从院子里跟出来吼："你把帽耳子放下来系上扣，耳朵都冻出疮来了。"

大年初一，当人们怀着对新年的期望打开房门时，却是一愣。整个天地一片白。望望远处的树，再看看脚下的雪，"瑞雪兆丰年"，人们长吸一口气，仿佛已经嗅到了春的味道。

我突然有些犹豫，在光洁无瑕的雪地上，不忍心踩上自己的脚印，心中莫名地惆怅不安起来。

"该出门了！"父亲在里屋催促起来，"西沟底的张爷家别落下了。"父亲说的张爷传说是张三丰的后人，专门负责看护管理道观的俗家道人。

还记得，那年我到济南是秋季。

然而，我却盼望冬天能够早些到来。终于有一天，济南迎来一个银白世界，我专程来到英雄山，孩子般恣意奔跑，故意几次摔倒在地，让有雪的时光留下我的欢乐的影子，体味久违的感受。

之后，在济南度过了一个个冬季，也经历了无数下雪的日子，每一次都有不同的感觉，每场雪也都有不同的感动。然而于我，儿时家乡那一场场雪，却更加清晰起来，玉一般润泽、絮一般轻扬，覆盖我的整个世界。

（选自《时代文学》2019 年第 5 期）

再上海心山

辛 茜

鱼鸥无声地滑过，一艘客船在海拔 3200 米的高原湖泊上顶着寒风，吞吐着白色浪花。

雪后的青海湖冬天般寒冷，我裹着厚厚的羽绒衣站在甲板上。七年前的三月，从元者码头出发，乘坐摩托车，在即将开湖的冰面上冒险颠簸 4 个小时，到达海心山的情景仿佛就在昨日。七年了，不知在海心山静修度日的侃卓青措和阿尼们怎么样了？知道能去海心山的消息后，我前一天就赶到二郎剑，准备好辣酱、红糖、卫生用品。都是年轻的女人，想起她们在山上寂寞无助的样子，心常常被扯得生疼。

黎明之时，船员在码头等候，除了带我上山的朋友，还有一对正在往船上搬运东西的夫妻。

很快，行船驶离了码头。青海湖烟波浩渺，水天一色，刚刚融化的湖面绸缎般柔软细腻。此次能上海心山，是借了常年负责湖面清洁、航运安全的朋友，远航检验船舶的机会。朋友是有经验的老水手、老船长，多年来，用行动履行着自己的责任。与我同行的夫妻二人信仰藏传佛教，特别是那位妇人，手执佛珠念念有词，一直望着窗外景色。

突然，一股浪花猛然腾起，拍打着船舷。朋友立即起身去了驾驶舱，我也站起来，摇摇晃晃地跟了进去。

船舶随浪涛起伏动荡，站在驾驶台前亲自掌舵的船长，两眼紧盯着湖面。

“扶好，风浪若不停，我们就返航！”

“什么，返航？”我脑子里嗡的一声。极度的失望，让我几乎哽咽。

“好容易有了这样的机会，我等了七年！”

“那也不能冒险！”

顷刻间，湖水黯淡，波浪翻滚，阴沉的天快要掉下来砸在我的头上。我胸闷气短，头晕目眩，恶心地只想吐。这是我第一次在湖上长时间航行，难道这突如其来的风浪，会击碎郁结在我心头的愿望？侃卓青措，我是多么想见到你！这一次错失良机，此生，还能再见到你吗？

就在我感到绝望的时候，想不到，风浪渐渐平缓。半小时后，天空透亮，湖面恢复平静，碎银子般的光泽在湖面闪烁。

朋友回头：“你的诚心打动了老天爷，没事了，咱们继续前进！”他松开手，把方向盘交给船员，拉着我来到甲板上。

冷风吹着我的长发，我的心里翻滚起温暖的涟漪。

不管风吹浪打，艳阳酷雪，朋友日日守护在青海湖，不为别的，只为这一湖水的安宁，只为这一湖水不要过早地离开我们。

“你不知道。”他为刚才的话解释，“在湖上航行，会遇到想象不到的危险。青海湖气候多变，尤其是多风季节。看似平静的湖面，不知道会发生什么险情，更何况刚刚经历过一夜风雪。”

“明白了！”我感激地点点头。

“你想见的那位阿尼还在山上吗？”

“我不知道，没法知道，但愿她还在。”

“前两年，一位阿尼得了重病，在山上坚持了一星期后，不见好转，生命垂危，是我们花费七个小时，把她从山上接下来，又送到医院抢救。后来，听说她离开了海心山。”

“是吗，我的心一紧，您是否记得她的名字？”

“哪里顾得上问。那是四月初，湖水正在融化，狂风怒吼，巨大的冰块随风漂移，相互碰撞，航行非常危险。天还没亮，我们就接到了海南州民宗委的求援电话。当时，也没敢多想，准备好氧气袋、担架，简单的医疗设备后，带上医生就出发了。”

“风浪比今天还大？”

“大得多，还有浮冰，危险难以预料！”

他沉吟片刻，目视前方：“可当时，我们必须冒险。她们在我们管辖的水域内生活，是鲜活的生命，无论如何，必须救助。奇怪的是，航行中，一只白色的鱼鸥一直跟在船后，不停地鸣叫，鸣叫，直到我们靠岸，下了船，它才依依不舍地离开！

“是吗！”我内心一阵悸动，这天地之间，竟有如此境界的悲悯之情……

我侧过脸看他，他的脸冷峻严肃，无一丝笑容。

海心山，是青海湖之心，湖中之岛，千千万万僧人倾心向往的静修圣地。山上有座莲花庵，莲花庵里有十几位尼姑，过着持律念佛的清苦生活。

早春的天，早春的湖，早春的空气干净得令人窒息。

终于，船头响起一声汽笛。

船慢慢靠近，几点朱红色的身影越来越清晰，越来越明亮，我兴奋地挥动围巾，向她们致意。

靠岸了，阿尼们招呼着船上下来的人，我提着一大包东西，不顾一切地寻找着：“侃卓青措！侃卓青措！有你吗，你在吗？”慌乱中，不知是谁拍了我一下。“侃卓青措，她在，她在这！”我一回头，蓝天映衬，七年前，那个面色红润，神情端庄的侃卓青措就在我的眼前。

山上安静极了，听不见浪花的声音。侃卓青措脚步轻盈，似乎知道和我同船来的那对夫妻来海心山的目的，带着他们径直向莲花庵走去。我一心想跟侃卓青措说说话，却跟不上他们的步子，索性放慢脚步欣赏着山上的景致，为海心山上的变化惊叹不已。

草未泛绿，紫花针茅金色的草尖，使枯黄的草滩变得生动可爱。仅有的几只黑牦牛，睁着一双黝黑深沉的眼睛，一边反刍昨夜的青草，一边定定地望着我。

春风吹着草，草在随风荡漾。天上的云落不到湖上，挂不到山上，只有印着佛经的五色经幡迎着太阳，哗哗作响。这似乎是人类与神明之间最为亲近的纽带，可供人亲眼看到，寄托自己思绪情感的经幡随风飘动，传达诉求。

对大自然、对造物主、对生命的感激之情，对能够同此刻正站在我身后，让我牵挂了七年之久的侃卓青措重逢的喜悦，让我百感交集。

坐了一会儿，想起船长的嘱咐，不敢多耽搁，便匆匆忙忙，侃卓青措和我领着比她小很多的阿尼卓玛，一起往山下走。

上了船，我回过头，侃卓青措红色的身影已到半山腰。她没有回头，一直援山而上。或许，离别的场面，她见得太多。也或许，她已经没有了与人分别时的忧伤。我有些怅然若失。

风平浪静，船在柔和的光线下行驶，小阿尼卓玛坐在船上，安静得一点声音也没有。她长着鼓鼓的脸蛋，长长的睫毛。无论我怎样表示，她都不愿跟我说话。会说藏语的大副递给她一瓶酸奶，她也只是用手轻轻握着，侧脸望着窗外。

窗外的湖水，蓝莹莹的湖水，潋滟而柔美。只有一只鱼鸥舞动翅膀飞临船舷。

侃卓青措和阿尼们的面容，幻化成一汪淡淡的，无色的湖水，渐渐远去。

别了。七年前，我们生活在两个世界里。七年后，我们还是在两个世界里。好似萍水相逢，好似多了几分难以释怀的情感，又无法相互理解，彼此温暖。但，这一次的分别，也许就是永别，各自走向不知情的归宿，不再牵挂……

（选自《散文》2018年第12期）

蜗牛慢慢爬

牛旭斌

我怎样撞进城市，自己也说不出所以，但主因和动机，在于逃避农村泥地里的繁重劳动。小时候嫌家里距学校路远，山高坡陡，风吹日晒，面对每天步行的二十多里长路，我只是埋下头赶脚，什么路口遇见哪个人，什么鸟坐在哪棵树上，不用抬头就能猜准。

小时候观察过蜗牛在雨中的行走，它的腹部生有一道宽而细的横褶，后端尖足，爬行时，它用软足紧贴在别的物体上，用腹部肌肉的力量，波状一样蠕动，然后咕扭咕扭地，不慌不忙向前爬行。

过上城市生活后，我习惯去大街小巷里溜达，边走边看，所遇的迷茫就豁然开朗了。尽管在瞬间看见的只是表象，但也向我折射和返照一些苦与乐的真实，平凡的幸福，普通的随意。只要留心和在意，瞧瞧每个行路人，从他们身上，我便能清晰地照见生活不可多的明、少不了的暗。他们摆一个地摊、蹬一个三轮的努力，如不事张扬的蜗牛，一点点，一天天，慢慢爬。

在那些陌生的城市里，我如一只蜗牛，先天缓慢地独行，心无挂碍，又不看路，偶尔结伴朋友，让我敞心，又令我开怀，也遣释掉我的寂寞。街市的繁华让路程变短，拐到无人的河岸，能听见风的来去，有时候望着草木葱茏、繁花盛大的郊野，有时候坐在岸边细听流水、顾盼人群。心头温温润润的回潮里，我常常感恩这赐我们生存的人间，又感念仪式隆重的节日，譬如清明、除夕，无论如何，我必须回家给祖先上坟，我怕他们冥冥中还挂记和担心我，慈悲的故乡呀，需要良心的孩子奉还。大哥不能回家的时候，面对祖坟荒草无言的黄土堆，我自觉地再跪下去，多磕一头。

村庄的除夕，是一年中人气最旺的日子，也异常欢闹，和平日不一样的是，村庄上空燃放着烟花，哨声冲天，炸声入地，火树银花，光影迷离，掩盖了银河与星空。大年初一的夜晚，我站在房顶环顾村庄，红灯照暖了年，远山上大大小小的村庄明明暗暗。望着对面山村四起的焰火，我突然感到自己已经越来越没有能放出光的勇气。我的行走止于河流，止于高山，止于黑夜，又止于暴风雪。身处热闹的世间，常常喜欢躲入草丛、木头和墙角屋檐，怕说话，不会紧追和迎合，最多也就是以不放弃的信念，为赶几步路，慢慢爬。

在看过这些幻如城市的灿烂后，我一躺在温暖的土炕上，便很快进入梦乡。我找不到曾经夜里望天的房笆眼，但我深深地铭记，十多岁时的夜空，星河灿烂，静谧中透着亮彩，深沉中孕育广大，大地之乡，宁静肃美，天空之城，亮净明澈。

我想起自己是只幼小蜗牛的时候，虽没有足够的力承，却坚信未来和抵达，不停地爬。年轻时读杜牧的《清明》，最爱“借问酒家何处有，牧童遥指杏花村”的意境。老家没有酒家，我却做过骑在牛背上的牧童。故乡没有杏花村，但夏家湾小镇的三月里，漫山遍野怒放着水桃花、连翘花、山杏花。

我蜷缩在老家小院的墙旮旯打盹，一架飞机从村庄上空飞过，向东台坡飞去，远远看见明晃晃的机身、机翼和舷窗，十几秒钟后消失于天边云端。望着飞机飞过的故乡我思忖又逡巡良久，自己都跑远了世故了，凭什么要求故乡如初？

（选自《文学报》2019 年 5 月 23 日）

走远的村庄

乜　霞

进入村子的路在王三家门口分成了两条，像两根趴在地上的瓜秧，一庄子的人就稀稀落落地吊在路两边。如果顺着这条路到黄河边拾烧柴，就得穿过一川的麦田和一块广阔的湿地，等到太阳落山时，才能把这捆柴火背回家。

每天，当村子里的公鸡在草垛上发出一连串啼鸣时，村里第一股炊烟总会从村子的东头飘出，慢慢地，所有的烟囱就会冒出不同颜色的烟，纠缠在一起罩住村庄的天空。

一个烟囱里的麦草烟变蓝了，另一个烟囱里的树叶烟变淡了，人们就扛着铁锨、拉着耙犁、赶着牛羊出门了。村里人的心里都有一个美丽的去处，每天赶着牛羊往前走的路，扛着铁锨往庄稼地里走的路，抱着一捆草往家里走的路，全都朝着这个方向。

他们的肩上和手里从来没有空过。他们不习惯甩着手走路。

当收割了大片麦子，塄坎边上的半袋大豆，角角落落的一些萝卜、洋芋，把一年的收成囤积在逼仄狭小的粮仓和地窖后，村里人的心在忙碌了一年的一小撮缝隙中悠闲起来，有时候他们就斜靠在猪圈的栏杆上，看着年猪大口吞食冒着热气的精饲料，一看就是一个午后。眼看着两头猪的毛色一天天鲜亮，身子圆润了很多，他们就想等天再冷一些，宰了那头大一点的猪，把村里的人都叫来，满满地煮上一锅水煮肉，让村里人都沾沾一年中难得有一次的荤腥。

这个村子就是这样，就像一根结实的绳子，把所有人的喜怒哀乐都捆在了一起。

天还没黑透的时候，孩子们就会走出家门，三个一伙，五个一堆，要么在营盘院子爬树摘梨，要么在提灌坝头的柳树下舔食蜂蜜，或者在堤坝边的核桃树下上蹿下跳。等到天黑得啥也看不见时，才缩头缩颈地推开虚掩的家门，避开一家人凌乱地堆在炕沿下的鞋子，摸着墙睡下。

那时候很少有人去找自己的孩子，只是在一碗碗面片端上桌子的时候，母亲就会站在村口的堤坝上喊孩子回家吃饭，在没有听到任何回应后就会骂骂咧咧地往家里走去，她不担心也不着急，她知道孩子会在村里其他的人家吃饭或者玩耍。有时候睡到早上才发现孩子还没有回家，家里人也不会急着去找，村里走出去的孩子就像放出去的一只羊，等到该回来的时候自然会沿着熟悉的路回来。

那时候想着，我也会在这个摸黑也能走到角角落落的村子慢慢长大，住我们家的房子，种我们家的地，吃我们家的面片，睡我们家的热炕。直到日暮西山。

后来，我上学了。回来的时候，大白天的已经找不到回家的路了。

母亲说，有一天早上，她扛着铁锨浇水回来的时候，看见王老三家把住了三辈人的老房子拆掉了，庄廓墙推翻了，就连院子里长了几百年，每年能摘几百斤梨子的老梨树也砍了，过了十天半月，原来的土庄廓砌成了砖墙，窄小的木栅栏门换成紫红的铁门，门口拴着的黄毛狗换成了威猛高大的石狮子。

我的心里就有了些说不出来的难过，也许还有一些嫉妒的成分。

后来，我提着水桶去堤坝上挑喂猪喂羊的水，看见堤坝上的几棵老柳树被放倒在地，巷道里一间碍眼的草房也被那家的男人掀翻了，一屋子叽叽喳喳的麻雀从弥漫的灰尘里飞出来，在隔壁的墙头上歇了一会儿，就茫然无措地飞走了。

慢慢地，偌大的营盘也卖出去了，墙头挂着一串串大红的灯笼，一群操着外地口音的人把这里当成了自己的家，迎来送往的欢愉中每一张脸都透着满足和快乐。在这个村子里长大的我更是一个外来的游客，竟然分不清村子的东南西北。从巷道里吹来的风把这里都吹乱了，东不是东，南不是南。翻新的庄廓都一排排挺立着，一样笔直的巷道，一样雪白的墙面，一样紫红的大门，一样芬芳的花香，里面住的却是操着不同口音的各地来客。

城镇化的风吹到村子里来了。

村子、麦田、树和牛羊圈跟着风走了，村里的人也跟着风走了。

我站在村子的最高处，大声呼喊着我熟悉的名字，想听到村子里的一声狗叫、一声鸡鸣，但除了风声我什么也没听到。

村里人都搬到了高大坚固的楼房里，改掉了农民的称呼，收起了铁锨、榔头、犁耙这些曾经一天都离不开的农具，手头上却始终做着一些和农村有关的事情。有些人开了馍馍铺，门上写着麦灰焜锅，做出的馍馍颜色比在村里时做得好看，吃起来却没有了小时候才能闻到的麦香味；有些人扛着铁锨去建筑工地调水泥，没有了在村里你帮我我帮你的那股亲热；有些人把门开到最大，满脸欢喜地迎来送往，却把孩子关在屋里不许外出，不断在孩子的耳边灌输着外面不安全有人贩子；有些人在不到一米的间距里门对门生活了好多年，却不知道对面住的究竟是姓李还是姓张。人们住的房子近了，心却远了，我的心里不免有一些失落。

也许，生活就是这样，走着走着就成了一个人，即使想留住再多的人和事，也逃不过只剩下一个人的结局。

看着没有了往日模样的村子和小时候的玩伴，我知道很多失去的东西不可能再回来了。但是，我只想在这个村庄里找到自己年少顽皮的身影，找到捉迷藏丢沙包的快乐，找到走村串户时内心的温存。

我能找到吗？

（选自《散文选刊》2019 年第 3 期）

在山里

张　鸷

有两年的暑期，我住在宜兴湖的山里。

住所是我二十年前的一个学生提供的，方圆数里没有人烟，除了山林就是起伏的茶园。无人相扰，只做自己愿做的俗事，乐得自在。

既是自在自处，无心与外界联络，便关了手机。电脑敲字外，无非读书，走路，睡觉，发呆。发呆是生活必要的一部分，人得让自己有时候无所事事。不然，总是忙，一个人到最后要把自己弄到逼仄里去。

在山里，有大把的时间，一整天一整天地可以浪费。自由到可以颓废地懒看东方日出西方日落，无聊地等着远处的雨轰隆隆地跑过来，头顶的云慢悠悠地移过去。我用半天的时间等待山上一棵树的叶子齐刷刷在风里噼里啪啦，地上一只蚂蚁声嘶力竭使尽吃奶的力气叫来数也数不清的蚂蚁。在豆角架前，我茫然地看着一只忙忙碌碌的蝴蝶飞走了，不知多长时间，又等来一只看起来与之前一模一样的蝴蝶匆匆忙忙地从这朵豆角花飞到那朵豆角花。看着它起起落落很充实的样子，我莫名其妙有了一个疑问：如何确定这只飞来的蝴蝶就是先才那只飞走的蝴蝶？愣了半天，我最后的结论是，是如何不是又如何，这问题没有意义。

生活里有些追问本没有什么意义，我们还认真得不行，我们太习惯于纠缠一些无意义的问题，最后生命就这么被过滤了。从小到大，我不幸遇到过许多这样无意义的追问，实在是让人既难过又想笑。何必呢，就像不幸遇到的一些承诺，那些慷慨的一脸严肃地拍着胸脯的大词只能代表承诺者当时承诺的语境，时过境迁，生活面目全非后，被承诺者何必对当初口是心非的誓言太在意，学着智慧地识破一些誓言才最关键，要学着不当回事。所以，允许自己在世俗里无聊，允许自己无意义，允许自己与人群保持距离，很重要。弗洛伊德认为，人的一生其实是一个逃避现实苦难的艰难过程，逃避的手段不一而足，宗教、幻想、超越、毒品、自杀都是。弗氏的超越是哲学，幻想包括文学，也包括绘画和音乐。但我想弗洛伊德的幻想里不包括陶渊明式的生存，退居林下应该是独属中国旧时官场文人士大夫的逃避路径，当然那些花鸟虫鱼也是，私家园林也是。然而发呆算不算得上弗洛伊德幻想中的一种呢？我坐在山中的庭院里，沉默地等着星星出现，候着黑夜把自己的身形一点一点地吞没，伸出手去，看不见自己的五指，踢出腿去，眼不见脚在何处，四野里一片寂静，我待着，无所事事，内心连个念头都没有。这是不是一种逃避的方式？属不属于幻想？其实算不算要什么紧，重要的是，我度过了现实中的一段时间，它属于我自己的生命。更重要的是，我乐意如此。这一点，多么不容易，曾有一个相当长的时期，我连自我颓废的空间都没有。殊不知，一个人短暂的颓废有可能帮助他度过生命中非常苦闷特别难熬的一段时光。一个人的内在生活，大多数时候，与社会生活其实没有多大的关系，它只是个人的一种习性或者爱好，一种安放自我生命的方式与处所。内心生存是生命的自我处置，由着他好了，这是一种社会生存的个人化选择，更是一种现代生存的生态文明表现。就像我乐意偶尔住在山里。

在山里，我喜欢发呆。有时候，发呆是由看书或者走路引起的，遇到了，触碰了，我就在书前或者路上愣住，让曾经的人生画面进来，让记忆慢慢重演那些经历和生活。每一次这样的发呆，都让我在内心再重新高兴或者难过一次，没有往事如烟的感慨，没有如果会怎样的假设，没有平静。一个人就是由过去一个一个的细节构成的，所有的经验都是固定的，无可更改。有些细节，我先前知道会被记住，有些我先前没有意识到它也留在了我的生命里，如今由眼前的一段话一个词一股气味一张叶片一片晚霞带出来，我很惊讶，但乐于让自己重回曾经的时间里去。这样的发呆，我理解成是向内心的生活致敬。那些场景，具体经历的人会懂，无论他们是否与我一样能在某个时候突然冷不丁地想起。那些具体承载经历的地方会记得，尽管它们只能在时间和空间中沉默，等待经历者在某个地点和时辰忽然忆起自己的生活。就像我。在山里，这样的发呆两年间不知发生过多少次，我几乎靠它串联起了自己几十年最重要的个人生活。我在屋中大笑，拍着桌子；望着远处天上的一朵云，无比失落；在山中小路上失声流泪，不能自已；靠着一棵桑树，唱一支突然涌到喉咙里的乡村歌谣。每一次从这些状态里平静下来后，我的内心都很舒畅。

在山里，我每天都走路。有时在早晨走，有时是午后走，有时是傍晚。去哪里不确定，反正就在山里，走哪儿算哪儿。走着走着没路了，晃着晃着累了，高兴就接着走，没路就在无路中走路，不高兴就回头走，或者停下来发会儿呆。山上的小路弯弯曲曲，每条都有方向，每条都通向不同的地方，它们有时合起来有时又分开，我弄不清，随着心情与欲望走，迷了路又能怎么样呢？大不了在山里睡一觉，第二天接着走。可是从未迷路。由着那些七弯八拐的小路，我有时会想到人在生活和生命中的选择，功利的诱惑、个人的境遇、彼时的情绪，这些因素时刻左右着人的理性，没有几个人能真正客观做出生活的判断和选择，越是成人的世界越混沌。我是教师，这么些年亲眼见证了学生越来越多的无奈，社会对教育的过度功利化期待把家庭逼到了最狭小的空间里，父母出于社会生存的焦虑已经鲜少允许孩子有真正自我兴趣自我发展的选择，这是很让人悲哀的事情。看看山上这些横七竖八的路，哪一条不通向它该到的目的地呢？依着成人的混沌，替孩子选择的路也许是一条最不经济的弯曲小路。

从我的住处，蜿蜒着，西南方向大约五里的一个山坳里有一个废弃的矿坑。矿坑积满了山水，早晨走路多到那里。到了发会儿呆，看看天听听山瞅瞅恣肆横竖的杂草，往水里丢几粒石子听听响声，再走回来。中午走路多在有雨的天气里，闷，但不热，并不带伞，晃着出去。看着云由远处黑黑地过来，似乎不情愿地被风推着过来，一声炸雷，雨倾注而下，地面被搅得一阵温热。几秒钟的工夫，我浑身被浇透，雨水在我脸上流成数不过来的河。雨后，山野奇清，茶园起伏着直绿到目力所及的远处，那里山岚缥缈，黛山如墨云。山，水汽，茶园，蓝天，一尘不染，我站在路上，头上是天，脚下是地，旷野里最真切地体会了什么叫顶天立地。山中晚上走路，多为看奇异的烧霞，每天都不一样。有时就碰上月亮。在晚霞和月光下走路是少年的记忆，成年后再没有这样自在的享受了。我一个人深陷在火烧晚霞里，或是走在远古的月光里，听四周虫声唧唧，看成群的萤火虫在茶园里一团一团地闪烁。没有其他声响，天地安宁。尽兴后我回到自己的房间，开始翻书或者在电脑上敲字，在一个固定的时间结束一天的自在。

不止一个人问我为何跑到山里去。我回他们说发呆和走路，他们不知道的是，二十多天的发呆和闲逛，让我回到学校后可以愉快地工作半年。但只能撑半年，半年后，我又忍不住想回到那个有自然、少人居的山里。

（选自《文汇报》2019 年 4 月 16 日）

萧萧白杨（外一篇）

何亦聪

幼年长居鲁西、豫北一带，当地最多白杨树。乡间自不必说，即在城市里，街道旁也往往种着两排白杨——现在自然不同，稍繁华些的街道，都种上了法桐之类较昂贵的树木。白杨木虽质地松软，容易变形，但到底木材易得，且便宜轻巧，所以乡人多视白杨为恩树。有些学校不能备统一的课桌、板凳，贫寒人家的子弟便取杨木为材料自行打造桌凳，纵然质量不怎么坚实，倒也能勉强用上三五年。梁山、东平诸县的顽劣少年，大都崇拜水浒人物，生性好武，旧日里百物不齐，玩具之类更是罕见，乡民也是用杨木为材制成玩具刀枪，或为长矛，或为偃月刀，或为方天画戟，供孩子们玩耍。后来我到苏州求学，当地植物繁茂、树木葱郁，却绝少白杨树的踪影，心中颇感讶异。读苏州人刘昌所撰的《悬笥琐探》，其中有云："予初不识白杨，及来河南巡行郡邑，尝出北邙，经平畴入山谷，见丘冢间多大树，问从者，曰白杨也。乃悟古人哀挽用此不为无谓，东南丘垄多植松柏，故人多不识白杨。"刘昌是明正统年间进士，曾在南京做工部主事，后调河南任提学副使，大约在去河南赴任之前，从未到过北方，致有如此感慨，由此亦可见南方本就少有白杨。

近人多有礼赞白杨者，但我不喜以物寄托人事，因此并不想写一篇新的礼赞。由于杨絮扰人，白杨在许多地方被视为害树，不过杨树株分雌雄，雌树生杨絮，雄树生一种外形极似毛毛虫的东西，鲁西人称之为"杨巴狗"。"杨巴狗"虽形貌丑陋，但不致影响人的生活，所以城市里栽种白杨，以雄树为上。据说华北某市当年栽白杨为行道树，一时疏忽，竟误雌为雄，忽忽数载之后，每到阳春时节，便见杨絮漫天，街边墙角，竟能积絮盈尺，闹了不小的笑话。白杨在旧时常作墓树，寓意不祥，且更是鬼狐志怪小说中的常客。黄公度所谓的“白杨衰草露沾衣”，到底也不是什么好景致。据说王荆公离世前一年，曾有一个蓬头青衣的仆人手持一块白杨木做的笏板以献，外面裹着青布，当时荆公甚感烦恶，将笏板扔到了地上。笏板是大臣上朝所执之物，向来用玉、象牙或竹片制作，断无用白杨木之理，故此事听来十分怪异，仿佛一种死亡的预兆。北方村谚有“院中不栽鬼拍手”之谓，鬼拍手即是白杨树，吾乡人既习见此树，倒也并不在意其寓意如何。鲁西乡民院落大者，往往会栽种上一两棵白杨树，可以遮阴纳凉，只是白杨的树枝有股异味，取为烧烤用的炭火之材却是大不相宜。

古诗云“白杨多悲风，萧萧愁杀人”，又云“青山衔落日，白杨吐悲风”。其实杨风萧萧如雨，倒是最有情趣的。谢在杭《五杂俎》中记有这样一件事：“予一日宿邹县驿馆中，甫就枕即闻雨声，竟夕不绝，侍儿曰：‘雨矣。’予讶之曰：‘岂有竟夜雨而无檐溜者？’质明视之，乃青杨树也。南方绝无此树。”青杨即是白杨，谢氏是福州人，没有见过白杨树很正常，而邹县距我家乡不过百余里，植被、口音都极相近，因此，对于谢在杭这段经历，着实感到亲切。我少年时住处附近多栽杨树，夏秋时节深夜读书，常听得外面淅淅沥沥，以为雨下，推窗看时，却只见月色下一排高大树影摇摆于风中。某夜读《聊斋志异》至《连琐》一篇，其首云：“杨于畏移居泗水之滨，斋临旷野，墙外多古墓，夜闻白杨萧萧，声如涛涌。”虽知随后必有鬼狐之事，但竟为此种情境所浸染，不胜心向往之，颇欲于将来财力充足时筑书室于旷野白杨林畔，如今时过境迁，世路苍茫，当年筑室的梦想仅留存了一个影子，只是既已移居到城市里的高楼中，再要听那萧萧如雨的杨风，怕是不易了。

世　味

初次见到“世味”这个词，自然是在陆游那首著名的《临安春雨初霁》中，“世味年来薄似纱，谁令骑马客京华”，当时不过十岁，只是不解：“世味”究竟是种什么味？何以径用一个“薄”字来形容？脑中浮现的却是一碗白开水，世间滋味，若论淡薄，大约无过于白开水了。后来读诗渐多，乃知古人亦有“世味薄于水”之句，幼时的想象，倒也不算离谱。

宋人写诗喜言“世味”，只是一旦形诸笔下，便常带几分黯淡，薄于水或淡如水自不必说，其他如春酒淡、和蜡嚼、回橄榄、蔗滓残等形容，读之也不免令人意兴阑珊。更有用辞蛮狠的，如戴剡源，他在一首诗里这样写道：“乡心几夜马生角，世味一时龟脱筒。”所谓“马生角”，用的是燕太子丹的典故，当初太子丹被秦王囚禁，请求放还，秦王有言“乌头白，马生角，乃许耳”，这里用此典，意思是思乡心切却归去无望；至于“龟脱筒”，即如一只乌龟生生被剥去甲壳，世味如此，其痛可知。剡源是宋末进士，宋亡之后，本有遗民志向，辗转求生二十多年之后，终于仕元，做了信州路的儒学教授。这只是一个九品微末小吏，所以全祖望讥讽他“执德不固”“以薄禄竟受教授之官”，话里话外，都是“一手好牌打得稀烂”的意思。

究竟戴剡源为什么要暮年出仕？这大概没有人能说得清楚。若说是为了求功名，九品的官职压根算不上什么功名，更何况他是进士出身；若说是为了“隐于教业”，则之前二十多年的挣扎、纠结，如此一朝了却，又未免太轻飘飘了。在读《剡源集》的时候，我常想，人生恐怕很难用牌局来形容，因为它没有那么多的可能。对于遗民而言，鼎革巨变，天翻地覆，固然是惨烈的经历，但更痛苦的却是，在鼎革翻覆之后，他们还要继续生活，并且会越来越清晰地意识到，所有重回旧时光的愿望都如“马生角”一般，绝不会变为现实。或许这种仿佛“钝刀割肉”的痛感，才是“世味”的真髓吧。

剡源诗里真正让我感到触目惊心的，是那些关于遗民生计的句子，在粗粝的现实生活面前，这些句子已全无艺术的光滑润泽之感。比如他入山采藤，以所采之藤换粮充饥，如同小商贩般精于算计：“须臾叩门来海贾，大藤换粮论斛数。小藤输市亦值钱，籴得官粳甜胜乳。”又如他诗歌中屡屡出现一个“饱”字，“客来问计何所出，一饱自悬饘粥外”“脱身得一饱，激烈陈歌诗”“诗文虽满家，不饱妻子腹”“明朝满意作晨炊，饱饭入山须晚归”……这般絮絮于饥饱，其时时为果腹而烦忧的窘态亦不难揣想。那么，为什么这位堂堂进士会“以薄禄竟受教授之官”呢？答案似乎也隐隐约约与此有关——你眼中的“薄禄”，在别人看来未必就“薄”。世间道理，常常抗不过“穷怕了”三个字。

魏晋六朝诗人似乎没有用“世味”这个词的，哪怕到了唐朝，也十分稀见，可以举出的，只有韩愈的一句“吾老世味薄，因循致留连”，以及诗僧贯休的“迂谈无世味，夜深山木僵”。与宋人不同，唐代的诗人大都有两个世界，一个在此岸，一个在彼岸；一个在儒学，一个在僧道；一个在都市，一个在山林——这就是他们的幸福之处，于他们而言，生活不是无可闪避的，人生总是有另一种备用选择的，过得不开心，大不了到山里去，到寺庙、道观里去。“涧底束荆薪，归来煮白石”“人生在世不称意，明朝散发弄扁舟”，那也是一种活法。怕就怕世味如霾，逃无可逃，呼吸之间，烟尘满鼻，最后终于变得麻木，也就只能“心谙世味冷于灰”了。

（选自《山西文学》2018 年第 10 期）

水 缸

张金凤

水缸是蹲守在岁月深处的一眼泉，一生开口，滋养着屋檐下的生命。

水缸是岁月深处的一串音符，偶尔在落雨的时节，秋风吹起的时节被弹奏，那个腰身粗大的水缸，串起的是故乡的温暖往事。

水缸稳坐在灶房里，离灶台很近，高粱秸钉的盖子，守住一缸清澈甘甜的秘密。一个葫芦瓢搁在缸沿边，随时听候调遣。掀开水缸盖子，水瓢荡开平静的水面，哗啦一声舀起水，水从水缸里起身，抬脚就进了锅灶。那水是甜的，是菜园边的甜水井里的水，每天乘坐母亲的水桶，攀着母亲的担杖钩子在水缸里安家。

水缸记不清肚腹里盛过多少担水，就像母亲记不清自己挑了多少年水一样。在娘家，她体恤姥爷年迈、小舅力薄，早早把担杖横在自己肩膀上；在婆家，她进门八个月就送父亲去参军，替父亲把井台到水缸的距离一步步丈量。

母亲是最亲近水缸的人。清晨，她在我们的睡梦里就出门挑水，一对洋铁水桶咯吱咯吱唱着，渐渐远去。回来的时候是无声的，那是沉甸甸的水桶坠压着担杖钩子，沉重的压力使它们忘记了调皮和歌唱。唯一的声响是母亲沉重的脚步声和喘息声，是水桶落地轻微的钝响和倒水进水缸时巨大的哗啦声。单是听水入缸的声音我们也能判断出，缸里还需要母亲挑几担水才能满。水缸空洞的时候，水声响亮，水花甚至跳跃着喧哗着，而水缸里水越多，响声就越微小。一个乡下孩子，过早地从犄角旮旯锅碗瓢盆里获得了生存的智慧。

我在半梦半醒里就恨那水缸，你怎么那么能喝水呢，害得母亲天不明就去挑水，一直要挑五担水才停下担杖。不是水缸贪婪，是我们太能消耗，我们消耗着父亲的汗水，母亲的操劳，一天天吮着父母的脂膏长大。

那口曾经被我怨恨的老缸是深褐色的，安放在灶屋的西北角，有一顶盖垫遮盖着。那顶盖垫至关重要，每一次取水之后必须立即盖好，如果我们哪一次取水之后忘了盖，会被母亲严厉训教。她虔诚地守护着一缸水的清澈，担心屋顶的落灰以及蜘蛛、壁虎、草鞋底等所有农家土屋里会有的东西污染了一缸甜水。日子可以粗茶淡饭，但是水必须清澈无尘。这是母亲的信条。

大水缸里的水是从村北的甜水井里挑来的，去得早水就更清冽。在干旱的日子里，井里水位低，易浑浊，或者是农忙时赶着要出工，这时候，她常常是天不亮就挑满了一缸的水。只有一早把水缸装满，母亲的心才踏实。父亲在外上班，一家人过日子的谱气都在母亲的水桶里、水缸里。

有时候，水缸里还有半缸水，母亲也还是抄起担杖去挑水，她说，今天天气好，指不定明天下不下雨，要是吃空了水缸还得踩着雨雪去挑水，这也会没谱气。她还说："穷灶门，富水缸。"就是说灶门前的柴火要少，水缸里的水要满。烧火做饭时，母亲总是把灶前剩余的草拿出去，然后将那些碎草连同土渣扫在一起，用小锨板推到灶口里烧掉。我学烧火，免不了有火窜出来燃着灶前柴草的时候，在我惊叫时，母亲抄起水瓢，只需一瓢水就把火熄灭了。

每天早晨，我们尚在朦胧的梦境里，母亲已挑满了一缸水开始做饭，伴随着柴草的烟味，缕缕饭香弥漫开来。

我们五口之家的水缸原先只能盛两担水，母亲用水总是算算计计，晚上刷碗的时候，常常要把水缸歪一下，刮净最后一瓢。那时候除了一家几口人的餐食，还要喂猪饮鸡，浇几棵花，一院子开口的不开口的都要水喝，最后干脆换成一个能盛五担水的大水缸，自从换了水缸，家里就再也没有用干水的时候。只是，母亲的负担更重了。

水再甜再干净母亲也要定期清洗水缸。她将水缸底的水舀进干净的菜盆里，缸里还剩下少许水，于是把水缸歪过来几近放倒，将身子探进里面，用一把专门清理水缸的炊帚蘸着水扫水缸。洗过一遍，她仔细将有些浑浊的水清理出来，再舀进干净水，如此洗刷三遍，才把水缸归位，抄起担杖去挑水。

一口水缸是一户人家的井，是一户人家的命脉源泉。谁离得开水？一碗水，一碗粥，家有多大的水缸，这家就有多大的度量，这家的人就有多大的担当。

母亲对水缸有严格的律条，我们平时不能随意去碰它，甚至不要随意去掀开它的盖子。母亲说，一缸水是一家人的奶水，只能敬畏，不容随意，只有做饭的人才有权利动用水瓢去水缸里舀水。母亲曾经手把手教我舀水：“熥饭的时候，用水瓢舀一平瓢水就足够，再多了就浪费。如果是冬天，炕上需要多一些火力，你就用两瓢水，下饺子的时候用四瓢水，一家五口人的饺子，还要有足够的饺子汤。”“熥饭剩下的溜锅水呢？”“用来喂猪。淘米洗菜蒸馍熬粥，哪一样都依靠水缸。”母亲站在水缸前，教给我的是严密的“日子兵法”。

母亲教我用水瓢亲近水缸，也让我从一个懵懂的学生娃开始走进烟火日子。水缸的壁很厚，是带着釉铠甲的粗陶。只有这样的敦厚腰身，才供养得起乡下人的艰涩日子。水缸里的水每天倒进去、舀出来，一日日单调地重复着，但乡下人的日子却不是一成不变的。那些被水滋养的孩子从满地爬到上树掏鸟，再到背着书包去学堂。他们没有学到一首赞美水缸的古诗，却会在放学回来后，面对水缸前忙碌的母亲，安静地看一会儿。他们和水缸一样沉默，但是一样懂得母亲。

那口替换下来的小水缸在院子里听差，每天也必被装满水，那水是从西洼地的大井挑的，虽然也是甜井水，但是滋味比不上后井甘甜，通常不用它做饭，而用来洗涮和喂猪浇花。盛夏，我们故意把小水缸的盖掀掉，让那半大缸水晒得温热，吃完晚饭后，母亲就舀小水缸里的水洗澡。下雨的时候，家里的器皿都很忙碌，水桶、菜盆都在屋檐下接雨水，水满了，父亲就戴着斗笠披着雨衣，将水倒进小水缸。

小水缸走到冬天就完成了在院子里听差的使命，北方的冬天，水缸放在院子里是能被冻破的。它被刷净存放在杂物间。后来，日子宽裕了，父母会在秋天买一些小国光苹果，用塑料布把小水缸铺上，将国光苹果装满一缸，然后扎好塑料布，将苹果保鲜储存，它成了我们冬天的蜜罐。

自来水普及之后，我家灶屋的水缸依旧没有下岗，它安坐在水龙头下，总是被放满多半缸水。父亲说：“水缸里有水心里才踏实，那自来水万一不灵了呢。”攒下一囤粮食，蓄下一缸甜水，攒下些养老防灾的钱，这是淳朴庄户人的谱气，这谱气就是这样一代代传下来的。

（选自《联合日报》2019 年 9 月 3 日）

云雾问茶

丘晓兰

在安徽省池州市有一个神秘而又安静的县城青阳。青阳县有1100多平方公里，20多万人口。一个不算大的小县城，竟雄踞着一座同为佛、道两大宗教圣地的九华山。

大诗人李白曾为他在青阳任县令的友人韦仲堪写过一首诗："昔在九江上，遥望九华峰。天河挂绿水，秀出九芙蓉。我欲一挥手，谁人可相从。君为东道主，于此卧云松。"古称陵阳山、九子山的那座山因此改名叫九华山。

关于九华山，各种传说数不胜数，如金地藏菩萨、四大佛教名山之首、学仙修道圣地、道家修真七十二福地中第三十九地等，这些传说也印证了九华山自古就是宗教福地、圣地。但关于佛与道，我一直云里雾里，知其然不知其所以然。

我所知道的道家随性自在，只愿遵循自然的规律而不太愿意接受礼教的束缚。他们把自我的完善，即成仙飞升当作首个追求。虽然他们也会做一些造福人类和社会的好事，但通常是顺带的，还要收费。即便后来民间给道家的神仙们加了许多安良除暴的光辉色彩，还有到凡间积功德的说法，但最终仍变成"自我完善"的目标。

佛家就不同了，自觉之后还要觉他，讲究的是"我不下地狱谁下地狱"和"普度众生"的慈悲心。所以，只顾自己成佛的是"小乘"，普度众生的才是"大乘"。"大乘"慈航普度的愿望是宏大的，更是广大普通民众乐意接受的。佛家弟子乐善好施，危难时候有人帮一把，按理说是好事，就怕帮成了依赖，让"我穷，我有难，我有理"的成了不愿负责任的泼皮……好在佛家有话在先，"佛只渡有缘人”。

无论佛也好，道也罢，都是要“修”的，也是要“证”的。对于这个我倒是一点意见都没有。走在九华山满山绿树浓荫的山道上，虽时值盛夏的正午看不到云雾缭绕，但青阳以及九华山的神秘仍如山中云雾围绕着我，撩拨着我想要求道、证道的心。而机缘，就在一杯茶里。

九华山上有个茶园，是佛家弟子种植的，采摘、制作茶叶均由佛家弟子负责，是唐代伊始就流传至今的传统。当然，周边的农户也种茶制茶，但终究是沾了佛气的，多少与别处不同的茶。据国家中医药管理局名词术语化成果转化与规范推广项目审核认证的词条说明：茶，中药名，为山茶科植物茶的根、嫩叶。具有清热降火、强心利尿的功效。主治风热上犯，头目昏痛、好睡，暑热烦渴，咽喉热痛，烫伤肿痛。

这茶，一看就是修道之人的标配，主治风热上犯，头目昏痛、好睡。

果然，“道”是无处不在的。只要你愿虔心求证。

你看无论是道家还是佛家，包括儒家，真正的得道高人从来都是删繁就简，不会虚张声势。倒是二道贩子喜欢弄玄乎，比如源于道家的兵家“兵不厌诈”，难怪他是“孙子”……好在我去了一趟青阳，爬了一遍九华山，还喝了一杯佛弟子种植、采摘、制作的茶！不好说我从此就会一通百通成了仙或佛，再有云山雾罩，风热犯上，头昏目痛时，我可以喝茶啊！你看人家九华山上的佛教弟子，事佛的同时也不忘劳作去种茶。那些种茶的佛弟子，无论他觉悟有多高，在我的眼里，就已比那些只会收门票的一众强得多了。

所以往后我要更踏实一些，除了每天喝茶、读书，还要勤做一些家务。因为茶可以清心、醒睡、少糊涂。人世的云雾山中，我青阳此行所感所悟，也算是满载而归了！

（选自《南宁日报》2019年10月21日）

编后记

我们特别想要说明的是，漓江社年度精短散文的选稿时间是上一年的十月到下一年度的十月，所以读者会看到选本中上一年度的少量作品。

精短散文的写作，是特别有难度的写作，我们盼望无论形式、题材或内容都更加开阔，能够为读者、作家提供更多的阅读和创作思考，选稿时我们常常几多思量。我们可喜地看到，精短散文所呈现的精美精彩品质，题材丰富，风格鲜明，视野广阔，对国家、民族、时代等现实观照的新鲜表达，或深情或沉静或沧桑或优美或结实或无尽暖意，难能可贵。

让我们相约：在阅读中相遇相知。

葛一敏

2019 年 12 月 18 日

2019 年选系列封面绘图画家介绍

杨锋 1960 年出生于浙江嵊州。1984 年毕业于西安美术学院版画系。中国美协版画艺术委员会委员，陕西美协版画艺术委员会主任。现任西安美术学院版画系主任、教授、博士研究生导师。

2000 年，荣获授予 20 世纪 80—90 年代优秀版画家的“鲁迅版画奖”；在国内外多次举办个人画展；作品被中国美术馆、上海美术馆、江苏美术馆、大英图书馆等收藏。

出版有《综合材料版画技法》《杨锋作品集》等。

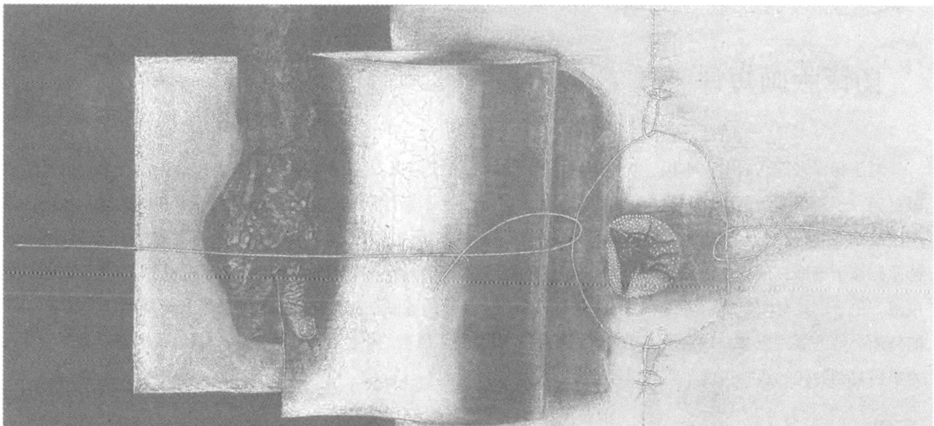

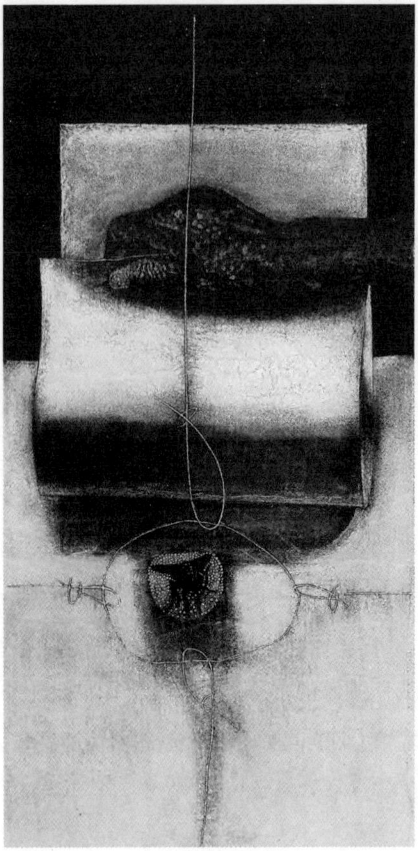

《蝇之二》综合版　杨锋　73cm×36cm　2012年

杨锋版画短评

对于杨锋来说，胶砂、木板、实物印痕等物质材料，在他的作品中就像是油彩、水墨一样的存在，他不断驯服材料，不断探索版画表现的边界。那些工业化的物料，经过版画的印痕，便优雅地符合了绘画的规范秩序，体现出绘画性的存在。他的版画，非常恰切地使材料的特性发挥到了极致，其语言以一种中国画笔墨风格般的个性特质归属于杨锋，使他的追随者成为他个人版画成就的注脚。他的木刻版画同样也具有这种尽显个性特征的视觉风范，语言也具有浓烈的、从属于个人化的性格特质。杨锋的版画在复数性的版画特质下，总是具有“亲笔书写”的特质。他的版画以物质印痕的不确定性、绘画的思想性、语言的个性化使产生绘画的原境得以在作品中留存，为机械复制时代的版画拓展了新的边界。

——刘坚《原境、模仿、物性、符号、语词——论杨锋的版画》